三國英雄記

群雄天子梦

中国出版集团公司
華文出版社

图书在版编目（CIP）数据

三国英雄记．群雄天子梦 / 南门太守著．-- 北京 ：华文出版社，2019.1

ISBN 978-7-5075-4949-2

Ⅰ．①三… Ⅱ．①南… Ⅲ．①中国历史－三国时代－通俗读物 Ⅳ．①K236.09

中国版本图书馆CIP数据核字(2018)第166214号

三国英雄记．群雄天子梦

作　　者：南门太守
责任编辑：张超琪
出版发行：华文出版社
社　　址：北京市西城区广外大街305号8区2号楼
邮编编码：100055
网　　址：http：//www.hwcbs.com.cn
电　　话：总 编 室 010-58336239　发行部 010-58336212 58336238
　　　　　责任编辑 010-58336196
经　　销：新华书店
印　　刷：北京欣睿虹彩印刷有限公司
开　　本：710×1000　1/16
印　　张：19.75
字　　数：290千字
印　　数：1-5000
版　　次：2019年1月第1版
印　　次：2019年1月第1次印刷
标准书号：ISBN 978-7-5075-4949-2
定　　价：58.00元

目　录

第一章　独夫终于死了

◎士人们的血

中原地区越乱，待在长安的董卓越高兴。

董卓已经没有直取中原、掌管天下的锐志，他只想在长安和他新筑的郿坞里度过一个幸福的晚年。

可是，有些人不想看到就连董卓这样的人也有一个幸福晚年，他们无时无刻不想把这个祸国殃民的独夫民贼除掉，他们就是从洛阳被裹挟至此的士人。

士人们认为，现在的乱局都是董卓一个人造成的，如果把他杀了，然后夺取兵权，趁着凉州军群龙无首，占据函谷关，“挟王朝以号令天下”，则大事可成。

所以，他们开始谋划除掉董卓的行动。

这个小团体里有荀攸、郑泰、何颙、种辑、伍孚、士孙瑞、华歆等人，了解他们的计划并给予支持的还有荀爽、王允、黄琬等。

郑泰善于忽悠，尤其在忽悠董卓方面比较有经验，他出了一个主意，由董卓比较信任的司徒王允出面提出一个建议，任命护羌校尉杨瓒为左将军，朝廷秘书局副局长（尚书仆射）士孙端为南阳郡太守，领兵由武关道攻击袁术。

武关道，是由今陕西西南部沿汉水通河南、湖北方向的古道。

士人们的想法是先抓到一部分兵权，控制武关道，说是征讨袁术，实际上是放袁术由武关道进入关中。

然而董卓此时的战略是防守，能守住就行，对于主动出击没有兴趣，这个军事计划就泡汤了。

士人们等得实在有点不耐烦了，伍孚决定铤而走险。这个伍孚，有的书上也说跟伍琼是一个人，然而伍琼之前已经被董卓杀了。对于伍孚，所知甚少，大概是跟伍琼、何颙一类的侠士吧。

伍孚内穿小铠，外套朝服，怀里藏把刀来见董卓。

谈完事，趁着跟董卓并行之机，伍孚突然拔刀直刺董卓。董卓是行伍出身，身手也不错，躲过了这一刺，伍孚随后被董卓的卫士拿下。

董卓气愤地说："你小子想造反不成？"

伍孚道："你我不是君臣，何来造反之说？你这个乱国贼子，恨不得诛你，将你车裂于市以谢天下！"

伍孚随后被杀。

但是，一个伍孚倒下了，又有好几个伍孚站了起来。

在何颙的策划下，他们又迅速制订了新的暗杀计划，参与的人包括郑泰、种辑、荀攸、华歆等人，结果计划提前暴露，郑泰、华歆侥幸逃脱，辗转出了武关，投奔袁术去了。

何颙、荀攸被捕。何颙不堪酷刑，在狱中自杀。

袁绍要是知道何颙死了，一定痛惜不已。袁绍早期的事业一直离不开这个侠客兼策士的辅助，作为"奔走之友"的重要成员，何颙东奔西走、南下北上，为袁绍积极联络各路英雄，做了大量幕后工作。

此时已身在东郡的曹操和荀彧如果知道何颙死了也会伤心，他们彼此都是老朋友了，何颙应该比他们大得多，在曹操还是小青年、荀彧还更小的时候，何颙就看出他们不是一般人物，给予高度评价，使二人的知名度大增。

荀攸在狱中倒泰然自若，该吃就吃，该喝就喝，董卓居然没有杀他。荀攸一坐牢直坐到董卓被杀以后，他在出狱时看到了胜利的那一刻。

三次计划均告失败，从伍孚到何颙，士人们付出了惨重代价，却拿董卓无可奈何。

尤其是第三次计划的失败，使士人们的有生力量几乎全部丧失，现在只剩下王允、荀爽和黄琬这几位了，年轻人没有干成的事，他们能接着干完吗?

◎世上原本无貂蝉

看到董卓一次次躲过暗杀，有一个人心急如焚，他就是王允。

王允此时已经50多岁了，作为政治家是一个成熟的年龄，去搞暗杀活动就有些力不从心了，尤其是引为同志的何颙他们被杀的杀、关的关、逃的逃，王允觉得再挑战董卓几乎已不太可能。

难道就让这个恶人继续逍遥地活下去，继续危害国家社稷？王允心里充满了仇恨，心绪难平。

环顾左右，能帮上忙的也就是杨彪、荀爽、黄琬等人，但他们的年龄也普遍偏大，黄琬、杨彪比自己小几岁，但也超过了50岁，荀爽比自己年龄还大。搞政治还可以，搞暗杀明显没有经验。勉强能帮上自己的，只有在尚书台供职的士孙瑞。

其实士人队伍里还有一个人，此时深得董卓的信任，可以经常出入太师府面见董卓，这个人就是蔡邕。

但是，一提起他王允就气不打一处来。

这个蔡邕，曾经也是名满天下的大学者，是士林中的一员，但自从来到董卓身边，立即变了个人似的，极尽讨好、奉承之能事。董卓当太师，就是蔡邕带头倡议的。

王允对蔡邕的成见还可以追溯到二人许多年前在胡广府里共事的时候。王允曾是胡广的首席幕僚，蔡邕是胡广的得意弟子，二人一起共事，互相知根知底，但关系却很一般，这与他们的性格有关。

王允好激动，蔡邕好沉静；王允路见不平一声吼，蔡邕唯唯诺诺明哲保身。王允有点看不惯蔡邕。

现在，王允和蔡邕都深受董卓的信任，但在王允看来，这有本质的区别。自己是卧薪尝胆，等待时机消灭董卓，而蔡邕是结结实实的士林叛徒，已经完全沦为董卓的哈巴狗。

所以，图谋董卓的事不仅不能跟蔡邕商量，还要提防着他才行。

就在王允冥思苦想不得要领之际，他突然想到了同乡李肃。

其实，此时长安城里有不少并州人，丁原的并州军投靠董卓后，他们都来到了长安，与凉州军不同，他们在长安感受更多的是失落。

并州军只是董卓集团的杂牌军，急难险重的任务都交给他们，此次西迁担任后卫任务的就是并州军，在董卓眼里他们的生死不值一提。

以李肃为例，不仅在并州军倒戈事件中立有大功，而且协助凉州军与关东联军作战，在抗拒孙坚的战斗中再立战功，但是他的职务升得很慢，勉强当了个旅长（骑都尉），不仅与董家的弟兄子侄不能比，与凉州军的牛辅、李傕、郭汜、樊稠、张济等人也差得远。

李肃如此，并州军的领头人吕布也好不到哪里去，他为董卓立下的功劳更大，职务也仅比李肃高一点儿，是个师长（中郎将），并州军其他人的情况更可想而知。

因为同乡的关系，李肃和王允有了一定交往，言谈间常流露出来不满和牢骚。王允脑海中灵光一闪，难道这是个机会？

王允不露声色地与李肃开始了来往，通过李肃又联络上吕布，因为大家都是老乡，来往得即使有些勤也不会引起太多注意。

三人私下相会时，吕布、李肃经常抱怨董卓处事不公，他们并州军舍生忘死、背井离乡来到长安，背负着忘恩负义、卖主求荣的骂名，为董卓尽心竭力，但到头来却没落到什么。

每逢这时，王允在一边总是随声附和，有时还会添油加醋，让吕布、李肃对董卓的不满越来越强烈。

偏偏在这个时候，董卓跟吕布之间又闹起了新的不愉快，加速了吕布反董的步伐。

董卓这个人为人粗略，喜欢发脾气，生气时从不计后果（愤不思难），不知为了一件怎么样的小事，董卓向吕布发起了脾气，不仅大发雷霆，还拔出手戟就朝吕布扔了过去（尝小失意，拔手戟掷布）。

幸亏吕布身手好，躲过去了。

事后吕布主动承认错误，董卓的气也消了些。

董卓没觉得这是一件严重的事，事后也就忘了，可吕布忘不了，一方面心有余悸，另一方面对董卓增添了许多新的不满（由是阴怨卓）。

除了不满，吕布心里有许多不安。

吕布平时负责董卓的安全保卫工作，可以经常出入董卓的内室（中阁），他利用这一便利，跟董卓的一个侍婢好上了。

吕布很担心，因为这件事终究会被董卓发现，心里很紧张（恐事发觉，心不自安）。

上面这两件事之间并没有联系，史书对这两件事的记载也只有这些，没有更多细节。

但是，自唐宋以来大量诗文、平话、小说、戏曲对此进行了描写和演义，指出前一件事情的发生地点在凤仪亭，后一件事情中和吕布私通的奴婢名叫貂蝉。

而且，两件事其实是一件事，因为吕布和貂蝉私通，所以董卓要拿手戟掷他。

那么，就说说貂蝉这个人。

如果不分历史人物还是虚构人物，论起汉末三国最知名的女性，不是曹操的卞夫人，不是司马懿的夫人张春华，也不是著名的美女大乔、小乔以及才女蔡文姬，而是貂蝉。

按照一般的说法，吕布最终下决心反董，貂蝉功不可没，而貂蝉的出现是王允一系列“连环计”所设计的，先把她献给董卓，再让吕布动心，最后让董、吕反目。

貂蝉能做到这些，是因为她有十分出众的容貌，一曲“红牙催拍燕飞忙，一片行云到画堂。眉黛促成游子恨，脸容初断故人肠”，让她跻身于中国古代四大美女的行列。

但是，与西施、王昭君、杨玉环三位美女不同，貂蝉的事迹在正史中没有留下任何记载，认为董卓的那个奴婢就是貂蝉，更多的是猜测。

有人认为貂蝉不是奴婢，而是董卓的小妾，并且有依据，在今甘肃省临洮县梁家村有貂蝉墓，貂蝉作为董卓的小妾，死后葬在董卓的老家，是合情合理的。

但这一说法有致命的错误，先不说这座墓建于何时、有没有后人的伪托，就说这个地方都不对。董卓的家乡确实是临洮，但汉末的临洮是今甘肃省岷县，而不是现在的临洮县。

还有人认为貂蝉是吕布的妻子，这也不太好说。

吕布有妻子，还有女儿，这在正史里都有记载，但他的妻子叫什么名字，史书却没有说。

推测一下，吕布从家乡五原郡出来的时候已经20多岁了，按照当时的风俗他应该已经成家了，吕布手下有魏越、魏续兄弟俩，吕布对他们格外信任，史书说他们有特殊的亲戚关系（有外内之亲），暗示吕布的妻子或许姓魏。

当然，吕布也可以娶小妾，但还是那个问题，证据呢？

而古人的姓氏中，似乎只有姓“刁”而没有姓“貂”的。貂和蝉都是动物，在汉代，皇帝的侍从官员们帽上经常装饰这两种东西，所以“貂蝉”合称时，借指达官贵人，不太像一个人名。

这多少让喜爱貂蝉的人失望，但史实是不能虚构的。

迄今为止，唯一和貂蝉最接近的史料来自一本叫《汉书通志》的史书，这部书是给《汉书》做注疏的，作者是谁、成书何时均不详，该书已散佚，只有在其他典籍的引用中才能看到。

根据这部书的记载，曹操在尚未成事时想诱惑董卓，让他丧失斗志，给他献上了刁蝉（曹操未得志，先诱董卓，进刁蝉以惑其君）。

根据这个记载，给董卓献美女的事情是有的，但不是王允所献，而是曹操。美女的名字也不叫貂蝉，而是刁蝉。

这个记载，应该说可能性是很大的，不仅因为“刁”是个姓氏，刁蝉更像个人名，从当时的具体情形来推测，也有一定的合理性。

董卓到洛阳后让曹操改任骑兵旅旅长（骑都尉），曹操在董卓手下干过事，有过接触。在政治上曹操是反董卓的，史书记载过他以前曾秘密行刺大宦官张让，说明他是个激进青年，投董卓所好，给董卓献上美女来迷惑他，并以此接近董卓，这种事曹操完全干得出来。

这件事其他史书均没有提及，所以可信度也成问题，但相对于那个貂蝉，这个刁蝉毕竟还有一条像样的记载。

不过，不管有没有貂蝉这个人，都不影响王允的计划。在王允的努力下，吕布、李肃被成功策反。

吕布开始还有些犹豫，对王允说：“我也想杀董卓，怎奈我们还有父子这层关系（奈如父子何）！”

王允觉得他的话可笑，劝他说：“你姓吕，不是董卓的骨肉。现在大家都愁着怎么让他死，还说什么父子呢（今忧死不暇，何谓父子）？”

吕布最终答应参与王允的刺杀行动，除掉董卓。

◎唱一曲《董逃歌》

就在刺杀行动秘密进行之际，长安发生了一些诡异的事。

不知道什么时候，社会上突然流行起一首歌谣，这首歌名叫《董逃歌》，歌词是：

承乐世，董逃！游四郭，董逃！
蒙天恩，董逃！带金紫，董逃！
行谢恩，董逃！整车骑，董逃！

垂欲发，董逃！与中辞，董逃！
出西门，董逃！瞻宫殿，董逃！
望京城，董逃！心摧伤，董逃！

这首歌的旋律很简单，内容也是重复的，翻来覆去只唱了一个意思：不管你在做什么，只要看见那个姓董的家伙，赶紧逃吧！

姓董的家伙？那还能有谁？

这是对董太师的攻击和污蔑。董卓手下的爪牙赶紧报告，董卓大怒，下令彻查。

像这种民间集体创作的东西，很难查出它的作者和来源。董卓不管，只要跟这首歌沾边的，比如说唱过或者别人揭发你朋友聚会时当成段子偷偷传播过的，一律都抓起来审问，前后有上千人因此丢了命（死者千数）。

董卓下令禁止传唱这首歌，但很难彻底禁绝。

有人帮董卓想出一招，把歌词改了，“董逃”改成“董安”，意思变成：不管你在做什么，只要你看见了董太师，你就平安了！

这不是逗你玩吗？而且欲盖弥彰。

效果可想而知。

这首歌的事还没完，另一首歌又传唱开了。

这首歌的完整歌词没有保存下来，只知道其中的两句：

千里草，何青青。
十日卜，不得生。

从字面来看，这两句不知何意。

其实这个是拆字游戏，“千里草”合起来是个“董”字，“十日卜”合起来是个“卓”字，歌词的意思是：董卓将不得好死！

据说，这首歌流传的时间更早，在汉献帝刚继位时就在洛阳一带流传起来了，对董卓不满的人，通过这首歌表达愤懑和憎恶。

如果董卓下令追查，肯定也查不出来什么名堂。

除了这些“反动歌谣”，董卓还收到了直接的暗杀警告。

有个道士见到了董卓，在一块布上写了个“吕”字，这分明暗示吕布有问题，要董卓注意防范，但董卓没有看懂（卓不知其为吕布也）。

上面这些诡异的事，有些肯定是有的，比如歌谣，通常这些都是民意的反映，但有些却不一定，虽然写在史书上，也属于传奇一类，比如那个道士。

王允、吕布为刺杀董卓成功，做了大量的准备工作，但这些一定是在极其保密的情况下进行的。

李肃担任骑兵旅旅长（骑都尉），手下有一些人，吕布又亲自挑选了几个身手好、不怕死的勇士，有秦谊、陈卫、李黑等人，让他们具体执行刺杀行动。

吕布手下有个将领名叫秦宜禄，他的妻子后来做了曹操的夫人，他的儿子是曹魏时期有名的秦朗，有人怀疑秦宜禄或许就是参与刺杀董卓的这个秦谊。

万事俱备，只等机会。

汉献帝初平三年（192 年）四月二十三日，机会来了。

在这之前，汉献帝得了病，已经很久没有举行过朝会。汉献帝痊愈，按照朝廷制度，天子久病初愈也是一件大事，定于这一天举行朝会庆贺。

王允提前得知，董卓将参加。

太师府戒备森严，王允、吕布肯定商量过，要在那里完成刺杀估计很难，即使勉强得手，想要脱身更是难上加难，如果不能将董卓一击毙命，或者被他的亲信立即反击，局面将无法控制，刺杀行动也得失败。

所以，唯一可行的办法就是在别处将其刺杀，之后趁着他的心腹们以及城外的凉州军来不及反应的时候将他们一一击破，只有这样才能保证不仅刺杀成功，而且有夺下长安城的把握。

董卓经历过一连几次刺杀事件，已经学精了，他很少离开太师府。现在，他要出府进宫，那就有办法了。

吕布安排李肃以及秦谊等十多名勇士穿上卫士的衣服守在董卓必经的宫门附近（将亲兵十余人，伪着卫士服守掖门），如果董卓过来，就地诛杀。

为做到万无一失，王允还从汉献帝那里要来了一份诏书，必要时拿出来控制局面，为做到保密，诏书由也参与了刺杀行动的朝廷秘书局副局长（尚书仆射）士孙瑞亲自书写。

◎掖门藏杀机

这一天，天是阴的，刮着风。

董卓在大批步骑的保护下向未央宫行进，进了掖门，里面就是李肃和秦谊等事先埋伏的地方，保护董卓的人再多也不能进去，董卓的死期就要到了！

突然有匹马嘶叫起来，怎么都不肯进宫（马踬不前）。

董卓很迷信，觉得这很异样，想掉头回去（卓心异欲止）。

准备了这么多，拍屁股回去了，那哪成？

吕布竭力劝董卓还是进去，不知道什么原因，董卓竟然听了（布劝使行，乃衷甲而入）。

进了掖门，吕布就能看到李肃、秦谊他们，在众人毫无思想准备的情况下吕布埋伏的刺客李黑率先举戟向坐在车子上的董卓刺来，其他人跟着便上，李黑他们有的用戟叉住董卓的车，有的用戟叉马（以长戟挟叉卓车，或叉其马）。

董卓大吃一惊，高呼："吕布在哪里？"

吕布其实就在他身边，此时手里持矛，一矛刺向董卓，董卓应声坠落车下。

董卓在临死前还在冲着吕布大骂："狗东西，好大的胆子(庸狗，敢如是邪)？"

离董卓最近的是太师府办公室主任（主簿）田仪，见状本能地想扑上来营救，却被吕布杀了。

后面还杀了一个人，加上董卓，一共杀了三个人。

吕布亮出汉献帝的诏书，剩下的人没有再敢乱动的了。

恶贯满盈的董卓就这样被杀了！

史书记载，原本阴沉的天瞬间变得晴朗，原来刮着的大风顿时停歇（日月清净，微风不起）。

连老天爷都在庆祝这件人间幸事。

没想到一个人的死，会给另外那么多的人带来欢乐。董卓已死的消息传出，压抑已久的人们终于扬眉吐气，大家载歌载舞，举行了盛大的狂欢。有人卖掉了珠宝首饰和漂亮衣服，换来酒肉进行庆贺，长安城大小街道上都是欢乐的人们。

看到此情此景，吕布大概不仅自豪，更会感到庆幸，幸亏做出了正确的选择，顺应民心民意，否则他的下场比董卓好不到哪里去，最终只能给董卓陪葬。

王允随即下令释放监狱里的荀攸等人，把董卓的弟弟董旻、侄子黄璜等董氏家族成员全部诛杀，把董卓的尸体拖到长安城里最热闹的集市上示众。

又派人去郿坞，把那里的董氏族人就地处死。

派去的人还没到，守卫郿坞的军士闻讯已经动手，把董家的人全部抓了起来处死，包括董卓已经 90 多岁的老母亲。董卓搜刮、囤积的大量财物被充公，其中仅黄金就有 3 万多两，白银八九万斤。

董卓的尸体被拖走前，吕布专门赶了过去把他的首级割下来。

董卓没有头的尸体在集市上被人展览，不知是谁点了把火，尸体燃烧起来。董卓这个人肥头大耳、浑身流油，火烧得挺旺，一直烧了很久火都没灭。

袁氏的门生故吏觉得还不够解恨，等火熄灭，他们专门跑过去收集残渣灰烬，然后扬撒在路旁。

这时，凉州军的主力并不在长安，这也是王允、吕布刺杀行动成功的关键。

黑山军从兖州方向撤回太行山区后，又有西进的势头，为防止黑山军进攻关中，之前董卓命他的女婿牛辅率重兵屯驻在陕县，凉州军其他重要将领李傕、郭汜、张济等分别率部在函谷关附近布防。

负责守卫长安的是徐荣、胡轸以及胡文才、杨整修等，徐荣所部虽然战斗力很强，但作为非凉州出身的将领，长期以来颇受压制和排挤，董卓已死，按理他不大会做拼死反抗。

胡文才、杨整修是所谓的“凉州大人”，即凉州地方上的豪族，此行是为董卓帮场子的，他们也不会为董卓拼命，倒是胡轸，天生一个暴脾气，做事容易冲动，如果带头闹事，将不好收拾。

但是，长安民众庆祝董卓被杀所表现出来的狂热大概把胡轸吓傻了，没敢动一兵一卒，直接投降。

在王允、吕布以及并州军的竭力维持下，董卓被杀后的长安城并没有发生动荡。

汉献帝下诏，让王允以司徒的身份主持朝廷日常工作（录尚书事），同时擢升吕布为军长（奋威将军），仪比三司，晋爵位为温侯。

仪比三司的意思是享受三司的仪礼，三司就是三公。普通的将军品秩与九卿相当，只有车骑将军、骠骑将军与三公相当，吕布之前是师长（中郎将），和将军之间还有偏将、裨将，直接升为奋威将军算是破格了。享受三公的待遇则是更高的荣誉，因为吕布只有30岁出头。

吕布之前的爵位是都亭侯，晋爵为温侯，亭侯变成了县侯。温县在河内郡，司马懿就是这个县的人。

但吕布还不是军队的最高领导，在王允的推荐下，皇甫嵩被拜为全国武装部队副总司令（车骑将军），统领军事。

之所以做出这样的安排，主要考虑到凉州军的主力仍在，董卓的旧将牛辅、李傕、郭汜、张济手里都掌握着重兵，不派一位在军中有足够威望的老将出马难以压住场面。

◎大局与私怨

为了维护长安的稳定，吕布向王允提出了两项建议。

一个建议是，胡轸、徐荣、杨整修等人虽然投降，但他们内心是怎样想的不清楚，对他们不能放松警惕。

吕布对王允分析说："凉州军中的一些人整个家族和全部产业都在凉州，你让他死心塌地跟我们走，那是不可能的，他们暂时归顺，一旦有机会势必反叛，这些人始终是朝廷的大患，我认为应该把这些人关起来。"

但王允不同意这个看法，王允认为："那些有可能反叛的人，也仅是有可能而已，说他们反叛，现在没有证据，如何服众？"

王允的见解表面看起来冠冕堂皇，也显得挺大气，但这只是一种愚见，因为他根本不了解凉州军的这些人。

吕布提出的第二项建议是，董卓死后被抄家，从他府中以及郿坞搜出大量金银财宝和粮食，现在朝野都很关注这批东西，因为朝廷西迁以来群臣和将士们的生活都很艰苦，吕布提出拿出一部分东西以天子的名义赏赐给大家，用以提振士气。

王允仍然反对这个提议，他的理由是："这些东西是董卓贪污盘剥而来，现在应归朝廷和国库所有，将来东归，这些东西也要分毫不少地运回洛阳，将来关东的那些朋友问起来，我们也要能说得清，怎能随意处置？"

王允只会讲大道理，谁都说不过他，弄得吕布没脾气了。

人一旦掌握绝对的大权，本性中不为人知的某一部分也会暴露无遗，让人看到光鲜的表面下不够阳光甚至丑陋的一面。

王允不是小人，算是个君子，但更是个书生。

书生误起国来，一点儿不比小人恶人差。

执掌大权后王允的身上发生了很多变化，作为诛杀董卓的第一功臣，王允获得朝廷的嘉奖和民众的称赞，所以不自觉地流露出一些小骄傲（每乏温润之色）。

王允曾自负地对人说："连董卓这样不可一世的大奸贼都死于我的手下，我还有什么可惧怕的呢？"

过去群臣集会，王允都能跟大家推心置腹，共同讨论，现在变得正襟危坐，一脸严肃，群臣慢慢地不再像以前那样推崇和拥护他了（是以群下不甚附之）。

当时百废待兴，有很多事要处理，王允放下不管，非要治蔡邕的罪。

这件事情的起因是，蔡邕听到董卓被杀的消息时，情不自禁地当众叹息了一声（殊不意言之而叹），正是这一声叹息，最终要了蔡邕的命。

当时王允正好也在场，当即呵斥蔡邕说："董卓是国之大贼，几乎使汉室倾覆。你身为汉臣，理应同仇敌忾，怎么能因为个人受到董卓的礼遇而忘记了大节！今天诛杀有罪的人，你反而感到难受，是不是跟他们是一伙的（今诛有罪，而反相伤痛，岂不共为逆哉）？"

王允当即命令把蔡邕抓起来押在廷尉处审理。

蔡邕在狱中写信向王允表示认罪，愿意像司马迁一样承受黥首刖足之刑以求保全一命，让自己能够完成正在写作的当朝国史《后汉纪》，但王允坚决不答应。

太尉马日磾听说后急忙来见王允，对他说："蔡伯喈是旷世逸才，对本朝的事情很了解，如果续成后史，肯定将是一代大典。而且他以忠孝著称，现在要治他的罪理由也不充分（所坐无名），如果非要杀他，恐怕会失去人望！"

马日磾是经学大师马融的族孙，和蔡邕、卢植一起校过熹平石经，又参与过《东观汉记》的续写，深知蔡邕的学术地位和价值。

但是，王允不给他这个面子："当初武帝不杀司马迁，让他写出来了《史记》这样的谤书，流于后世。现在国祚中衰，神器不固，不能让佞臣执笔在幼主的左右，既对圣德无益，又使我们这些人受到他的无端批评（使吾党蒙其讪议）。"

马日磾碰了一鼻子灰，对王允很失望，下来对人说："王公这个人，大概也活不多长了吧（王公其不长世乎）？有道德的人，是国家的纲纪；典范的著述，是国家的典籍。废弃了纲纪与典籍，难道还能长久吗？”

就这样，当时最知名的大学者之一、与宦官集团坚持不懈斗争的蔡邕就这样死在了长安，死时 61 岁。

以董卓的跋扈尚且对蔡邕礼遇有加，擅杀这样有影响力的人难免招致非议。有史书说，王允下令杀蔡邕，但马上就后悔了（允悔欲止），但没有来得及制止。

这其实是不可能的，王允杀蔡邕的意志其实十分坚决。

有人认为蔡邕受董卓的厚遇，王允早就看不惯，或者也有一些嫉妒，这是王允执意杀害蔡邕的原因。

但是，董卓也厚待了王允，而且更给予了重用。

其实王允坚决要杀蔡邕另有原因，而蔡邕自己和马日磾的话再一次提醒了王允。

蔡邕和马日磾都提到写史，这让王允下意识想到了司马迁。真的，如果当朝国史由蔡邕来写，会写成什么样？

这一两年来，王允之所以深得董卓信任，自然说过不少违心的话，干过不少违心的事，别人不太清楚，蔡邕知道的应该不少，如果让他写史，王允的形象算是毁了。

所以，蔡邕必须死。冠冕堂皇的理由虚晃一枪，真正的理由因为太卑鄙，往往说不出口。

王允应该没少读圣贤书，应该懂得辱行污名不可全推，留给自己一些，可以韬光养德；完美的名节不宜独享，应该分些与人，这样可以全身。

可惜，他即使读了也做不到。

◎“西京乱无象”

蔡邕被杀，令王粲悲痛不已。

王允想招王粲担任黄门侍郎，他坚决不从，后来王粲南下荆州投奔祖父的学生刘表去了。

王粲到荆州去最可能走的是武关道，作为当时最有才情的诗人之一，王粲在路上回过头来又望了望长安，不禁哀从心起，写下了著名的《七哀诗》，其中写道：

西京乱无象，豺虎方遘患。
复弃中国去，委身适荆蛮。
亲戚对我悲，朋友相追攀。
出门无所见，白骨蔽平原。
路有饥妇人，抱子弃草间。
顾闻号泣声，挥涕独不还。
未知身死处，何能两相完？
驱马弃之去，不忍听此言。
南登霸陵岸，回首望长安。
悟彼下泉人，喟然伤心肝。

这首诗描绘了此时长安一带的真实情景，算是对史书的补充：长安城上空黑云乱翻，那些如豺狼猛虎一样的人还在那里制造动荡，我忍痛告别了那里，把一身暂时托给遥远的荆蛮。

送行时亲戚眼里噙着泪水，朋友们依依不舍拉着车辕。走出门，满目萧条一无所见，只有堆堆白骨遮蔽了郊原。

一个妇人面带饥色坐在路边，轻轻把孩子放在细草中。婴儿的哭声撕裂着母亲的肝肺，饥饿的母亲还是忍不住回头观望，但终于还是洒着泪独自走去。

我自己还不知道死在何处，谁能让我们母子保全？这位母亲痛苦地哭喊，我赶紧策马离去，不忍听这伤心的语言。

登上霸陵的高地，我继续向南，回过头我远望长安。领悟了《诗经·下泉》

诗里思念贤明国君的心情，不由得伤心，不由得叹息！

王粲就这样离开了长安，至于蔡邕的女儿蔡琰，她没有跟着王粲一起走，命运的阴错阳差，时局的动荡纷乱，又一次改变了她，让她重新经历了一次更加痛苦的生活。

关于她的故事，以后还要说。

◎书生好意气

处理完蔡邕，王允依然要面对陕县等地凉州军怎么办的问题。王允开始打算以天子的名义下诏赦免他们，这本来是正确的策略，但诏书拟好后王允却突然改变了主意，决定解散凉州军。

这还不算，王允还决定派人到陕县，缉拿牛辅等凉州军主要将领，来长安进行审判。主张对凉州军实施招抚的吕布闻听此事，大吃一惊。

吕布赶紧来见王允，对他说："凉州军素来不服朝廷调遣，董卓已死，众人正在惊乱，无所适从。如果朝廷肯既往不咎，想必他们不会闹事，因为这些人都很看重眼前利益，董卓死了，再拼也无益，只要保证他们的安全和利益，他们是会听命于朝廷的。现在要解散他们，并且缉拿其主要将领，为了生存他们肯定会集结造反，局面将不可收拾！"

王允不同意吕布的看法，理由是："凉州军跟着董卓作恶多端，关中百姓的怨气你也看到了，如果赦免他们的罪行，百姓不答应啊！"

王允的政治智商仍然没有跳出书呆子的范畴，吕布认为这么做会激起兵变，局面将不可收拾。

对此，王允丝毫不担心："凉州军也不过区区几万人，长安城内外现在也有不下几万人，东面又有关东联军的策应配合，凉州军想造反得想想后果。现在董卓已死，群龙无首，天子的诏书下达，他们必作鸟兽散。这个我已经仔细考虑过，你不必担心。"

有人建议派皇甫嵩亲赴陕县，统率凉州军，以让他们安心，对于这个建议，王允仍然不同意。

王允的理由看起来更奇怪:“不能这么做，关东联军那些人都是咱们的同志（关东举义兵者，皆吾徒耳）。派皇甫嵩去陕县，在那里集结重兵，关东联军的诸君会怎么想？还以为我们要凭险据守跟他们对抗呢。”

王允心里，看来藏着好多这样的小九九。

王允对吕布的建议一再给予否定，是因为在他内心其实是看不起吕布的，认为他不过是一名剑客而已（素轻布，以剑客遇之）。

董卓被杀后，应在第一时间明确对凉州军的政策，是杀是留，发出的信号必须清晰，王允不仅拖延了宝贵的时间，而且摇摆不定，使外面的各种谣言四起。

长安城里都在传言，说王允要向凉州军大开杀戒，把凉州军的将士都处死（当悉诛凉州人）。

已经投降的胡轸、徐荣等人当然很紧张，留在关中地区的凉州军转而拥兵自守，观望下一步形势如何发展（其在关中者，皆拥兵自守）。

王允派李肃带人首先来到陕县，向牛辅宣布天子诏书。

结果可想而知，正在犹豫不决的牛辅看到要捉拿他归案的诏书后不再多想，立即反抗，李肃带去的那点儿人不是牛辅的对手，李肃大败。

一个说法是，李肃战败被杀；另一个说法是，李肃战败而回，被随后赶来的吕布所杀。

牛辅跟朝廷闹翻，只得一条道往下走了。

可是，还没等他继续往前迈出第二步，他自己却送了命。

一天夜里，牛辅突然听到外面人声大起，哭喊声响成一片。

其实这是一场夜惊，心神越是高度紧张，这种事越有可能发生。但牛辅不明就里，他的第一个反应是敌人来劫营了。

牛辅赶紧出帐迎敌，外面黑乎乎的，什么都看不清，只看到营里乱成一团。

牛辅此时只求活命，他只身骑马向营外逃去，却在混乱中被人杀了。

有个机灵的手下意识到牛辅的脑袋也很值钱，就抢先上去把他的首级割下，之后送到长安，受到了朝廷的重赏。

牛辅被杀，消息传到李傕、郭汜、张济那里，大家都傻了。

他们的智商比牛辅高不到哪里去，动脑筋的事过去都是董卓替他们干，他们只负责执行，现在要他们自己拿主意，个个都显得六神无主。

他们能想出来的唯一出路，就是向朝廷乞降。李傕于是派人来到长安，请求朝廷赦免他们，不少人劝王允接受，王允却再次拒绝了。

王允给出的理由看起来有些可笑："今年已经大赦过天下，天子一年之内不可两次大赦（一岁不可再赦），要赦免他们得等到明年。"

正月里汉献帝的确下诏大赦过天下，一年不能两次大赦的制度也许是有的，但现在是什么时候了？危机正在一步步袭来，为何还这么教条？

有人认为，这只是王允不想赦免凉州军的托词。但仔细分析一下王允身上的书呆子个性，会发现这个理由也许不是借口，在制度面前，王允就是一个格外教条的人。

要特赦，也好办，等明年吧。

可现在才五月，王允能等，凉州军不能等了。

◎乱世奇才贾文和

消息传到陕县，正在焦急等待朝廷特赦的李傕、郭汜等人绝望了。

商议了半天，也想不出什么好办法。

最后大家决定就地解散，各自绕道逃回凉州（欲各解散，间行归乡里）。众人收拾东西，准备散伙，这时有个人站出来说了几句话，把大家说醒了。

这个人不同意散伙，他说："咱们分散逃跑，半路上一个亭长就能把大家活捉了（诸君若弃军单行，则一亭长能束君矣），此去凉州3000多里，千山万水，不知道有几个人能逃回家？”

大家听完，面面相觑，心情更加低落。

这个人继续对大家说：“不如咱们团结起来，集结在一起向西攻打长安，我们也拥戴皇上，只杀王允、吕布，替董太师报仇。事情如果成功，可以挟天子号令天下，如果不成功，再跑不迟（若其不合，走未后也）！”

众人认为有理，决定先不散伙，先按照这个人说的做。

这个人，是当世的另一位奇才，贾诩。

贾诩字文和，凉州刺史部武威郡人，此时40多岁。

贾诩年轻的时候并不出名，只有凉州名士阎忠认为他与众不同，说他有张良、陈平那样的智慧（谓诩有良、平之奇）。贾诩后来被举过孝廉，在洛阳的朝廷里任职，后来生了病，辞官回家。

贾诩和十几个人同行，路上遇到了叛乱的氐人，一行人被抓了。氐人经常劫掠过往商旅，财物一抢，人全都活埋，手段很残忍，所以大家慌张坏了。

只有贾诩十分冷静，他对氐人说：“我是段公的外孙，你们别伤害我，我家一定用重金来赎（我段公外孙也，汝别埋我，我家必厚赎之）。”

段公就是“凉州三明”之一的段颎，时任太尉，他久在凉州，威震西土，而贾诩跟段颎毫无关系，他这么说是故意吓唬氐人的。

氐人果然不敢害他，还和他盟誓，之后送他回去，而其余的人都遇害了。

类似这样随机应变的处理，在贾诩身上还有很多。

贾诩回到凉州后到了董卓手下，并跟着董卓来到了洛阳。董卓担任太尉时贾诩在太尉府当处长（太尉掾），后来又到黄河上的平津渡口当守备旅旅长（平津都尉）。

牛辅驻扎在陕县，军职是师长（中郎将），贾诩被分派到牛辅所部接受指挥，职务仍然是旅长（讨虏校尉）。

贾诩现在出了这个主意，对凉州军来说的确是一招胜负手，对朝廷来说，自然是个彻彻底底的馊主意。

所谓一谋动千危，后世多认为贾诩的这个主意闯下了大祸，使有可能出现的和平契机化为乌有，使帝国再次陷入混乱。

有人发出感叹，认为这个时候元凶已除，天地始开，但随之国家又四分五裂，黎民百姓再次遭受涂炭，这一切难道不都是贾诩的一句话吗（岂不由贾诩片言乎）？贾诩的罪过，竟然如此之大！

将天下重新陷入动荡的罪过全部归于贾诩一人未免夸大其词，没有贾诩，天下该乱还会乱。

只不过，此时此刻贾诩的这个主意的确改变了后面时局的发展。

集结在陕县一带的凉州军向长安进攻，一开始只有三四万人，但一路行进下来，不断有凉州军旧部加入。

除了李傕、郭汜、张济等人，董卓的旧部樊稠、李蒙也闻讯率部赶来，到达长安时这部分凉州军总人数已超过了十万（比至长安，已十余万）。

人多就好办了，可以严严实实地把长安城围起来。

王允这时傻眼了，他这才想起和谈。

王允派胡文才、杨整修出城去见李傕等人，让他们二人捎话给凉州军，只要撤兵一切都好商量。要是早几天，这正是李傕等人巴不得的，但现在他们手里已经有了十多万人马，已经不把朝廷和王允放在眼里了。

胡文才、杨整修见到李傕，也不提和谈的事，反而劝李傕等人加紧攻城，他们对李傕等人说，城里防守兵力很有限，猛攻即下。

凉州军不撤围，王允只好硬着头皮一战，他派胡轸、徐荣出城迎敌，结果胡轸一出城就投降了凉州军，而徐荣战死。

徐荣这个人虽然出身于凉州军，但他很有原则，他的原则只有两个字：朝廷。

当年他在凉州追随董卓，因为董卓代表着朝廷；他跟着董卓来到洛阳，因为这是朝廷的命令；他与关东联军作战，因为那些人反抗朝廷；董卓死后他没有造反，因为董卓虽然不在了,朝廷还在;现在他义无反顾地与李傕等人厮杀,也是因为朝廷。

表面上看徐荣很矛盾，其实他活得最清楚。

这样的人，值得喜欢。

◎叟兵打开城门

凉州军加紧攻城，皇甫嵩以全国武装部队副总司令（车骑将军）的身份主持守城事务，他是一名有经验的老将，长安城也相当坚固，守上一阵按说没有困难。

王允也给大家鼓劲:“咱们顶多坚持一个月，关东方面的援军准到！”

关东联军是不会到的，因为他们已经散伙了，现在互相之间正打得焦头烂额，无力也无心管长安的事，即便守上一个月，估计也无济于事。

结果，城里并没有守满一个月，只守了八天，城里就有守军打开城门放凉州军入城。

打开城门的是叟兵，叟人是西南的一个少数民族，叟兵以打仗勇猛而著称，这支叟兵有 1000 多人，是益州牧刘焉派来协助朝廷的，董卓执政时他们就来了，董卓死后，他们归朝廷指挥。

这是一群外形装束很有特点的人，他们个个鬈着头发，耳朵上挂着环铁，穿着奇奇怪怪的衣服，他们善使藤牌、弓箭，初次交手一般人都会吃他们的亏，但是过上几次招，熟悉了他们的套路，他们的战斗力也就不怎么样了。

朝廷西迁后，不断向刘焉催税催人，刘焉大概为了应付，就派了这支叟兵来，他们不是刘焉的嫡系，更像一支雇佣兵，谁发军饷听谁的，在战场上随时会倒戈。

偏偏这群叟兵，皇甫司令让他们担任了防守长安城东门的重任。

叟兵打开东门，凉州军杀入长安城。

城破时，吕布带着几百名骑兵杀出城去，这一行人里应该有张辽、高顺等人。吕布临走时不忘把董卓的人头挂在马鞍上，这个东西他见着袁术、袁绍时还用得上。

路过青琐门，吕布看到了王允，招呼他一块走。

王允不想走，慷慨激昂地说："如果社稷有灵，可以保佑国家平安，这是我最大的愿望。如果这个愿望无法实现，我愿意为此献出生命（奉身以死之）！"

王允让吕布带话给关东联军的诸位首领："天子现在还年轻，现在都依靠我。灾难来时我只顾自己逃命，实在不忍心啊！你见到关东联军的各位同志，一定要勉励他们时刻不能忘了皇上（谢关东诸公，勤以国家为念）！"

吕布只得自己逃命，皇家礼仪部部长（太常）种拂虽然是个文臣，却很刚烈，不愿意逃生。

种拂慨然道："身为朝廷大臣，不能禁暴御侮，致命刀兵逼到了宫前，还能往哪里逃？"

种拂亲自与敌兵交战，战死。

李傕、郭汜率兵攻到未央宫南宫掖门，在这里杀了交通部部长（太仆）鲁馗、民族事务部部长（大鸿胪）周奂、长安城防司令（城门校尉）崔烈、北军轻骑兵师师长（越骑校尉）王颀等朝廷高官。

长安城里，凉州军见人就杀，见东西就抢，官民死了一万多人，在当时这是一个很大的数字。

街道上到处是尸体和烧抢的痕迹，一片混乱（狼藉满道）。王允扶着吓坏了的汉献帝登上宣平门。

李傕等人来到城门下，伏地叩头。

汉献帝打起精神，勉强对李傕等人喊话："你们放纵士兵，想做什么？"

李傕等人回答："董卓忠于陛下，而无故被吕布所杀，臣等为董卓报仇，不敢造反，请求的事批准后我们自会到有关部门请罪（请事毕诣廷尉受罪）！"

凉州兵围住城楼，非要让王允出来对话，他们大声质问："董太师犯了什么罪？"

王允无法回答，只好下了城楼。

长安城又落入凉州军之手。

控制了朝廷，李傕立即胁迫汉献帝任命自己为扬武将军，郭汜为扬烈将军，樊稠为中郎将。

不久，李傕又升任全国武装部队副总司令（车骑将军）兼司隶校尉，郭汜、樊稠分别升任右将军和后将军，他们三个人组成领导小组共同主持朝政（筦朝政）。

张济也升任全国武装部队副总司令（骠骑将军），按说这个职务高于李傕的车骑将军，但他似乎受到了排挤，率本部出屯潼关以东的弘农郡一带。

在凉州的韩遂、马腾等人听说长安大乱，马上带兵前来凑热闹，想浑水摸鱼。

“三人小组”只得任命韩遂为镇西将军，让他驻扎在金城，即今甘肃省兰州市，任命马腾为征西将军，驻扎在董卓昔日苦心经营的大本营郿坞附近。

李傕等人随即以天子的名义大赦天下。

谁说一年不能两赦？

朝中原有的大臣，有的留任，有的因李傕等人看着不顺眼，就被杀了。

前车骑将军皇甫嵩因为有巨大的声望，凉州军不敢动他，改任他为太尉，不久皇甫嵩因病去世。

王允不能再当司徒了，这一职务由赵谦接任，马日磾被任命为太尉，杨彪担任了司空。为凉州军立下大功的贾诩，被拟任为左冯翊太守，并且准备给他封侯。

贾诩听到后，马上表示拒绝：“这不过是为救命被逼出来的，算什么功劳呢？”

贾诩出了一个主意，虽是为保命所迫，但带来了严重的后果，想必他多少有些后悔了，哪里再敢以此居功？

贾诩表示愿到朝廷秘书局（尚书台）任职，李傕想任命他当副局长（尚书仆射），贾诩又推辞。

贾诩对李傕说：“朝廷秘书局副局长（尚书仆射）是天下注意的焦点，我不孚众望，难以担当。”

最后贾诩担任了一名普通尚书，他慢慢与凉州军将领拉开了距离。

◎宋翼与王宏

李傕等人想立即杀了王允，但他们还有顾虑。

王允主持朝廷后重用了两个和他同郡的老乡，一个是宋翼，担任左冯翊郡太守；一个是王宏，担任右扶风郡太守。这两个郡位于长安的一左一右。

李傕等人杀王允前，担心二郡造反，就以朝廷的名义征召宋翼和王宏。

王宏接到诏书，派心腹去找宋翼商量："郭汜、李傕因为我们二人在外，所以没敢杀害王公。今日如果就征，明日就会一同赴死，可是不去不行，得想想该怎么办。"

宋翼胆小，回答说："虽然祸福难测，然而这是天子的命令，不能不执行！"

看来宋太守和王先生是一路人，王太守急了："关东义兵欲诛董卓，现在董卓已死，剩下的不过是他的党羽，容易对付。现在，如果咱们举兵共同讨伐李傕等人，和关东联军呼应，不失为转祸为福的计策！"

但宋太守是个模范公务员，他只打算接受命令去长安报到，王太守没法单独成事（宏不能独立），也只好就征。

人到齐了，李傕等人立即动手，王允、宋翼、王宏一同被杀。

王允死时 55 岁，妻子、儿女同被处死。

王宏临死前骂宋翼："宋翼，你这个书呆子，不足成就大事（宋翼竖儒，不足议大计）！"

应该说，王太守的计划也只能是送死，皇甫嵩、吕布都对付不了的凉州军，他们两个文官上去就等于自杀；至于说依靠关东联军，看来他们的信息比较闭塞，不知道那伙人早就散了，他们现在只关心自己的事，几千里之外长安城里发生的事，对他们来说恐怕跟不存在一样。

但是，人固有一死，唯有死法不同。与其束手就擒，像绵羊一样被宰杀，不如奋起一击，死也死得壮烈。

凉州军杀完王允，尸体暴置在长安街市，没人敢去收尸。

王允的老部下（故吏）、时任平陵县令赵戬自愿弃官，给王允收尸，为他下葬。

赵戬后来到荆州避难，最后投身于曹营。

跟王允一起被杀的还有黄琬。李傕等人认为他也参与了暗杀董卓的阴谋，黄琬死时 52 岁。

当初董卓被杀，除了王允、吕布，士孙瑞也有谋划之功，但王允为了独享功劳，事后不提士孙瑞，结果士孙瑞没有因为杀董卓而被封侯，这反而救了士孙瑞一命（允自专讨卓之劳，士孙瑞归功不侯，故得免于难）。

李傕等人重新安葬董卓，董卓的尸体被烧了，脑袋在吕布手里，他们只能把烧董卓留下的灰收集了一些，用一口棺材安葬在郿坞。

下葬的那天，突然刮起了大风，雨倾盆而下。

一道闪电击中了董卓的墓，劈开一道口子，水瞬间流进了墓室，把董卓的棺材都漂了起来（霆震卓墓，流水入藏，漂其棺木）。

大家赶紧重新弄好，但又被风雨雷电搞了一回。

如此反复，一共折腾了三四次（如此者三四）。

◎袁绍的长辈来了

李傕、郭汜、樊稠等人虽然都是行伍出身，但他们也想在政治上有所作为，尤其对中原地区的状况，他们也想发挥些影响力。

汉献帝初平三年（192 年）秋天，天子下诏派太傅马日磾、交通部部长（太仆）赵岐为正副特使，前往关东宣达罢兵诏，抚慰天下。

这二位都与已故著名经学大师马融有亲戚关系，马日磾是马融的族孙，小时候曾得到马融的亲自教导；赵岐是马融的哥哥——马续的女婿。

长安的“三人小组”看来是动了一番脑筋的，因为马家跟袁家关系不一般。

袁绍和袁术有一位很有名的婶娘，也就是袁隗的妻子、一代才女——马伦，她是马融的女儿。按这个论法，马日磾跟袁绍、袁术是平辈，赵岐是他们的长辈。

马日磾此时年龄不详，但不会小于 70 岁，而赵岐已高达 84 岁了。

两位老同志，又都跟袁绍、袁术有亲戚关系，他们还是士人的领袖，“三人小组”相信袁绍这一回不敢再开杀戒。

马特使和赵副特使从长安出发后分成两路：马日磾去南阳郡找袁术，赵岐去冀州刺史部找袁绍。

马日磾此去颇费周折，他找到了袁术，但袁术一见到马日磾就把他扣了下来，压根不谈正事。

袁术先是要借马日磾的符节看看，看完就耍起了无赖，不说归还的事。

不仅如此，袁术让马日磾以朝廷特使的身份任命他手下人官职，名单报上来，马日磾差点气晕，因为候任干部名单上有 1000 多人。

马日磾请求袁术放他走，袁术不放。马日磾又急又气，最后在忧愤中死在了袁术那里。

相比较而言，赵岐还算幸运。

听说长辈来了，袁绍亲自迎出了数百里，根据史书的记载，在迎接赵副特使的队伍里还有已经身为兖州牧的曹操。

赵岐除了当面向袁绍宣达天子的罢兵诏，还分别给陶谦、公孙瓒等人写了信，要求他们罢兵。

就在不久前，公孙瓒刚刚与袁绍打了一场大仗，结果他大败而归，所以现在正想休整休整，接到罢兵诏，公孙瓒立即送来一封言辞恳切的回信，表示尊重朝廷，热爱和平，立即停战。

袁绍也表示尊重罢兵诏，同意停战。

袁绍还与赵岐相约，不久之后将迎汉献帝回洛阳（与岐期会洛阳，奉迎车驾）。

袁绍送走赵岐返回邺城，路过漳水之上的渡口薄落津时，在此大会宾客，曹操也有可能就在其中。

这时突然发生了一个意外，让袁绍受了一场惊吓。

正吃喝热闹的时候，袁绍接到情报说魏郡有人造反，叛军与黑山军的于毒部取得联系，人数多达数万，已经把袁绍的大本营邺县占领了，郡太守被杀。

在座的很多人的家都在邺县，听说后顿觉五雷轰顶（皆忧怖失色），有人甚至当场哭了起来。

面对突如其来的变故，袁绍再次表现出从容不迫的气概，他当时正在玩投壶游戏，就是把箭投向远处的一个壶中，看谁投得准，输的人罚喝酒。听到消息，袁绍仍然言谈自若，催促监壶的人继续玩（容貌自若，不改常度）。

不过这件事很快就平息了，黑山军里有个叫陶升的人投降了袁绍，把袁绍以及众人的家属送到斥丘，并帮助袁绍重新收复了邺县，袁绍提拔陶升当了师长（建义中郎将）。

袁绍跟赵岐约定迎天子回洛阳，对袁绍来说也就是说说而已。他现在满脑子还是公孙瓒，送走赵岐，袁绍回去就开始谋划新的军事行动去了。

他们做约定的时候曹操有可能也在场，他却认真地思考了这件事。

朝廷特使一行带来了长安的最新消息，也表达了奉迎天子回洛阳的渴望，曹操回到鄄城，就和荀彧、程昱、毛玠等人商量此事，荀彧赞成派人出使长安，向朝廷进贡。

毛玠的看法更进一步，他提出了一个更大胆的计划："现在天下分崩，天子流亡，国家没有储备，百姓不能安居，这种状况难以持久。袁绍、刘表等人，虽然士民众强，但都缺乏远大志向，不能树基建本。当今之计，应该奉天子以令不臣，发展农业，积蓄军资，这样一来，霸业可成。"

曹操认为毛玠分析得很有道理（敬纳其言）。

毛玠字孝先，兖州刺史部陈留郡人，当过县吏，为人清廉公正。中原地区陷入动荡后他本想到荆州投奔刘表，后来听说刘表政令不明，能力有限，于是转道去了鲁阳。曹操担任兖州牧后听说他是个人才，就征他为州政府的治中从事，负责州里的人事工作。

曹操发现毛玠深有谋略，而且清正无私，就改任他为奋武将军府的功曹，从事人才选拔工作。

以后曹操的地位不断提升，毛玠一直在人事工作岗位上。

◎擅长伪造笔迹的人

曹操说干就干，于初平三年（192 年）这一年冬天，派特使前往长安向朝廷进贡。

但特使一开始就不顺利，刚走到河内郡时，就被张杨扣了下来。

曹操虽然没有跟张杨发生过冲突，但张杨跟袁绍之间的关系很微妙，曹操是袁绍的人，张杨没把曹操当成好人，他不想让曹操的特使过境。

这时，张杨身边出来一个人，劝道:“曹操虽然跟袁绍是同盟，但二人情况不同，不可能永远相亲近（势不久群）。曹操现在虽然弱小，但他的确是个英雄，将军您应当结交他。现在刚好是个机会，应该帮他完成通使长安的事，并且上书表荐他。如果事情成了，曹操一定感激将军您。”

张杨想了想，觉得说得也是，于是同意曹操的特使过境，不仅如此，张杨还以自己的名义上表朝廷推荐曹操。

这位帮了曹操大忙的人觉得做得还不够，因为朝廷那边主要管事的人曹操并不熟，他怕曹操的人到了长安无法顺利完成任务。于是又以曹操的名义给李傕、郭汜等人分别写了信，信中说了他们很多好话。

这位善于伪造笔迹又主动帮助曹操的人却不是曹操的故友，甚至没有见过曹操。他的名字叫董昭，在汉末三国众多出色的谋士里是贾诩之外的另一个高才。

董昭字公仁，祖籍是汉末兖州刺史部的济阴郡定陶县，属今山东省菏泽市，兖州牧曹操目前是董昭家乡的“父母官”，但这并不是董昭要帮助曹操的原因。

董昭年轻时被举过孝廉，获得了当官的资格，进入仕途后当过柏人县的县令，该县当时属冀州刺史部，后来成为袁绍的地盘，董昭就这样变成了袁绍的手下。

袁绍听说董昭擅长出谋划策，就调他来当一名参谋（参军事）。那时候袁绍属下的钜鹿郡太守有人打算叛投公孙瓒，袁绍抽不出兵来征讨，董昭自告奋勇，愿只身前往该郡把事情摆平。袁绍大喜，以为他有什么好办法，就问他具体如何办。

董昭其实还没有想好，只得说："仅靠我一个人的力量显然没办法，我准备先迎合他们，以了解他们的想法和计划，再想出制服他们的办法。具体计划要临时去想，现在还没法细说。"

袁绍听了有些泄气，但他没有更好的选择，只好让董昭去试试。

董昭到了钜鹿郡，先进行明察暗访，发现这场反叛是由郡里的一些大户在背后鼓动和策划的，董昭当机立断，准备将这些幕后分子一网打尽。

这么大的行动，按规定要事先得到袁绍的批准，但时间已经来不及了，董昭伪造了袁绍的公文，说抓到了敌人的间谍，他们供认与郡里的一些大户暗中勾通，所以发布檄文将其逮捕，军法处置。

杀了为首的一些人，一郡人都开始惶恐，董昭又出面安慰大家，让众人不要惊慌。就这样，董昭迅速平定了钜鹿郡，为袁绍立下大功，伪造公文的事袁绍自然不去追究了。

后来袁绍治下的魏郡又发生动乱，郡太守被叛军所杀，袁绍派董昭代理魏郡太守，再次去化解危局。当时魏郡已经大乱，叛军的总人数多达数万，采取强硬手段显然不行，董昭仔细分析他们之间的关系，找到漏洞，对各路叛军进行分化瓦解，等他们彼此相互削弱后果断调兵攻打，接连取得胜利，魏郡得以平定。

董昭一再立下大功，但在袁绍那里却待不下去了。

起因是，董昭有个弟弟叫董访，在张邈手下任职，袁绍跟张邈因为一些事闹翻，这一对革命战友发展到势不两立的程度，袁绍欲除掉张邈而后快。这时有人在袁绍面前进谗言，说董昭不可靠，是张邈派来的卧底。董昭听到风声，不敢再留，他想干脆到长安去、在朝廷里谋个职，在路过张杨防区的时候被扣下。

董昭确实不错，自己的事没弄明白呢还替曹操说了话。其实董昭也是为自己铺路，他是真的看好曹操。也正是因为有这件事，日后曹操见到他时，将其视为自己人，引为心腹智囊。

曹操的特使离开河内郡，辗转到了长安，却吃了闭门羹。

“三人小组”认为曹操是袁绍阵营的人，袁绍对天子的态度一向暧昧，一会儿另立天子，一会儿散布谣言说天子不是灵帝亲生的。李傕等人对袁绍、曹操都不太感冒，想把曹操的人扣下。

这时，又有一个人替曹操说了话：“现在群雄并起，大家都以天子的名义行独断专行之事，只有曹兖州心系皇室，如果我们拒绝他的诚意，那些也有同样想法的人必然感到失望。”

李傕等人想想也有道理，于是放曹操的特使回去，并给了一些回礼。

后面这个帮曹操说话的人名叫钟繇。他和曹操倒是老相识，现在担任皇宫高级秘书（黄门侍郎）。钟繇不仅跟曹操熟，跟荀彧更熟，他们是颍川郡同乡，还曾经共过事。

荀彧还没有到朝廷任职时，有个叫阴修的人当颍川郡太守，把颍川郡的才俊都招到郡政府任职，其中钟繇担任人事处处长（功曹），荀彧担任办公室主任（主簿），荀攸担任司法处处长（贼曹掾），郭图担任驻京办主任（计吏），还有名士张礼、杜祐等人，堪称当时天下最强的郡级领导班子。

特使回到兖州后向曹操详述了通使的经过，曹操肯定有些失望，他原本想通过此行与朝廷建立正常联系。希望朝廷对他即使不升官晋爵，也会正式下达命令对他的兖州牧一职给予承认，但李傕等人压根没理这个茬。

其实这也合情理。曹操不是朝廷任命的，他还打跑了朝廷任命的刺史金尚，朝廷没有追究这些事，已经算不错了。

第二章　激湍与暗流

◎袁绍“十大罪状”

在董卓被杀前后，公孙瓒与袁绍之间打了一场大仗，就是著名的界桥之战，它发生在汉献帝初平三年（192 年）春夏之际，也就是赵岐宣达罢兵诏前的几个月。

袁绍与公孙瓒曾联手夺取了韩馥的冀州，但事后袁绍绝口不提分赃的事，公孙瓒憋了一肚子火，加上后来发生的刘和事件，公孙瓒更把袁绍恨得牙疼。

袁绍为了息事宁人，也做出了一些姿态，把自己担任的渤海郡太守一职让给了公孙瓒的另一个堂弟公孙范，等于从自己的冀州刺史部划出一个郡给了公孙瓒，但公孙瓒的怒气仍无法消去。

公孙瓒以打黄巾军为借口大肆封官，任命严纲为冀州刺史，田楷为青州刺史，单经为兖州刺史，还任命了郡太守、国相以及县令等若干。

公孙瓒的做法摆明了就是跟袁绍对着干。任命冀州刺史是成心恶心冀州牧袁绍一下，任命青州刺史是趁原青州刺史焦和的死去抢地盘，兖州虽然现在还八竿子打不着，但先派个刺史去搅和他一下，这种未经允许把筷子往别人碗里伸的行为必然招打。

袁绍和公孙瓒的矛盾不断激化。

袁绍和公孙瓒都意识到一场决战不可避免，除了积极扩军备战，他们还都想方设法给自己拉外援，给对手制造敌人。

袁绍拉的外援是刘虞。敌人的敌人就是朋友，加上当初他曾力推刘虞为帝，虽然事情没弄成，但说明他对刘虞是尊重的，刘虞对他不会反感。

公孙瓒拉的是袁术，在刘和事件中他们的关系日趋紧密。

从双方兵力对比情况看，公孙瓒的实力更胜一筹。

推测起来，公孙瓒这时可以调用的总兵力有十万人左右，且骑兵所占的比例较高，这与幽州跟北方少数民族地理相近有关。而袁绍人马数量明显不足，要守的地盘很大，能集中起来作战的也就不到五万人，其中骑兵的占比不大。

袁绍一方的主力大都是韩馥原来的人马，虽然张郃、麹义、颜良、文丑都是一流的猛将，但他们大都归顺不久，忠诚度尚待考验，万一战场上出现失利的情况，他们会不会落井下石不太好说；相比较而言，麹义投奔自己比较早，与韩馥曾经彻底翻脸，可靠度较高，关键时候可以委以重任。

除此之外，袁绍要和公孙瓒决战还必须过一道难关，那就是白马义从，而这又几乎是不可能实现的。

在华北平原这样的开阔地带，用步兵打骑兵，且人数不占优势，胜算实在很小；更何况，敌人拥有白马义从这样的战场终结者。

让袁绍头疼的事还不止这些，公孙瓒跟黑山军的张燕联系上了，策反了刚刚归顺袁绍的南匈奴单于于扶罗，还跟徐州刺史陶谦建立了联系，加上老盟友袁术，袁绍现在基本上四面是敌人了。

袁绍整天跟沮授、田丰、逢纪、许攸等智囊一块商议，试图找到一条破敌之策。

袁绍还在冥思苦想之时，公孙瓒那边已经等不及了，他先发布了一个“讨袁檄文”，然后调集大军向冀州杀来。

这份檄文写得挺下功夫，尽管出自敌对方之手，所说的事难免有歪曲和无中生有的地方，或者夸大其词、造谣中伤，但也有实事求是的内容，因而保存了一些其他史书上没有的史料。

这份檄文列举了袁绍的十大罪状。

第一条，袁绍把董卓招到了洛阳，是董卓之祸的根源（招来董卓，造为乱根）；

第二条，董卓把持朝政，挟持天子，袁绍不反抗董卓，反而拍屁股走人，只顾自己逃命（弃置节传，迸窜逃亡），没有履行臣子向天子尽忠的责任；

第三条，袁绍当上渤海郡太守，偷偷准备兵马反抗董卓，却不提前告诉家里人，结果招致 50 多位家人丧命，实在是不孝；

第四条，袁绍兴兵之后，不恤国难，而是四处培植自己的势力，又盘剥富室，搜刮百姓，弄得世人很有怨言；

第五条，和韩馥一起阴谋另立朝廷，为了能发矫命诏恩，还私刻金印玉玺一枚，上面刻着“诏书一封，邟乡侯印”的字样，跟过去王莽作乱情形一样；

第六条，信任一个叫崔巨业的术士，和他同吃同住（与共饮食），什么大事都问他，不像一个大臣的作为；

第七条，前虎牙都尉刘勋和袁绍一同起兵，刘勋立了不少功，但袁绍听信谗言，因为很小的过失就杀了刘勋；

第八条，袁绍给前上谷郡太守高焉、前甘陵国相姚贡下命令，让他们交钱，钱没有按时交来，杀了他们二人；

第九条，春秋之义，子以母贵，袁绍的生母本来只是府上的一个奴仆，袁绍出身低贱（绍母亲为婢使，绍实微贱）；

第十条，长沙郡太守孙坚兼任豫州刺史，驱走董卓，扫除陵庙，立下大功，袁绍命周昂盗居其位，破坏了讨董行动。

这是一篇战斗的檄文，也是一篇很有分量的檄文。

这篇檄文不是只喊口号，而重在说事，专揭对手的伤疤，想必一经发布，便获得了很强的杀伤力。檄文中所说的事情，有些可考，有些已经不可考了；有些说得在理，有些强加在袁绍头上则很勉强。

比如制造了董卓之祸，袁绍确实负主要责任，但并非全部责任；不反抗董卓、置天子于不顾，这个大家都有责任；使一家 50 多口丧命，这不是袁绍的责任，而是董卓的责任。

说袁绍起兵两年来不对付敌人，只顾壮大自己，这倒是事实;指使韩馥立新君，这也是事实;派周昂攻打孙坚确有其事，至于说因此讨董大业就失败了，有些夸张。

檄文里提到的崔巨业也确有其人，其实是个江湖骗子、算命先生，袁绍很迷信，打仗要挑好日子，决定重大事情要先问吉凶，至于这个算不算缺乏大臣的风范，属于工作方法问题，是个仁者见仁的事。

檄文里提到了刘勋，已经不可查了，汉末有个挺有名的刘勋，早年跟曹操是好朋友，后来也归附了曹操，但袁绍杀的显然不是此人。檄文提到的高焉、姚贡，袁绍向人家要钱，不给就翻脸杀人，这也无法考证，不过既然写在了给天下人看的檄文里，肯定有这两个人，至于事情，不好说了。

檄文里最不该的是揭了袁绍的隐私，说什么他是丫鬟生的，这就很不厚道了。

◎大戟士扬名界桥

进行了强大的舆论宣传后，汉献帝初平三年（192 年）春，公孙瓒亲自率大军南下，屯兵于界桥。

界桥位于今河北省邢台市威县城东方家营一带，皇甫嵩讨伐张角的广宗之战就发生在附近。当时，这里有一条河，名叫清河，是冀州刺史部钜鹿郡和清河国的界河，河上有桥，故称界桥。

从地理位置看，界桥已深入冀州刺史部之内数百里，距袁绍的大本营邺县只有 200 来里，说明这时候公孙瓒处于上风，大军已经逼到了袁绍的家门口，袁绍不拼都不行了。袁绍倾尽所能集中起所有人马随后开到，两军在界桥以南 20 里的地方摆开战场。

两军对阵，公孙瓒一方阵容齐整、甲盔鲜明、旌旗飘扬，很有气势，尤其是队列正中的白马义从，更是令人闻风丧胆。

而对面的袁军却摆出了一奇怪的阵形，也许是来不及训练，也许是不善于打这样的阵地战，袁军列在正中的只有 800 名步兵和 1000 多名弩兵，身后隐约有 2

万多人，但队列不整，斗志不高。

看到这种情景，公孙瓒的嘴角一定露出过一丝轻蔑的微笑。

作为最擅长打骑兵突袭战的专家，公孙瓒太熟悉接下来的阵法了，打张纯、打青州黄巾军包括打乌桓都是这样的打法，号令一发，他的白马义从会风卷残云般杀过去，下面就只等后续部队上去给敌人收尸了。

那一刻，公孙瓒抽出指挥刀在空中划出一道果断且优美的曲线，他下达了总攻的命令。

5000名白马义从席卷而出，马蹄声如闷雷，夹着数千人的号叫，仿佛不用刀剑仅凭这吓人的气势就足以把任何敌人撕个粉碎！

当敌人数千铁骑呼啸而来时，袁军的队形仍然没动，而列队于最前面的800名步兵突然伏下身子，用随身携带的皮盾蒙住身体，然后一动不动地等待敌人骑兵的到来。

敌人一点点近了，这些人仍然不动。白马义从都是马上的射箭高手，离对方还有一箭之地时，他们一边冲锋，一边在马上搭弓射箭，雨点般的箭支射来，但袁军有皮盾保护，没有人受伤。

说话之间，骑兵就到了，伏在皮盾下的这800人突然同时跃起，扬起阵阵尘土，他们还同时大声呼喊着（同时俱起，扬尘大叫），气势也足以令任何对手胆战心惊。

白马义从们突然受到惊吓，正迟疑间，发现这些人手里拿着一种样子奇怪的武器向自己刺来。这些人似乎受过专门训练，把这种武器用得很熟练，无论是刺人还是刺马，一刺一个准，把把不落空。

公孙瓒不知道，这种秘密武器是袁绍专门为白马义从设计和定制的，叫作大戟，是一种带钩带刺的长枪，具体样子可能跟宋朝时岳飞大破金人连环马的钩连枪比较像。

前段时间，为破白马义从袁绍可谓绞尽了脑汁，经过和部下们反复演练，他们发明了这种武器，并挑选了800名精锐士卒进行特殊训练，具体由麴义指挥。

他们是袁绍的撒手锏，数月来他们反复模拟、刻苦训练，为的就是这一天，他们被袁绍称为“大戟士”。

白马义从遭受了自诞生以来最残酷的重创，但这只是噩梦的开始。守候在这800名步兵后面的1000多名弓箭手，早已为他们准备好了丰盛的礼物。

待白马义从们接近时，弓箭怒射而出。

弓箭手通常会分拨轮换射击，这意味着即使侥幸躲过大戟士的重创，随之迎面而来的就是近距离射出的、密不透风的箭雨。

威名远扬、从未有过败绩的白马义从成了袁军弓箭手练习射击的移动靶，纷纷被射落马下（强弩雷发，所中必倒）。

白马义从遭受到了第一次，也是最后一次的惨败，作为一个独立完整的作战单元，他们从此在战场上消失了。

白马义从神话般的覆灭震惊了公孙瓒的阵营。

还在敌人错愕的当口，袁绍立即指挥后面的队伍全线出击，公孙瓒大败。

袁军一路追杀，公孙瓒刚任命不久的冀州刺史严纲未及上任即战死。

按理说这一仗可以就此结束了，但中间却出了惊险的一幕，险些让胜利的天平倾倒。

袁军虽然得胜，但指挥系统和士兵的训练可能真有问题，在追击过程中袁军乱了章法，大家只顾追敌人，把主帅袁绍给忘了，此时袁绍跟前只有100多人。在混乱中，他们与2000多名敌人相遇，败兵反而把获胜一方的主帅团团围住！

幸好对方不知道这里面有敌军主帅，所以攻击得并不激烈。袁绍指挥手下展开防卫，等待援军的到来。

敌人开始射箭，情况十分危险。田丰跟袁绍在一块，拉着袁绍要到一处断墙后面躲避。

袁绍不仅不去，索性把头盔也摔了，喊道：“是大丈夫何惧向前战斗而死（大丈夫当前斗死）！”

有人说袁绍是草包，有人说公孙瓒、董卓是一介武夫，也有人说刘表、陶谦没本事，凡此种种其实都是误解，犯了“胜者王侯败者寇”的经验主义错误，以为只有最终取得胜利的人才有资格被称为英雄。

其实，能在风云莫测的历史舞台上崭露头角，能在群雄逐鹿中哪怕只是走个过场，都必然有过人之处。在袁绍的一生中，曾不止一次在危险关头表现出大无畏的气概，事实证明袁绍不缺英雄气，更不是贪生怕死之徒，关键时刻他拉得出、顶得上，有时候也打得赢。

危急关头，袁绍用行动给手下人做出了表率，激励大家的斗志。在袁绍的带动下，袁军士兵拼死抵抗，袁军的后援部队也及时赶到，迅速化解了危机。

界桥之战虽然没有全歼公孙瓒主力，但也给了公孙瓒以重创。

界桥之战前，袁绍处于被动挨打的局面，界桥之战后二人实力取得了平衡。

这场战斗是以步兵战胜骑兵的经典战例，也是以少胜多、以弱胜强的典范，此战的全胜，使袁绍打破了四面楚歌的被动局面。

◎吕布败走武关道

就在袁绍与公孙瓒大战界桥时，吕布正从长安城逃出来。

吕布走的是武关道，也叫商山路，因为要路过武关所以通常称为武关道。这是古代一条重要的交通要道，它起自如今的陕西省长安县，经蓝田、商州，至河南省内乡、邓州等地，这条路是连接关中与江汉地区的重要通道，秦始皇一生共有五次出巡，其中两次走的是武关道。

白居易当年走这条路的时候写过一首诗：

高高此山顶，回望唯烟云。
下有一条路，通达楚与秦。
或名诱其心，或利牵其身。

乘者及负者，来去何云云。

还有温庭筠那句“鸡声茅店月，人迹板桥霜”也写的是这条路。时至如今，武关道沿线仍然风光优美、山色宜人。

汉献帝初平三年（192 年）夏天，至少有两队重要的人马从这条路上经过，一队是荆州刺史刘表派来的，他们是来向天子进贡的。

不管政治多么动荡，不管谁实际控制着朝廷，都严格按照过去的制度按时进贡，向朝廷表示忠心，这样的地方大员现在越来越少了，除了刘表，大概只有刘虞和陶谦了。

长安的“三人小组”对刘表的举动表示欢迎，把刘表的刺史改为州牧，单从品秩来说，就由 600 石升为 2000 石，同时给刘表加上了南部战区副司令（镇南将军）的头衔，封成武侯。

没有跟关东联军搅到一块，既避免陷入联军内部的势力争夺，又从朝廷那里捞到了好处，刘表一定觉得自己很聪明。

另一队人马，就是吕布率领的一支数百人的马队。

从长安城一路杀出来的吕布，根本没有心情欣赏武关道两边的景色，他的心境应该极灰暗，回想起自己出道以来的人生经历，吕布心里肯定充满了感伤。他顶着骂名连杀了丁原、董卓两个上司，换来的仍然是逃难的命运。

所幸的是，吕布把最亲近的子弟兵和主要骨干都带了出来，在这数百人里有吕布手下的得力干将张辽、高顺、成廉、魏续、魏越、侯成、宋宪等人。

到了析县，就进入南阳郡的地盘了。

袁术此时驻扎在宛县，吕布等人便向那里进发，在这里见到了袁术。

袁术此时 40 多岁，比吕布大一些。

这本是一次同僚之间的相见，袁术的正式职务是后将军，吕布的正式职务是奋威将军，论职务袁术比吕布高，但吕布有“仪比三司”的特权，又高于后将军。

但他们的职务已先后被朝廷剥夺了，所以他们的相见，就是一个走投无路的人去投靠另一个有实力的人。

大概吕布没有认清这种定位，在他的心目中，他还有另一种身份，那就是袁家的恩人，他杀了袁氏的仇人董卓，理所应当地接受袁术的谢恩（以杀卓为术报仇，欲以德之）。

袁术是个从来不做赔本生意的人，也许看在杀了董卓的面子上对吕布会忍耐一时，但时间长了肯定不会再待见他，要粮要钱没有，要人不可能。

吕布大为不满，这是报恩的样子吗？吕布表达不满的方式是纵容手下去抢劫，或者故意在袁术的地盘上闹事（遂恣兵钞掠）。

袁术打仗不行，玩阴的却很拿手，吕布想占他的便宜，显然打错了主意。袁术回敬了吕布一招：策反。袁术悄悄拉拢吕布的部下，只要他们肯归顺自己，升官发财都好说，要什么给什么，这一下吕布扛不住了。

吕布自认倒霉，看来南阳郡不能再待下去了。

史书上还有一种说法，说袁术压根没有接纳吕布。

按照这个说法，袁术知道吕布这个人在丁原手下杀了丁原投董卓，在董卓手下又杀了董卓，现在来投自己，莫非自己就是下一个丁原和董卓？所以给吕布吃了闭门羹（术恶其反覆，拒而不受）。

袁术这个人一向很迷信，也经常神经兮兮的，有这些想法也难怪。

不管是待不下去还是袁术不接纳，对吕布来说结果都一样，那就是只能领着人另寻出路。

◎老朋友张杨

离开袁术，吕布下一个去依靠的人是张杨。

张杨现在拥有河内郡太守的正式头衔，同时还是朝廷任命的军长（建义将军）。

作为并州军的三大猛将之一，张杨没有随着吕布、张辽投靠董卓，而是选择了在黄河北岸的河内郡一带独立发展，只是势单力薄，一直没有太大起色。

关东联军起兵后张杨也想加入，于是跟南匈奴首领于扶罗一起投靠了袁绍，袁绍让他和于扶罗驻扎在漳水边。

这时，于扶罗干了一件大事，他突然反叛袁绍。张杨大概拒绝和他同谋，于扶罗于是把张杨劫持为人质（执杨与俱去）。

于扶罗试图进攻袁绍的大本营邺县，但被麹义打败，于扶罗劫持着张杨到了黎阳，在那里打败了朝廷的度辽将军耿祉，势力有所恢复。

张杨在于扶罗手里做了差不多一年的人质，于扶罗没杀他。后来于扶罗忙着和袁绍交战顾不上张杨，张杨又得以独立发展。张杨收拾残部，招纳各地散卒，手下也有几千人马。

袁绍从韩馥手里夺取冀州前后，原河内郡太守王匡也死了，史书上说王匡死于他杀害的胡母班的亲属之手，做这件事的还有曹操，之后河内郡就被纳入袁绍的势力范围中。

张杨没办法回河内郡，来到了河内郡西边的河东郡，朝廷觉得张杨有利用价值，就任命他为河内郡太守、建义将军，想让他牵制袁绍。

张杨跟活跃在这一带的黑山军、白波军以及南匈奴都有来往，相当于结成了一个松散联盟，在诸强争霸中争取各自的生存空间。对袁绍张杨也不得罪，因为他为了不背叛袁绍做过人质，所以袁绍也不认为他是敌人，至于朝廷那边，张杨也乐意保持联系。

所以，张杨的势力虽然不算大，却能左右逢源，混得还不错。

吕布到了河东郡，见到了老同事张杨。

张杨这个人相当不错，尽管自己也有不少困难，但还是收留了吕布一行。

河东郡紧邻关中，离长安很近，朝廷“三人小组”对吕布恨之入骨，一直在通缉他，张杨接到了悬赏捉拿吕布的诏令，张杨的手下看到长安那边开出的赏金很高，就想把吕布杀了换赏钱（受傕、汜购募，共图布）。

史书上说张杨本人知道这件事，也参加了，这似乎不太可能，不符合张杨的性格，他一直视吕布为战友，以后还为救吕布义无反顾地起兵，直至被杀，说他为了赏钱而出卖吕布，应该不会。

张杨这个人性情比较温和，待人也很仁厚，没有什么架子，手段也不狠（性仁和，无威刑），即使有手下人谋反，他发觉后也只是流泪，不予追究。

这是个好人，但在乱世中成大事的必须果敢、心狠，仁爱只是妇人之仁，往往是失败的根源。连叛乱分子都不追究，很难想象平时如何治军，这也解释了为什么张杨一生没有成就什么大事，在群雄争战中始终是一个二三流的角色。

张杨的手下要对吕布下手，但在他们着手行动前，吕布提前知道了消息，吕布有点儿害怕。

吕布主动找到张杨，对他说："我吕布跟你是老乡，你把我杀了其实还不够划算，不如把我押到长安，可以得到李傕、郭汜的封赏（不如卖布，可极得汜、傕爵宠）。"

张杨其实并不想为难吕布，他一面应付着长安那边，一面暗中保护吕布。

还有一本史书上说，李傕、郭汜等人突然改变了对吕布的态度，任命他为颍川郡太守（汜、傕患之，更下大封诏书，以布为颍州太守）。

如果真是这样的，那只能是张杨从中调和的结果，但这种可能性不大。吕布跟凉州军之间的矛盾根本无法调和，李傕、郭汜等人必置吕布于死地而后快，杀了吕布，替董卓报了仇，他们在凉州军中的地位将会更稳固。如果放过吕布，还让他当什么郡太守，许多凉州军的将士恐怕都不会答应。

总之，老战友这儿也待不成了，吕布还得另寻出路。

◎一战成名赤兔马

连续碰壁，让吕布感叹人生无常，情义难觅。

下面再去投谁呢？吕布绝对不敢去投刘表、陶谦这样的人，他们都打着拥护朝廷的大旗，自己去了还不得让人家马上绑了送长安？

吕布看了看，发现袁绍那里倒可以走一趟。

袁绍一向不承认汉献帝的这个朝廷，与长安方面关系冷淡，加上吕布杀的董卓是袁术的仇人，也是袁绍的仇人，看在这一点上，袁绍也不会让他吃闭门羹。

吕布离开张杨，之后北上冀州，来到了邺县。

这时，袁绍与公孙瓒刚打完界桥之战，朝廷的罢兵诏也刚刚下达。袁绍听说吕布来了，本能上是排斥的，他不想接纳吕布。

看来，做人还要讲点儿口碑，牌子倒了，什么都没了。

吕布汲取在袁术那里的教训，不敢再耍大牌，只求袁绍接纳自己，给安排个出路，干什么活都行。

而这时袁绍手里还真有一个棘手的活，公孙瓒那边的压力虽然小了，但袁绍的左翼，也就是太行山一线又出了问题，黑山军首领张燕支持公孙瓒，袁绍派兵攻打却不见成效，袁军的一部分主力被牵制到这一线。

袁绍看到吕布可以利用，就派吕布带着他的人去打张燕。

袁绍打张燕费劲，但吕布一出马情况就不一样了。

虽然人数处于劣势，但吕布连战连胜，把张燕打得很是吃不消。并非吕布比袁绍高明多少，而是情况有了变化。

张燕的主力是一支数千人的骑兵，战斗力很强，以步兵为主的袁绍也曾创造过战胜精锐骑兵的战例，但那是在双方主力的对决中，给袁绍施展谋略留下了空间，现在张燕的策略是你来我走，你走我来，比谁跑得快，这样一来袁绍就没辙了。

袁绍不是张燕的对手，换成吕布就不一样了。

张燕善打快攻，但吕布比他还快。张燕对太行山的地理很熟，但吕布也是土生土长的并州人，对太行山也不陌生。

吕布跟手下的成廉、魏越等人，再挑了几十个身手好的，骑上快马，组成一个突击队，专门冲击敌人的核心区，一会儿闪电战，一会儿斩首行动，来如疾风，去如闪电，无人能挡，打得黑山军直犯迷糊（常与其亲近成廉、魏越等陷锋突陈，遂破燕军）。

吕布是一员骁将，吕布的马也是一匹好马，打张燕不仅进一步成就了吕布的名气，也成就了吕布坐下的这匹战马。

吕布在太行山下的出色表现，为他赢得了当时人所共知的两句话：

马中赤兔，人中吕布。

这两句话在当时就很流行，吕布在后世里的威名，至少一多半是这两句话产生的影响力。

在这里，赤兔马才第一次出现在史书中。

用兔子来形容马，这种比喻很独特，因为要用“红色的兔子”来说一匹马的话，实在不知道说的是什么。如果是说跑得快，兔子怎能跑过马？如果说威猛，但大家都知道兔子最温驯最可爱。

所以，兔子和马根本不沾边。

其实，这匹马在史书上还有另外一个名字叫赤菟。“菟”是一种植物，开一种淡红色的花，“赤菟马”就是像“菟花”一样颜色的马。

古时，人们还把老虎称为“于菟”，“赤菟马”就是红色的、像老虎一样威猛的马。

这种解释，显然更为贴切。

既然是一匹著名的战马，不妨多说几句。

都说这匹马跟董卓有关，是当年董卓策反吕布杀丁原的重要条件。还有的说，这匹马一直跟随着吕布，吕布死后它的主人又换成了关羽，直到关羽死时仍然骑着它。

这些说法其实都站不住脚，原因很简单。

战马出生一个多月可以觅食，两个月后脱去乳毛，四到六个月断奶，一年后成长为一岁驹，两岁半之前发育成熟骨头封闭，达到最佳骑乘年龄，这种状态可以一直保持到十岁左右，再往后它的循环系统变差，关节开始肿胀，步入暮年期。

如果这匹马是吕布杀丁原前夕董卓送给吕布的，它当时至少三岁，吕布骑着它到被杀整整十年，假如后来到了关羽手里，关羽死时它就至少25岁以上了，还能不能驮动关羽都成问题。

◎袁绍玩套路

张燕打不过吕布，黑山军再次退回太行山区。

吕布为袁绍立下大功，于是向袁绍伸手要这要那。不是吕布这个人多么贪婪，是实在没有办法。他手下有一帮弟兄，却没有一块属于自己的地盘，所有补给全靠别人接济。

袁绍比袁术强点儿，物资方面的需求，他基本上都能满足吕布，但吕布还提出了另外的要求，他要袁绍给自己增加部队，然后帮助自己到司隶校尉部发展，这就让袁绍不太乐意了。

吕布大概是想明白了，待在人家的地盘上讨生活，这种日子太难受，你袁绍既然能帮助曹操到兖州发展，为什么不能也照此帮帮我呢？

但袁绍没有答应，在袁绍的心目中大概吕布的政治操守比曹操差得远，把这个家伙扶持起来，谁知道将来是朋友还是仇人呢？

袁绍的拒绝让吕布恼怒不已，吕布故技重施，放纵手下的人四处抢掠（更请兵于绍，绍不许，而将士多暴横），袁绍也怒了，他决心除掉吕布。

袁绍的做法绝对是过河拆桥，不管吕布既往的历史怎样，毕竟人家杀了你们袁家的仇人，更重要的是帮你打败张燕，不答应吕布的条件，把他礼送出境就行了，下这么重的狠手就有些过了。

袁绍秘密派出杀手，趁机去杀吕布，但吕布“飞将”的名声不是白给的。尽管在袁绍的地盘上，尽管做得极为机密，吕布仍然躲过了这一劫（绍恐还为己害，遣壮士夜掩杀布，不获）。

史书上还有另一种说法，说袁绍对外放出风声，同意表奏吕布为司隶校尉（外言当遣）。司隶校尉的治所在洛阳，袁绍拨给他30名甲士护送其去上任（绍遣甲士三十人，辞以送布）。

这可能是史书的笔误，30个人护送吕布又能起到什么作用？张辽、高顺等一直跟随吕布的嫡系将士应该一块同行，吕布的人都不会低于300人，派区区30个人来只能送死。所以，这个“三十”可能是古籍传抄时把“三千”少抄了一撇。

出发前，袁绍密令自己的人，在半路上干掉吕布。

但吕布被人算计怕了，对此早有准备，他使出了一计，晚上故意让袁绍的人住在自己大帐外，半夜里让人在自己的帐中弹筝（伪使人于帐中鼓筝），而自己悄悄逃走。

袁绍的人冲进来，只能向着吕布的床乱砍一通。

袁绍得到报告，吓得够呛，问左右谁愿意带兵去追吕布，飞将的威名居然让袁绍手下众人无人敢应征（募遣追之，皆莫敢逼）。

袁绍害怕吕布回来报复，下令关闭邺县城门，严加防卫。

吕布虽然又逃过一劫，但下一步去哪里，他此时已茫然无措。

在吕布的周边有几股力量：河内郡的张杨，南阳郡以及豫州一带的袁术，兖州的曹操，徐州的陶谦。已经跟袁术闹翻了，曹操是袁绍的人，陶谦那里虽然可以去试试，但必须过曹操或袁术的地盘。

吕布发现，能容他暂时安身的只剩下老同事张杨，吕布于是准备一路向西，到河内郡的张杨那里去（与张杨合）。

去河内郡，最便捷的路径是沿由洛阳出来的东方大道西行，如果吕布走的是这条道，他现在就要渡过黄河。

吕布怀着沉重的心情来到黄河边，正要渡河时，却在这里遇到一伙不速之客。

吕布询问之下，得知这些人是陈留郡太守张邈派来专门迎接他的。

吕布一听，警惕起来，因为他知道张邈现在是曹操的属下，曹操是袁绍的人，而这个张邈早年跟袁绍还是朋友。

吕布的第一反应是，这是袁绍安排在这里专门截击他的。对方似乎知道吕布的心思，所以很快把他们之所以出现这里的原因向吕布陈述了一遍，其中包括近期兖州发生的所有重大事件。吕布听完马上打消了心头的顾虑。

◎袁术来抢地盘

在吕布给袁绍“打工”的这段时间，兖州的确发生了很多事，最主要的是曹操跟陶谦打了起来。对兖州士民来说，这件事影响深远。

曹操与陶谦交恶，这件事还要先从袁术东进说起。

袁术以南阳郡为自己的大本营，但也不断寻找机会扩张实力，大约在汉献帝初平三年（192 年）秋天，袁术突然亲率主力离开了南阳郡。

袁术是要去参加一次联合军事行动，这场联合军事行动的发起人是公孙瓒，参加者除了袁术还有陶谦。

对公孙瓒来说，现在的头等大事是对抗袁绍，他知道只靠自己的力量还不够，于是拉袁术和陶谦做外援。公孙瓒策划了一次大会战，他约了袁术和陶谦同时发起一次会战，从各个方向一起进攻袁绍和曹操。

为了参加这次会战，袁术几乎倾巢而出，不是他够铁，而是他在南阳郡的日子其实也不好过。

南阳郡离刘表的大本营襄阳太近，刘表的势力上升得很快，不断向北出击，双方在南阳郡的矛盾越来越尖锐。

二虎相争，必有一伤。

按照当时的情况，袁术被刘表挤出南阳郡是迟早的事，刘表不断进攻袁术，重点攻击袁术的后勤补给线（断术粮道），袁术在南阳郡的发展遇到了严重困难。

所以，公孙瓒招呼袁术北上，袁术干脆利用这个机会来个转场，他的想法是，如果能占领冀州或者兖州就待在那里不走了，省得跟刘表拼命。

汉献帝初平四年（193 年）春天，袁术亲自带兵进入兖州刺史部陈留郡境内，这里是曹操、张邈的地盘。

几年前，他们几个人都还是很好的朋友，都在洛阳供职，公务之余想必经常小聚，现在却要在战场上刀兵相见了。

面对不请自来的客人，张邈立即通报曹操，请求增援。

袁术开始行动后，黑山军和于扶罗很快响应，在西北方的侧翼给袁术助威。袁术的前锋由刘详率领，进驻到匡亭。匡亭的位置在陈留郡的平丘县，这里已深入陈留郡 100 多里，再往前就是曹操的后方基地东郡了。

曹操不敢大意，亲自率兵来迎战。

荀彧等人分析，刘详北上只是袁术的试探性进攻，可以先围住匡亭不打，看袁术下一步的反应。曹操采纳，将匡亭围住，袁术果然率主力北上增援。

曹操在平丘、东昏一带摆下阵式，等袁军开到，双方展开激战，曹军以逸待劳，袁军北上的只是一部，实力稍逊一筹，结果大败，袁术退到封丘。封丘离关东联军会盟的酸枣不远，也在陈留郡境内，曹操挥军追赶，将封丘围住。

对曹操来说这是一个机会，因为袁军主力部队还未赶到，袁术孤军冒进，如果曹军行动迅速一点儿的话，有可能将封丘城围死，从而打死或活捉袁术。

但那将是一件很棘手的事，无论是杀掉袁术还是将他活捉，都不符合曹操的利益，所以曹操决定围城的时候留下一个缺口（未合）。

袁术倒也识趣，知道是老朋友诚心放自己一马，于是顺着缺口突围逃走。但是，袁术逃出来以后就停在了襄邑，此地仍在陈留郡的地盘上。

这就不够意思了，曹操又追到襄邑。

袁术没等到曹操赶到，主动撤到襄邑附近的太寿。

自起兵以来，这次北上说起来是袁术亲自指挥的第一仗，以前打了那么多胜仗，都是孙坚和其他手下将领打的，现在一败再败，袁术脸面全失。

袁术想这一回不能再跑了，必须来一场胜仗赢回面子，不然今后还怎么在江湖上混？

但是，这只是袁术的美好愿望而已。

围攻太寿虽然不像前几次那么容易，曹军仍然取得了胜利，他们采取的办法是掘开附近的河渠，来了个水淹太寿（决渠水灌城）。袁术不敌，放弃太寿，逃到宁陵。

襄邑、宁陵相距不远，曹操曾在这一带募兵，这里是曹操事业的起点，曹操带兵再次追来。

袁术彻底在兖州没法待了，干脆向南面的扬州刺史部九江郡逃去。

由匡亭到宁陵，曹操现身说法地给老朋友上了一堂军事课，把袁术打服了。

五战五捷，曹操开始显示出一名军事家的风采。

曹操的胜利来自在实践中的磨炼和个人超凡的天赋，也和荀彧等一批智囊的加盟有关。

◎打了个时间差

雄心勃勃的袁术深受打击，这位仁兄一向很自负，但亲自带兵打仗居然水平这么差，如丧家犬般一路奔命。

从此，袁术心中的雄图大志锐减，不再奢望吞并中原、一统天下，到了扬州刺史部，就在寿春住了下来，能偏安于淮南一隅他已经知足了。

逃到了寿春的袁术一直想不通一个问题，在他跟曹操浴血奋战的时候，另外两个哥们干吗去了？

其实公孙瓒和陶谦都没有失约，公孙瓒一边与袁绍艰苦对抗，一面派他任命的兖州刺史单经、平原国相刘备等人南下，配合袁术的行动，单经率部进驻平原国，刘备率关羽、张飞、赵云等人进驻高唐县，这个县也在平原国境内，但正好位于东郡的北部，其中高唐县距东郡的东武阳、东阿等地都不远。

刘备当初弃官之后无处可去，听说老同学公孙瓒在幽州干得很大，于是投奔了老同学。那个时候公孙瓒刚被朝廷升为军长（奋武将军），公孙瓒接纳了刘备，任命刘备为独立团团长（别部司马）。

公孙瓒不断向南扩展，刘备当过平原国的高唐县令，于是被公孙瓒派到了平原国，先是担任高唐县令，后升为平原国相。

单经和刘备在北面，南面的陶谦也有所行动，史书记载他亲自率主力进驻到了发干。

但是，如果对照着地图看一下，这似乎又是不可能的。

发干县属东郡，距曹操的后方基地东武阳才几十里路，身为徐州牧的陶谦能否离开徐州，越过多个敌占区，到千里之外的发干县来，这是疑问。

也许发干县确实有徐州的小股部队，但不是陶谦本人率领。

陶谦如果配合袁术、公孙瓒的行动，可行的方案是攻击徐州的北邻，即兖州刺史部的泰山郡、任城国、东平国、山阳郡等地，给曹操制造麻烦，从后面的事态发展看，陶谦确实也这么做了。

这是一场精心策划的大会战，主战场就是曹操刚刚到手的兖州，它的北面、南面和东南面同时受敌。

从人数上说曹操明显处于劣势，袁绍虽然可以给他一些支援，但保卫兖州还主要靠自己。

本来曹操凶多吉少，但被他轻易就化解了，兖州不仅没丢，而且更加巩固，以至于史书上对这件事也只记载了只言片语。

除了曹操高超的军事指挥和曹军将士英勇善战之外，还有一个重要因素帮了曹操的忙，这就是时间差。

作为一次联合军事行动，必须在时间、地点等方面都达到协同和默契，北路的单经和刘备抵达预定地点后，袁术的队伍还在路上，这样曹操在袁绍的支持下，很从容地先解决了北面之敌，他们主动出击，把刘备和单经击退。

单经撤走，刘备退保平原国，这场会战的发起方公孙瓒方面事实上首先退出了联合作战。

曹操一路追击袁术的时候陶谦本可以帮忙，但一来路途还是有点远，二来陶谦想保存实力，抱着先看看再说的想法，想等曹操和袁术相互消耗一阵再上前帮忙。

但让陶谦吃惊的是，呼声一向很高的袁术军事才能如此之差，被曹操一路打来没有任何招架之功，只有逃命的份。

看到此情此景，陶谦放弃了增援，瞎咋呼一番，就算也参加了会战。

就这样，这场针对兖州的大会战被曹操轻易瓦解，打退了刘备、单经，打跑了袁术，吓走了陶谦。

第三章　兖州争夺战

◎不留活口的血案

打退袁术的进攻后，曹操顺势扩展了地盘。

在逐渐巩固了兖州之后，下一步朝哪个方向发展也需要尽快定下来。北边是袁绍，往东以及东北方向目前是公孙瓒的地盘，不可能有发展的空间；往西是残破不堪的司隶校尉部，人口大量外逃，稍大一点的城市都成了废墟，又处在各种势力的交汇之处，别说不好占，就是占住了也没法待；只有南边以及东南方向的徐州适合发展。

在这个方向的敌人就是陶谦。

陶谦是一个狡猾的人，在凉州一带打过仗，能带兵，有些谋略，手下也有一些人，经营徐州有几年了，这样的敌人不是那么好对付的。双方虽然还没有正面交过手，但早已经在心中把对方当成了假想敌。

下一步就要与陶谦交战了，想到这里，曹操突然意识到还有一件重要的事没有办。

徐州刺史部最北面的琅琊国是曹操的夫人卞氏的老家，它东邻大海，远离中原，是个避乱的好地方，曹操的父亲曹嵩等人正在此避难。

曹操在己吾起兵之后，除曹操的弟弟曹德外，曹氏以及夏侯氏兄弟们纷纷离开家乡追随曹操去了，曹家在谯县十分不安全。曹嵩经过考虑，决定找个地方避难，在一两年前，在谯县的曹家人都来到了琅琊国。

当时，从中原地区到这里避难的人还不少，卞氏的老家在琅琊国开阳县，是琅琊国的治所，曹家人来琅琊国应该住在开阳县一带。与一般逃难的人家不同，曹家人非常富有，尽管刻意保持了低调，但从他们的吃穿住行以及随行带来众多仆人等方面也能看出来。

不管怎样，琅琊国是陶谦的地盘，在开战之前必须把家里人从那儿接出来。

琅琊国紧邻兖州刺史部的泰山郡，曹操派人到琅琊国通知父亲准备离开，同时命令泰山郡太守应劭派兵接应，把父亲一行接到鄄城来。

但是，曹操的行动还是晚了。

有人赶在曹操的前面把曹嵩等数十口人都杀了，制造了一起轰动一时的灭门血案。

关于这个案子，历来有不同的说法，但都与陶谦有关，说是他派的人或者他手下人干的。具体情节大致有以下不同版本。

一个版本说，陶谦派去的人扑了个空，曹嵩一行已离开了琅琊国，他们于是追赶，在泰山郡的华县一带追上。曹家人在这里等应劭来接应，还以为这是应劭的人，没有防备，结果全部被杀。陶谦的人先把曹德杀了，曹嵩听到外面有动静，知道不妙就往后院跑，后院墙上有一道缝，他想从这里钻出去，跟他一块儿跑的还有一个他最喜欢的妾，曹嵩想让她先钻，无奈这个妾长得太胖，钻不过去，曹嵩没办法，只好跑到厕所里躲起来，但被发现，一行人全部被杀。

另一个版本说，曹嵩携曹德等一行人进入泰山郡，应劭派人已经接上了，但此时遭遇陶谦的突然袭击，全家人被杀。

还有一个版本说，不是陶谦派人袭击的，而是陶谦手下一个将领干的。这位史书上没有提及姓名的将领，此时驻扎在距事发地华县不远的东海郡阴平，他手下的士兵听说曹家人很有钱，就在路上设伏，在华县、费县一带把曹嵩等人杀了。

但也有的史书持完全不同的看法，认为陶谦听说曹嵩想儿子，就派部将张闿带领 200 人护送。曹家人很有钱，值钱的东西就装了 100 多车，张闿等人见财起了异心，在华县、费县一带将曹嵩等人杀了，抢光了东西，跑到淮南去了。

以上四个版本，众说纷纭，莫衷一是，让这件本来就离奇的血案变得更加扑朔迷离。根本原因是，杀人者来个了集体灭口，没有留下幸存者，所有的记载也都变成了推测。

几百年后，这件事给宋朝的司马光出了道难题，他在给皇帝编《资治通鉴》时，不能把这一堆乱麻都端出去，必须有个明确可信的说法。

经过慎重分析，司马光对这件事是这样记述的：

"前太尉曹嵩到琅琊国避难，他的儿子曹操命令泰山郡太守应劭去接他。曹嵩随行有各种辎重车100多辆，陶谦手下有一个部将守在阴平，当兵的渴望得到曹嵩的钱财，在华县、费县之间设下埋伏，杀害了曹嵩等人（士卒利嵩财宝，掩袭嵩于华、费间），一同被杀死的还有曹嵩最小的儿子曹德。"

不管怎样，曹嵩、曹德等数十口之多全部被杀死在泰山郡的华县附近，没有留下一个活口，这已成为事实。

与此有关联的人，一个是徐州刺史陶谦，他是重大的犯罪嫌疑人；另一个人是泰山太守应劭，这个著名的学者，害怕曹操连他一块追究，干脆弃官而逃，到邺城找袁绍去了。

◎陶谦反而先动手

曹操听到消息，震惊之余陷入巨大的悲痛之中。

父亲曹嵩担任过朝廷的三公，因为自己的原因，近些年父亲过着整天担惊受怕的日子，以至于不敢待在家乡而远避琅琊国，如今却举家丧命。

曹操觉得，自己是一个不孝之子，家祸是自己造成的。

没有人活着回来，应劭不知去向，整个事件的经过究竟如何，曹操不是很清楚，但曹操不用太多思考就能得出结论：这件事只有一个人能做，也只有一个人敢做，那就是陶谦。

陶谦，我要让你血债血偿！

当时，曹军正在休整，曹操迅速调整了计划，命令部队停止休整，全部进入战备状态，他要亲自领兵杀往徐州，找陶谦报仇雪恨。

可还没等曹操的复仇行动展开，陶谦先动了手。

在此之前，陶谦这边发生了几件重要的事，需要交代一下。

一件事是，陶谦此时已被长安的朝廷“三人小组”正式任命为徐州牧，而前面他一直担任的职务是徐州刺史。

大约在曹操派王比出使长安的前后，陶谦也派人到长安进贡，他派的人叫赵昱，是当地的名士。前太尉杨赐的学生王朗也在陶谦手下，这个王朗名气也不小，算起来跟灵帝刘宏和前大将军何进还是师兄弟，王朗跟赵昱共同劝陶谦通使长安，陶谦接受建议，派赵昱到了长安。

与曹操的情况不一样，陶谦的特使在长安受到欢迎，这是因为陶谦是朝廷正式任命的刺史，而曹操的兖州牧则查无出处。最后，朝廷拜陶谦为东部战区副司令（安东将军），由徐州刺史升格为徐州牧。

朝廷同时任命赵昱为广陵郡太守，任命王朗为会稽郡太守，王朗就是这时候离开陶谦到江南上任的。

另一件事是，陶谦与黄巾余部阙宣联合，势力大增。

汉献帝初平四年（193 年）夏天，中原及华北地区出现了罕见的自然现象：正值炎夏，却刮起了寒风，像冬天一样。这种神奇的自然现象鼓励了那些想造反或者正在造反的人，在他们看来，这是天亡刘汉的又一明证。

徐州刺史部下邳国一带有个叫阙宣的人领头造反，响应他的人很多，当他看到上天也出来惩戒当权者时，于是不再客气，自称天子，与长安的汉献帝分庭抗礼。当时敢造反不算什么本事，而敢于自称天子那绝对是勇气可嘉。

刚刚被朝廷任命为徐州牧的陶谦不仅不率兵讨伐，反而跟阙宣联合起来，势力进一步增强。陶谦一方面派人跑到长安向天子宣誓效忠，一方面与自称天子的人称兄道弟，这位仁兄的务实主义作风实在可以。

后世也有很多人对此表示怀疑，一些历史学家不相信身为徐州牧的陶谦真的会和造反分子公然搅到一块，因为这种行为跟直接造反没有什么两样，这种说法很流行，因为在许多人眼里陶谦是个君子而不是小人。

但是，如果结合陶谦早年在西北前线时就流露出来的独特个性来看，说他现在已经成长为一个温和的长者似乎有点不可能。陶谦到徐州后亲信小人、打压正直之士、玩弄手腕、大搞两面派，一桩桩事情都有记录，关键时刻与阙宣这样的实力派结合也没有什么可以大惊小怪的。

得到徐州牧的头衔，联合阙宣，如果把这两件事合在一起看，就可以看出这个时候的陶谦既提高了名分，又增强了实力，正是事业的上升期。他未必会把曹操完全放在眼里，如果陶谦早就有了挑战曹操的想法，那么说曹嵩被杀事件是由陶谦有意策划的，也不是没有可能。

眼下，陶谦与阙宣组成联军，率先向兖州发起了进攻。

陶谦选择的进攻方向不是曹操正面的陈留郡、济阴郡，而是右翼的泰山郡、任城国等地。泰山郡太守应劭已弃官逃往袁绍那里，曹军在这里的防守相对薄弱，任城国以及泰山郡的很多地方被陶谦占领。

理亏的人反而气壮，天下还有没有讲理的地方了？

曹操迅速调集人马，分三路对陶谦予以回击：

一路由夏侯惇统领留守兖州刺史部，重点是鄄城、濮阳、定陶、东武阳等战略要地，荀彧、程昱留下来协助他。

一路由曹仁率领，由东郡的北部进入东平国、任城国，进而到泰山郡迎击那里的徐州军。

一路由曹操亲自率领，由济阴郡南下，进入已为陶谦所控制的豫州刺史部沛国的北部，进而攻击徐州刺史部的彭城国、下邳国等地，直捣陶谦的大本营郯县。

以偏师对抗陶谦的主力，而将主力向敌人之侧翼发动进攻，对于已失去先发优势的曹军来说，不失为一个正确的选择。但这是一场无法预料结局的战争，曹操离开鄄城前甚至连后事都提前交代了。

曹操告诉夫人卞氏："如果我回不来了，就领孩子们前往陈留郡投奔张邈（我若不还，往依孟卓）。"

◎屠城不是真相

战事从这年秋天拉开，曹操亲自率领的这一路进展顺利，势如破竹，一口气拿下兖州刺史部南部十几座被陶谦占领的城池，直逼徐州刺史部境内的战略要地彭城，逼得陶谦不得不从右路撤军，亲自率主力来战。

双方在彭城一带展开了激战。

彭城是座古城，即今江苏省徐州市，城池四周虽然被大小不等的丘陵、高地所环绕，但交通却十分发达。东汉时有一条起自洛阳的东方大道，基本走向在前半段约沿着现在的陇海铁路，后半段约沿着现在的京沪铁路，彭城就是这条大道上的交通枢纽。

彭城周边还有泗水、汳水在此交汇，使之自古以来便成为兵家必争之地，也是大兵团交战的理想战场。400年前刘邦和项羽曾在此有一场大战，结果刘邦完败，项羽险些把刘邦生擒。

但是，曹操与陶谦的彭城之战没有楚汉相争时打得那么惨烈，战事呈现出一边倒的态势，曹军大胜。

陶谦撤军，向东退到郯县。

史书对彭城之战的记载相当简单，却留下了一些疑问。

根据史书的记载，这年秋天，曹操征战陶谦，攻下了十多处城池，陶谦守卫彭城不敢出战。最后，曹军还是攻下了彭城，陶谦所部被杀的有近万人，死尸堆在泗水河的河道里，河水因此而断流（死者万数，泗水为之不流）。

最早的记载也只有这么多，到了后来，不知道是谁把"万数"有意或无意地改为了"数万"，事情就有点不一样了。

死几千人还是几万人，不是个数量的问题，而是性质问题。如果是几千人，可以理解为战争期间的正常死亡，如果是几万人，那就是正常死亡之外的杀戮了。

况且，陶谦手下的人马总数也只有那么多，如果被曹操杀了几万人，只有一个解释，就是这些被杀的人中间有大量的非武装人员，也就是老百姓。

所以，就有了曹操屠彭城的说法。

一向治史较为严谨的宋朝史学家司马光也相信屠城是存在的，所以他在《资治通鉴》中写道："这年秋天，曹操引兵攻击陶谦，攻下十多座城池。打到了彭城，双方一场大战，陶谦兵败，退保郯县。当初京、洛一带遭董卓之乱，大量平民向东迁移，来到徐州，在这里遇到了曹军，曹军在泗水河累计活埋了几十万名男女（坑杀男女数十万口于泗水），河水为之不流……连鸡犬都找不到一只，到处一片废墟，路上看不到行人。"

一次杀了几十万人，还是活埋，简直骇人听闻！

如果这件事真是曹操干的，汉末恶人榜第一名的帽子可以从董卓头上拽下来直接给曹操戴上！

可是，这不是真相。

由于史料缺乏，不太清楚这件事如何从最初的"万数"演变成"数十万"的，但一些基本常识可以帮助我们进行推理。

在汉桓帝时期搞过一次人口普查，彭城国全部人口不到 50 万，当时全国人口是 5000 多万。经过黄巾起义、自然灾害、战争屠杀，到再晚一些的时候，全国人口已锐减到 1000 多万，如果按照这个比例算，此时彭城国的总人口也就只有 10 万左右。

曹操一边打仗，一边派人四处出击，把彭城国全国的人都抓起来，然后全部活埋？真的匪夷所思！

曹操远途奔袭，此时用在彭城战役的充其量也就三万人。攻破彭城后，曹操下令先不要打扫战场，也不忙追击敌人，而是给每个人分配十多个敌占区抓来的士兵和老百姓，下令把他们领到泗水河谷里活埋了，干不完活不给吃饭？即使被抓来的人已有人提前帮忙捆好、绑牢，即使将要被活埋的这些人也愿意配合，完成这项任务所涉及的工程量也是巨大的。

坑杀男女数十万口，在当时那种情况下，实在是无法想象如何才能做到。

但是，由于司马光的权威，很少有人动脑筋想想，使得这样的说法在后世很流行。

◎刘备驰援徐州

不说这桩公案，继续说曹军的追击。

曹操率军东进，在郯县以东的武原与陶谦主力部队又进行了一场恶战，并再次取得胜利，兵临郯县城下。

从鄄城出发到郯县，直线距离已有上千里，曹军远道而来，虽然节节胜利，但自身消耗也很大，士卒减员，战斗力下降。而对方已退无可退，拼命死守，曹军攻城不克。

郯县难攻的原因还有一个，城里来了生力军。

陶谦开始还信心满怀，原来想至少也能跟曹操拼一拼吧，但没想到自己的部队在曹军面前竟然如此不堪一击，眼看郯县危急，在曹军围上来之前，他赶紧派人向盟军公孙瓒求救。

袁术被打跑后，陶谦如果再被消灭，公孙瓒对袁绍、曹操南北夹击的战略就要落空，所以对陶谦的求救他不能不管。

公孙瓒命令距离徐州最近的田楷、刘备驰援郯县。

在各路群雄中原逐鹿的时候，刘备一直在青州刺史部的平原国，在那儿待了三年左右。

不算长，但也不算短，尤其在群雄并起的时代。

当时不仅兵荒马乱，而且还有天灾，百姓受苦，不少人活不下去，就聚众打劫。

刘备作为平原国相，对外抵御流寇侵犯，对内广施财物，保境安民。

有人来见刘备，无论什么人，刘备都和他们同席而坐，一起吃饭，没有架子，也从不挑剔，因此众人都愿意归附他（士之下者，必与同席而坐，同簋而食，无所简择，众多归焉）。

“簋”，一种食器。北京有个簋街，是著名的美食街。古人用簋来盛放煮熟的饭食，有人戏称这是中国最早的火锅。其实说火锅有点儿勉强，因为吃的时候不能同时在下面加热，说是“麻辣烫”可能更合适。

即使你是陌生的朋友，又是第一次上门，刘备也会邀请你一起吃饭，用一个锅吃“麻辣烫”。这说明刘备完全没有架子，对人从不挑剔，所以众人都愿意归附他。

刘备一生都轻财好士，喜欢结交各类朋友，能跟形形色色的人打成一片，这正是他超人之处。

待人随和，对谁都不设防，有时也会遇到危险。有一次，刘备让刺客钻了空子，险些丧命。

有个叫刘平的人，刘备不知道怎么得罪了他。他一心想谋害刘备。刘平买通了一名刺客，让他刺杀刘备。刘备不知道，还跟这个刺客见了面，而且待刺客十分盛情（备不知而待客甚厚）。

眼看刘备将面临灭顶之灾，但刘备的真诚感动了这名刺客。他不仅没刺杀刘备，而且把实情和盘托出，之后离去（客以状语之而去）。刘备躲过了一劫。

这个刘平到底是谁？他的后台会不会是袁绍？这些不得而知。

这个时候的刘备还没有什么知名度，直到他的名字被一个人提起，情况才有所改变。

这个人，其实相当了不起，他就是时任北海国相孔融。

青州刺史部的北海国在今胶东半岛中部，是个大郡，治所剧县，在今山东省昌乐县一带。孔融是孔子的二十世孙，汉代独尊儒术，孔子地位很高，并在士林中享有盛名，何进主政时孔融担任过监察部副部长（侍御史）、北军联席参谋长（北军中候）和虎贲军指挥（虎贲中郎将）等职。

董卓把持朝政，要废掉刘辩另立刘协，孔融与董卓争辩，言辞激烈，董卓怀恨在心，但考虑到他有巨大声望，不敢直接加害，而是改任他为参事室参事（议郎），随后又暗示有关部门举荐孔融到北海国为相。

这是董卓的阴谋，那时北海国的黄巾军正闹得很厉害，董卓认为孔融就是一介文人，让他去无异于送死。

哪知道孔融不仅书读得多，还有两下子，到北海国后立即召集士民聚兵讲武，又下发檄文讨伐贼寇，给周边郡县长官写信请求互相配合协同，局面很快稳住。

孔融还修城邑，建学校，大力发展文化事业，举荐贤良，北海国的局面一时大为改观，百姓感念恩德，称孔融为“孔北海”。

但是，这些措施无法根本解决北海国面临的现实威胁，后来黄巾军管亥部攻打北海国，情势紧急，孔融看了看周边的情况，觉得平原国刘备有一定实力，于是派人到平原国，向刘备求救。

派来的人叫太史慈，老家在青州刺史部东莱国，他是个大高个，有一副美须髯，是个神射手，猿臂善射，弦不虚发。

太史慈在郡里当过小吏，后来得罪上级避难辽东，孔融听说太史慈的名气，多次派人拜望太史慈的母亲，送上厚礼。

太史慈从辽东回家看望母亲，正遇上黄巾军围城。

母亲对太史慈说：“虽然你和孔北海没见过面，但你走后孔北海对我赡恤殷勤，比起故人旧亲有过之而无不及。他如今被贼人围困，你应赴身相助。”

当时孔融已撤出剧县，被黄巾军围在都昌。太史慈乘夜突破包围冲进城，见到孔融，请求让他带兵出击敌人，孔融没听，黄巾军围城日急。孔融想派人去刘备处求援，没人敢应，最后太史慈请求一试。

太史慈严装饱食，带上箭囊，摄弓上马，另牵引两匹马随自己身后，马上各撑着一个箭靶（带鞬摄弓上马，将两骑自随，各作一的持之），开门出城。围城的黄巾军一看，十分惊骇，不知道这个人想干什么。

太史慈引马来到城壕边，插好箭靶，不慌不忙在那里搞起了射箭练习，射毕，入门回城（出射之，射之毕，径入门）。

第二天还这样，第三天仍这样。

围城的人放松了警惕，太史慈再出来射箭，外面的人都懒得再起身看，太史慈抓住机会，打马加鞭突入重围，趁敌人惊讶之际绝尘而去。黄巾军追赶，被太史慈用弓箭射杀数人，箭无虚发，没人再敢追。

到了平原国，太史慈对刘备说：“我是东莱国人，和孔北海并无骨肉之亲，也不是老乡故友，只因为慕名而相知，兼有分灾共患的情义。现在管亥暴乱，孔北海被围孤身无援，危在旦夕。久闻使君您有仁义之名，能救人急难，因此孔北海盼望着您的相助，这才让我冒刀刃之险突出重围，从万死之中捎信给使君，望使君知悉！”

刘备和孔融并不相识，也没见过面，但刘备知道他的大名，虽然同为青州刺史部的国相，但自己和孔融远不是一个等量级的人物。

听完太史慈的话，刘备郑重问道：“孔北海难道真知道天下还有一个刘备吗（孔北海知世间有刘备耶）？”

刘备有点儿激动，立即挑选3000名精兵跟随太史慈返回都昌，黄巾军知道援兵到了，解围散走，孔融渡过一劫。

当时的青州刺史部已陷入各派纷争的混乱局面，加上黄巾军搅局，地方上遇到难题只能自行解决或相邻郡县互助，孔融作为朝廷任命的官员，又是儒士出身，他既不属于公孙瓒一派，也不属于袁绍一派，所以他没有向公孙瓒任命的青州刺史田楷求援，也没有向袁绍任命的青州刺史袁谭求援，他想到的反而是刘备。

这件事透露出一个信息，刘备在平原国已经获得了较大的自主权，他不必请示自己的上级田楷就可以调兵。

同时还透露出，这两三年来刘备在平原国并没有碌碌无为、混吃等死，虽然他还人微言轻，但也在想方设法扩充自己的实力，一次可以借出3000名精兵，对一个郡国来说，已经相当可观了，说明刘备拥有了几千人的实力。

在彭城之战期间，陶谦意识到打不过曹操，于是向盟友公孙瓒求救。

公孙瓒接到陶谦的求援没有置之不理，他虽然不怎么高明，但知道陶谦一旦被消灭，袁绍的势力将倍增，自己跟袁绍争也就彻底无望了。

为此公孙瓒做出决定，派人支援陶谦。

但是，公孙瓒舍不得派出自己的嫡系去，他给青州刺史田楷下令，让田楷率刘备前去支援徐州。

就战场形势而言，派田楷、刘备去支援并没有错，因为他们距徐州最近。但公孙瓒给他们的人马相当可怜，刘备带往徐州的只有1000多人，对比一下当初增援孔融，刘备随便就精选3000人出来，说明公孙瓒把刘备手下的大部分人马都扣下了。

这是公孙瓒留的一手，此去徐州十分险恶，结果如何很难预料，也可能助陶谦反败为胜，也可能肉包子打狗一去不回，少派点儿人马，损失就小点儿。

而且，公孙瓒对老同学刘备未必十分放心，刘备投奔以来，展现出相当高的能力，但始终在公孙瓒集团核心层之外，地位还不如田楷。公孙瓒自知待刘备一般，所以老同学此去还能不能再回来很难说，扣住人马，就是防他不回来。

如果心疼这些好不容易积攒来的人马不去徐州，刘备可以找个理由推托掉，但今后还得在公孙瓒手下混日子，经过权衡，刘备决定去。

除了这1000多人，刘备还收拢了一些乌桓骑兵，还有数千饥民（时先主自有兵千余人及幽州乌丸杂胡骑，又略得饥民数千人），把他们临时编组起来，好歹也有近万人，打仗管不管用，作为援军至少气势是足的。

刘备率部到达徐州时，郯县正危在旦夕。

刘备的到来让惊魂未定的陶谦大喜过望，立即从手下最精锐的丹阳兵中抽出4000人拨给刘备，增加其实力。

刘备是随田楷一块来徐州的（楷与先主俱救之），但关于田楷的事史书记载很少。田楷后来还参加了公孙瓒的易京保卫战，推测一下，应该是刘备的人马增加后不再由田楷指挥，而归陶谦直接指挥。

刘备等人的加入使徐州军的战斗力大为提高，曹操吃惊地发现，一路顺风顺水，但打到郯县却遇到了麻烦，面前这些已溃不成军的徐州军突然像变了个人，任由他们轮番猛攻，郯县岿然不动。

郯县攻防战是曹操、刘备这两个老对手第一次正面交锋，只是曹操的大名刘备已如雷贯耳，而刘备的事曹操未必知道多少。

现在，对曹操而言还要不要继续攻城成为一个难题。从大本营鄄城到郯县的直线距离超过上千里，曹军远道而来，虽然节节胜利，但自身消耗也很大，士卒减员，战斗力下降，将士都很疲惫。长期围城很不现实，因为这里毕竟是敌占区，敌人的后援会逐渐聚集，而自己的队伍将面临后勤补给问题。

曹操最后放弃攻城，回师兖州。

◎老战友的心结

过了年，远在长安的汉献帝下诏改年号为兴平。

兴平元年（194 年）春天，曹操回师鄄城，陈留郡太守张邈亲自到州界迎接他的凯旋，两位老战友见面后有些激动，都流下了热泪（垂泣相对）。但曹操不知道的是，张邈眼泪的背后却有着一些难以觉察的东西。

曹操更不知道的是，他在前线浴血奋战了半年，在此期间张邈偷偷地会见了吕布。

这就接上了前面所说，吕布走投无路之时张邈派人把他接到了陈留郡，他们相谈甚欢，只是所谈内容高度保密，除了张邈和吕布本人，谁也不清楚他们谈了什么。

二人分手时已经相当亲密，还秘密约定了什么（临别把手共誓）。

张邈的反常行为其实有迹可循，他与曹操、袁绍虽然同属一个阵营，早年三人还是好朋友，又是讨董大业的骨干和战友，但他们之间的关系却悄悄地产生了裂痕。

张邈有侠士之风，为人仗义，曹操当年只身来到陈留郡，他倾力给予帮助，让曹操在自己的地盘上募兵，如果没有张邈的帮助曹操什么都做不成。

但张邈还有一个特点，那就是为人耿直，脾气直，说话更直，张邈很欣赏臧洪，原因就是在这方面二人脾气相投，都属于敢恨敢爱也敢说的人。

袁绍当了盟主后流露出骄傲自满（有骄色），张邈心直口快，说过他（邈正义责之），这让袁绍在众人面前下不了台。袁绍很不高兴。

袁绍为人，表面上很宽和，其实心眼很小（外宽内忌），他认为张邈对他不敬，于是怀恨在心，竟然给曹操下达一道密令，让曹操悄悄解决张邈（绍使太祖杀邈）。

曹操对此很反感，他回复袁绍说："孟卓是咱们的朋友，无论对与错都应该宽待他（是非当容之）。现在天下未定，不应该自相残杀！"

袁绍不听，必除张邈而后快。

考察一下袁绍的心理，好面子、小心眼是杀张邈的一个原因，而背后的算计才是更重要的原因。

在袁绍眼里，张邈和曹操都是他的同盟，替他缓冲着南线袁术、陶谦造成的压力，使他可以放手与公孙瓒作战。同时袁绍也是他们的后盾，为他们当保护伞。

正是基于这样的形势，袁绍不想让张邈和曹操太弱，但也不想让他们太强大。可张邈和曹操的发展势头却正在偏离袁绍希望的这个轨道，曹操得东郡，进而得到兖州。在与袁术和陶谦的对抗中，曹操表现出非凡的战斗力，发展前景不可限量。

张邈也不一般，在陈留郡乃至兖州都有很强的号召力，趁着其他人大打出手之际，他一直埋头扩充实力，陈宫在一次谈话中透露，此时的张邈已拥有"十万之众"。这个数目可能有水分，但即使只有一半也相当可观了。

所以，袁绍突然密令曹操杀掉张邈是经过精确算计的。要解决张邈，就要先解决张邈的"十万之众"；袁绍出此招，目的其实是让曹操与张邈二人互斗，无论最终谁胜对袁绍都有利。

两个强大的盟友不如一个弱小的盟友，事情就是这样。

袁绍甚至想过，曹操不接受他的这个命令，不是曹操不忍心下手，而是曹操认为自己没有把握。但是没有关系，袁绍还有一手，他把给曹操的密令故意泄露出去，闹得社会上沸沸扬扬，就是要让张邈知道。这个直筒子不像曹操那么有城府，说不定先动手。

这样狠的招袁绍自己未必想得出来，但此时他手下云集了许攸、审配、逢纪、荀谌等惯于出损招、阴招的谋士，想出这个主意并不是难事。

果然，曹操没接招，张邈却中招了。

张邈心里已将袁绍视为敌人，因此也就把曹操看成对手。

张邈现在直接去找袁绍打仗，还不现实；但从曹操手中把兖州夺过来，以此与袁绍抗衡，却是很现实的出路。

这个想法还得到了另一个重要人物的支持，这就是陈宫。

陈宫当初力推曹操为兖州牧，想法是引进一个强人来保卫自己的家乡。曹操确实是一个强人，袁术被他打败，陶谦也不是他的对手，但陈宫并不喜欢，因为曹操不仅是强人，而且太招事。

曹操就任兖州牧以来战事就不断，袁术打上门来当然该还击，但打跑就行了干吗还要追？陶谦挑事，把他拒于州境之外也就行了，干吗要深入徐州上千里，打到陶谦的家门口？这样的战略不符合兖州本土派的利益，陈宫在心里坚决反对。

因为前线一开打，兖州这边就得供人、供粮、供支前，曹操让陈宫在后方搞后勤，陈宫感到给家乡人民造成的负担很重，思想压力很大。曹操打仗为的是他自己的事业，干吗让兖州人为他买单？陈宫想不明白。

陈宫也逐渐坚定了一个决心，一定要想办法把曹操赶走。

害怕袁绍、曹操加害于自己的张邈，与一心想把曹操赶出兖州的陈宫二人一拍即合。这个预谋或许开始的时间更早，甚至在曹操征徐州归来二人垂泣相对时就已经有了。

吕布的陈留郡之行，就是在这个背景下发生的。

◎刘备的光荣任务

完成救援陶谦的任务后刘备按理应返回平原国，但刘备没有这么做，而是留了下来。

其中内情不详，分析一下有客观和主观两方面的原因。

从客观原因上说，虽然打退了曹操的进攻，但陶谦并不敢大意，曹操迟早还会再来，以自己的实力仍然打不过曹操，陶谦需要刘备留下来。

从主观原因上说，刘备也愿意留在徐州。

公孙瓒虽然是自己的老同学，但刘备在公孙瓒那里却不顺心，原因是公孙瓒的用人观与众不同，公孙瓒不喜欢用名门望族子弟，喜欢用小市民，他所宠信的大多是平庸之辈。

刘备虽然很有能力，但在公孙瓒那里还排不上号，努力了好几年也不过是个郡太守一级的平原国相。

在刘备看来，这位老同学打仗确实有一套，但骨子里还是个小市民，刘备以及关羽、张飞等注定在他手下干不出大名堂。

要干成大事，少不了最顶尖的人才，所以袁绍、曹操等人一边抢地盘一边抢人才。公孙瓒靠一己之勇起家，开创了不小的局面，但发展到一定阶段，就应该把人才战略放在最突出位置，但他偏偏不重视人才，也不会识才、用才和留才，平时围在身边的是一帮庸碌之辈，几乎没有一个顶尖人才。

跟着老虎能吃肉，跟着狗只能吃屎。

看着公孙瓒一天天沉沦，刘备已经能判断出最终的结局了，是为这个老同学陪葬还是另寻出路？这是摆在刘备面前最现实的问题。

陶谦为了拉拢刘备，表奏他为豫州刺史。

陶谦的势力范围主要在徐州刺史部，不过相邻的豫州刺史部也占了一些地方，豫州刺史部的沛国沛县就在陶谦的控制之下，陶谦把沛县给了刘备，让他在那里驻扎。

豫州刺史部是四战之地，目前的主要势力袁术、袁绍、曹操、陶谦都有涉足，关东联军起兵时豫州刺史是孔伷，孔伷死后袁术先任命了孙坚，后任命了郭贡，袁绍先任命了周喁，后任命了阴夔，加上现在的刘备，豫州同时有好几个刺史。

而且，陶谦给刘备的这个差事绝对算不上美差。

沛县俗称"小沛"，以示其与所在的沛国相区别，它的地理位置很微妙，它虽然属于豫州刺史部，却远离豫州刺史部的中心地带，像一把剑插在兖州刺史部和徐州刺史部中间。如果曹军从南面攻徐州，进入徐州之前的第一站就是小沛。

小沛是徐州的最前线，也是目前最危险的地方，刘备的这个豫州刺史不是好当的，他得替陶谦挡箭。

这就是陶谦如此大方的原因，在他眼里小沛是徐州战略上的缓冲区，陶谦做梦都能踏实些。

刘备正式前往小沛上任，作为一州之长，刘备可以牵头组建自己的办事机构，刘备聘请豫州名士陈群为副州长（别驾）。

陈群是豫州刺史部颍川郡人，说起颍川郡陈氏家族，在当时特别有名。陈群的爷爷陈寔、父亲陈纪都是当时的名士，陈寔病故时大将军何进以下官员纷纷派人前去吊祭，海内赴祭者多达三万人，专门负责制作孝服的就有上百人，时任司空荀爽和宫廷事务部部长（太仆）韩融等出席葬礼并披麻戴孝，执子孙礼者有上千人，大学者蔡邕撰写碑铭，其中有"文为世范，行为士则"之句，世人又称陈寔为文范先生。

陈群还很小的时候，爷爷陈寔就认为这个孩子与众不同。孔融一向瞧不起人，他的年纪介于陈纪、陈群父子之间，孔融先结识陈纪，以友相称，算是平辈。后来孔融又结交陈群，视陈群为友，再见陈纪，视为长辈（先与纪友，后与群交，更为纪拜）。

除陈群外，刘备还以豫州刺史的名义举荐袁涣为茂才。

袁涣是豫州刺史部陈国人，父亲袁滂曾做过司徒。袁涣虽是高干子弟，却清静守礼，为人低调。在本郡当过人事处处长（功曹），因为看到郡中遍布奸吏，不愿与他们为伍，弃官而去。

后来袁涣还当过侍御史，谯县县令空缺，朝廷任命，他不去。刘备于是以豫州刺史的名义推举他为茂才。茂才即秀才，为避刘秀的讳改称茂才，是汉代荐举制的另一种重要形式，推举的都是才能优秀的人。

但袁涣后来并没有跟着刘备干，他先后寄身于袁术、吕布，最后到了曹操那里，因为才干突出被曹操赏识，成为曹魏名臣。袁涣虽然未能事奉刘备，但对刘备的推举一直心存感激，刘备去世时，大家都跑去向魏文帝曹丕祝贺，唯独袁涣不去。

在此期间，还有刘琰、陈到等人来到刘备身边。

刘琰是青州刺史部鲁国人，刘备在豫州开府办公，任命他为州政府参事（从事）。刘琰也是汉室后裔，具体传承不详，和刘备算是同宗同姓。刘琰长得风流倜傥，善于谈论，刘备对他很不错（厚亲待之）。刘备出去办事，或者和重要人物谈事，都把刘琰带上（随从周旋，常为宾客）。刘琰一直追随刘备到益州，虽然能力有限，也没有建立过特别的功绩，但一直位居高位。

陈到又名陈叔，豫州刺史部汝南郡人，为人忠勇，从此时开始跟随刘备，成为刘备手下重要将领之一。

刘备来到小沛后家庭情况也有所变化，他娶了本地人甘氏为妻。刘备之前已经娶过妻子，但他的命不好，娶一个死一个（先主数丧嫡室），甘氏自此追随刘备，刘备的家务事都由她来管（常摄内事）。

◎陶谦搞错了方向

过了年，在长安的汉献帝刘协下诏改年号为兴平。

曹操回师兖州后，按说应该做一段时间的休整，但他几乎没有停留，春天都没过，他又第二次南征徐州。

曹操大概认为首次南征没达到目的，主要原因是人马不够，打到郯县时自己也精疲力竭了。所以，此次再征曹操做了充分准备，他可以把攻防部队进行调换，让一部分参加徐州战役的人马留下守兖州，让之前负责留守的部队参加南征。

虽然时间仓促，但多少可以解决一些部队战斗力的问题。

曹操觉得这样还不够，于是向袁绍求援。公孙瓒派田楷、刘备率部参战后，这已经不是兖州和徐州之间的战役了，而是演变成了整个北方的大战，袁绍理应参与。

袁绍果然很痛快地答应了曹操的请求，给他派来了一支生力军，带兵的将领叫朱灵，带来的人马共 3 个营。之前说过，“营”是汉朝军制的单位之一，由 5 个部组成，每部 1000 人，3 个营就是 1.5 万人，这不是小数。

有了袁绍的大力支持，曹军士气大增。曹操留夏侯惇、荀彧、陈宫、程昱等人分率一部分人马留守兖州几处要地，其中鄄城是他的大本营，曹操自己和手下大多数人的家眷都在这里，由荀彧、程昱留守；夏侯惇驻守在黄河上的重要渡口和战略要地濮阳；陈宫负责处理地方日常政务，并督办粮草，为前线提供后勤支持。

二征徐州，曹操改变了主力部队的攻击路线。上一次东面佯攻、南面主攻；这一次来个颠倒，从东面主攻，南面佯攻配合。

曹操派少部分人由兖州刺史部的济阴郡、山阳郡向徐州刺史部的彭城国、下邳国方向攻击，主力部队绕到泰山郡，攻击徐州刺史部北面的琅琊国和东海郡。

陶谦的大本营郯县就在东海郡，曹操之所以选择这个路线，是想避开陶谦重兵把守的彭城、下邳防线，攻击其相对薄弱的北部地区，直捣大本营，增加打下郯县的胜算。

陶谦听说曹军又来了，很紧张，但搞不清楚敌人的主攻方向。刘备刚来，对徐州事还弄不明白，陶谦于是去问笮融。

笮融最大的本事其实是忽悠，陶谦问他什么事，笮融一般会搬出所谓的佛教经义来对付陶谦，佛教有一套博大精深的理论，笮融未必搞得太明白，但忽悠陶谦足够了。

陶谦经常被笮融弄得一头雾水，可他偏偏吃这一套，因为越是高深不解，他越觉得有道理。这一次，陶谦问笮融曹军主力会从哪个方向来。

笮融以他一贯的风格煞有介事地说："我来问问佛。"

于是，笮融又昏天黑地搞了一通，之后告诉陶谦，曹操会从西方来，也就是从彭城、下邳方向来。

陶谦深信不疑，把重兵摆在了彭城、下邳一带。为加强那里的防守，陶谦还表奏刘备为豫州刺史，让他率所部驻扎在小沛。

结果曹军主力却突然从泰山郡杀出，防守在徐州北部的陶谦守军始料不及，徐州刺史部辖下琅琊国有五座城池被曹军接连攻占。

这时候的曹军还没有完全走向正规化，还存在军纪差的问题，曹军攻下这几个地方后大搞屠杀活动，使城池一片残破（多所杀戮，所过残破）。

具体哪五座城池史书没有记载，但肯定少不了距琅琊国治所开阳不远的阳都县。这是一座沂水河边的小城，美丽而富庶，深得齐鲁文化的滋润，人杰地灵。可是，军纪严重糟糕的曹军打破了这里的平静，生灵涂炭，瞬间成为人间地狱。

曹军将士不会注意到在这座县城里有一位14岁的少年，正用一双愤怒的眼睛看着他们的所作所为。

少年看到的一切潜移默化地影响着他今后的人生，使曹军在未来的岁月里增添了一个十分可怕的对手。多年后，这个少年麾下的千军万马，一次次重创曹军。

这个少年，就是祖籍琅琊国阳都县的诸葛亮。

陶谦听说曹操亲率大军从琅琊国一路南下直取郯县，惊慌至极，赶紧派人到彭城、下邳一带调人马过来增援，同时通知在小沛的刘备，让他火速率部来郯县。

陶谦让人去找笮融来问问是怎么回事，可笮融早已不知去向。一查，才发现笮融前几天已经领着手下的人以及平时追随他的信徒共一万多人逃往广陵郡去了。

陶谦差点没被气死，但也无可奈何。

曹军进兵速度极快，马上就打到郯县，而自己的援军还迟迟未到。在此情况下，陶谦恐怕也产生过一走了之的念头，学一回笮融，撇下徐州百姓溜回丹阳郡老家养老去。

但陶谦的养老计划最终并没有付诸实施，眼看郯县唾手可得，曹军却做出了一个出人意料的举动。他们撤军了。

陶谦不相信，派人赶紧去侦察情况。回来报告说，曹军确实撤了，撤得还很彻底，看样子并不是要诈。

那么原因只有一个：曹军的后方出事了。

◎背后捅一刀

就在曹军一路高歌猛进时，兖州方面终于出事了。

张邈、陈宫看到曹操与陶谦打得难解难分，觉得机不可失、失不再来，于是派人再次秘密迎接吕布来兖州。

上次分手后，吕布去投奔张杨，但没有关于他这一段时间活动的任何记录，也许吕布就没有到达张杨那里，而是随便找了个地方待了起来，等待张邈、陈宫这边的消息。

吕布到达兖州境内后，张邈派手下人刘翊通知留守鄄城的荀彧，说吕布将军听说曹将军攻打陶谦，特来帮忙，请提供粮草。

张邈这样做有点让人无法理解。吕布的政治立场已基本明朗，他倾向于袁术一方，虽然帮袁绍打过仗，但目前是袁绍要抓的人。曹操是袁绍的盟友，目前要听从袁绍的指挥，吕布怎么能帮助曹操呢？不用说荀彧，就是一般人也能看出来。

张邈想要背后给曹操来一刀，最有效的方法是突然发动袭击，同时攻占鄄城、濮阳等战略要地，虏获曹操等人的家眷，生擒或杀死荀彧、夏侯惇、程昱等人，则兖州的其他地方可不攻自破。

刘翊找荀彧要粮草，东西没要着，反而给荀彧报了信。

此时荀彧和程昱在鄄城，这里是曹军的后方基地。曹操的妻子卞氏以及孩子们都在这里，而夏侯惇防守的濮阳，距鄄城约数十里路程。

荀彧跟程昱一商量，马上判断出情况有变，张邈可能已经反了，吕布也来到了兖州，情况十分危险。荀彧迅速做出两项部署：一是派人火速前往徐州前线给曹操报信，二是派人通知夏侯惇放弃濮阳，率所部到鄄城会合，固守待援。

张邈、陈宫知道夏侯惇是曹操手下一员猛将，战斗力很强，如果让他率部退至鄄城，曹军合兵一处固守待援，情况就不利了，所以他们与吕布商量后做出部署，一方面由张邈、陈宫率部攻打鄄城，并通知兖州各郡县同时起事，另一方面由吕布率一支人马直插濮阳至鄄城之间，在半道上截击夏侯惇。

吕布率部马不停蹄赶往濮阳方向，到达预定地点后发现夏侯惇的人马还没有通过此地。吕布便在夏侯惇的必经之路上设下埋伏，准备打一个以逸待劳。

这时候，濮阳至鄄城的大道上都是来往奔命的百姓，还有一些散兵夹在其中，场面十分混乱。

吕布能想象出来，夏侯惇一听说张邈反了会是什么反应。他内心一定火急火燎，曹操本人以及手下主要将领的家属都在鄄城，一旦失守后果惨重。

吕布突然心生一计，何不利用现在这个混乱场面和夏侯惇急于回师的心理做点文章？

吕布叫过手下一个胆大的头目，给他交代一番，让他带着几十名弟兄迎着夏侯惇来的方向出发了。

这些人依计而行，还真的迎上了正往这边赶来的曹军。

吕布的人对曹军说自己是附近郡县的地方兵，看老百姓东奔西窜，不知道发生了什么事，长官让他们出来打探一下，问清情况，看要不要去州府请命。

夏侯惇一听很高兴，就亲自过来跟他们说话。

当夏侯惇走近时，吕布手下的这个头目一使眼色，跟前的几个人一拥而上把夏侯惇按住，拔刀架在脖子上，曹军将士完全没有防备，一下子傻了。

主将被人劫持，随时会丧命，曹军将士皆不敢靠前。

眼看大功告成，但出了意外。

这时曹军中出来一个人，像是位副将，他让人守住四周，把现场控制起来。

这个人严词说道："你等凶逆之徒，竟然敢劫持我家将军，你们还想不想活？我们受命讨贼，怎么能因为个人原因而废了军法，去纵容你们呢？"

这个人说完，又流着泪对夏侯惇说："这是国法，我等无可奈何（当奈国法何）！"

说罢，这个人指挥大家发动攻击，完全置夏侯惇生死于不顾。

这一招十分突然。吕布的人原来想，只要夏侯惇在自己手里，无论如何曹军都不敢动手。因为夏侯惇不是一般的将领，他与曹操关系密切，如果他有三长两短，谁都负不起责任。

按照原来的计划，劫持夏侯惇后，如果能让他下令放下武器最好；如果夏侯惇宁死不肯，就采取拖延的办法，装扮成打家劫舍的散兵，为的是求财，勒索钱物，而实际目的是迷惑敌人，趁乱派人溜回来报告情况，这边大军马上开到，曹军不战而败。

不到万不得已不能杀了夏侯惇，因为那样一来，这几十号弟兄也无法生还。

可是，万没料到曹军中还有如此生猛的角色，敢置长官的性命于不顾，危急时刻一点都不慌乱。

转眼一场乱战，夏侯惇竟然脱险。

救了夏侯惇的这个人名叫韩浩，是夏侯惇的副将，河内郡人。

韩浩家乡附近多山，天下大乱以后，贼寇很多。韩浩聚起百姓保卫乡县，河内太守王匡听说后征召他为从事。关东联军讨伐董卓，韩浩随王匡领兵到盟津抵御董卓的凉州军，韩浩的舅舅是一名县令，被凉州军抓获，凉州军威胁韩浩投降，韩浩不从。王匡失败后，韩浩辗转投奔了曹操的队伍，并成为夏侯惇的副将。

曹操后来知道了韩浩临危不乱的事，对韩浩的做法给予表扬，并颁布命令，要求以后遇到类似的事都按这个办法处理。

侥幸逃回的人向吕布报告了情况，吕布询问了曹军离此处的距离，之后命令大家做好迎敌准备。

夏侯惇经此一吓，虽然能判断出前方有敌情，但为了驰援鄄城，也别无选择，只得从这条大道上过来。

夏侯惇没有派小分队在前面探路，大队人马直接与吕布的人马接触上了，双方展开了混战。

◎荀彧的只身赴会

这是吕布第一次与曹操手下的人马交手。

战斗进行得很激烈，曹军虽然训练有素，但他们的骑兵不多，面对擅长骑兵作战的吕布，自然吃亏不少。

吕布也不想死拼，他心里惦记着濮阳。至少在汉代以前，黄河沿线比长江沿线更繁盛，黄河中下游的河段基本都能通航，它上面的一些重要城市，如洛阳、朝歌、怀县、濮阳、东武阳等都是经济重镇。

濮阳一带历来市商繁荣、农事发达，是南北要津、中原屏障，也是兵家必争之地。晋文公在此退避三舍，春秋时期诸侯十多次在此会盟，我最崇拜的战神吴起就是濮阳人。占领濮阳，就拥有了一块很有分量的地盘。

吕布下令撤出战斗，曹军也不恋战，见有机会脱身，立即向东而去。吕布指挥人马向西行进，占领了濮阳城。

夏侯惇指挥人马撤向鄄城，直到这时，荀彧才感到安心一些。

陈宫等人在兖州的根基很深，此次反叛有很多人参与其中，他们有的此时还在鄄城内，这些人都在暗中寻找机会里应外合。

夏侯惇进入鄄城后，跟荀彧等人一道连夜查获想谋反的几十个人，全部处死，稳定了鄄城的局势。

这时，兖州各郡县纷纷起来响应张邈、陈宫和吕布，全州一共有近 80 个县，没有反叛曹操的只有三个：鄄城，东郡的范县和东阿县。

这种情况其实不难理解，曹操入主兖州以后，在地方治理方面是不成功的。他打败黄巾军保护了兖州，大家表示拥护，但此后他的主要精力在与袁术、陶谦等人的战争上，不符合兖州地方人士的利益，张邈和陈宫正是看中了这一点才敢公开向曹操叫板。

荀彧、夏侯惇等人布置鄄城守军加紧防卫、积极备战。城外却突然来了一支人马，人数多达数万人，城里顿时紧张起来。

大家开始以为是张邈的人，或者是吕布从濮阳回击鄄城。后来城外的人主动通报，才知道他们是豫州刺史郭贡的人，点名要见荀彧。

郭贡这个人的名气不算大，但从他手下有数万人马这一点看，他绝不是一个可有可无的小角色。

郭贡担任的豫州刺史是袁术表奏的，他是袁术的人，上次袁术来兖州抢地盘，被曹操击退，弄得袁术很没面子，后来他退往淮南地区，在扬州刺史部的九江郡等地发展势力。

当时群雄逐鹿的主战场在黄河流域，淮南地区相对来说算是权力真空地带，这让袁术钻了空子。袁术除了开拓淮南以外，还派郭贡向豫州方向发展，派孙坚的儿子孙策向长江以南的吴郡、会稽郡方向发展，这两个方向进展都比较顺利，孙策在江东势如破竹，郭贡也很快有了一定实力。

张邈本隶属于袁绍、曹操，与袁术手下的郭贡属于不同阵营，但造反之后敌人的敌人就成为可供借用的朋友。基于这个道理，郭贡此番横插一杠，可能是张邈、陈宫拉来帮场子的。

郭贡也可能是吕布联络的，吕布与袁术虽然闹得不愉快，但毕竟没有翻脸，也是基于敌人的敌人就是朋友的道理，吕布需要帮助之际，袁术也可以考虑帮一把，于是命令郭贡前来走一趟。但袁术给郭贡下的命令肯定不是全力相助，曹操的战斗力他有切身的领教，此番前去能站在一边帮帮场子就不错了，瞅着机会捞上一票更好，千万不能动真家伙。

荀彧看到了这一点，所以当郭贡点名见他面谈，大家都认为太危险劝他不要去的时候，荀彧认为可以去。

荀彧向大家分析道："郭贡与张邈等人交情并不是很深，现在来得这么仓促，说明他们未必是统一行动。趁着郭贡主意还没有完全打定，可以游说他，最少让他保持中立。如果不见，他心中起疑，倒有可能让他跟张邈等共同行动。"

为了不让郭贡起疑心，荀彧决定只身出城来见郭贡。

正如荀彧所料，郭贡点名要见荀彧确实是一种试探，当他见到荀彧毫无惧意时，猜想城里早有准备，未必好攻，于是率兵离去。

在曹操回师之前，守住鄄城倒还有些把握，但要做到这一点，范县、东阿县也得守住，形成呼应，分散吕布等人的兵力。

此时范县令是靳允，东阿县令是枣祗，不知道他们那边的情况如何，荀彧决定派程昱和兖州从事薛悌等前往范县。

程昱等人到时，陈宫派的范嶷也到了，程昱和靳允埋下伏兵，将范嶷刺杀，稳定了范县的局面。范县东临黄河上的重要支流瓠子河，陈宫的军队已经抵达河对岸，程昱派人抢占河上的重要渡口仓亭津，使敌军暂时过不来。

安排好范县的事，程昱又马不停蹄赶到东阿县，东阿县令枣祗——这个曹操手下日后著名的农业问题专家，此时已经率领军民做好了在城里坚守的准备。

程昱、薛悌、枣祗、靳允等人不仅没有参与这次叛乱活动，而且在关键时刻发挥了中流砥柱的作用，协助荀彧、夏侯惇守住了鄄城、范县、东阿县这三个最后据点。

这一点很重要。如果连这几个最后的据点都丢了，曹操回师反击就失去了依托，可能就是另一个结局了。

◎曹操烧伤了左手

曹操是在徐州前线听到后方发生叛乱的消息，张邈、陈宫反了，还掺和进来一个吕布，曹操立即判断出问题的严重程度。

曹操赶紧往回撤，为了赶时间，他们走的还是来时的路。

归途中要路过亢父（今山东省济宁市附近，微山湖的西岸）这个地方，这里山势险峻，又是西去的交通要道，苏秦称之为“车不得方轨，骑不得并行”，是一夫当关、万夫莫开的极险峻所在。曹操回师，这里是必经之地，如果绕道他处，则要大大耽误时间。

曹操特别担心吕布已派人占据了此处，所以督促大军日夜行进，等过了泗水一看，这里并没有吕布的军队，才放下心来。

曹操对大家说：“吕布虽然占得一州，但没有乘机占领东平国，进而占据亢父、泰山之道，凭险地截击我们，而是屯聚在濮阳，从这一点看，我就知道他也成不了什么大事（吾知其无能为也）！”

有人认为曹操说这番话是自嘲，或者是在给部下打气，其实不尽然。

吕布真要有这样的战略眼光，占领濮阳之后迅速东进，趁着各地都在反叛曹操的有利时机，一举占领曹军回师的必经之地东平国，以亢父之险阻击曹操，迟滞曹军的行动，然后由陈宫联合张邈全力攻击鄄城，那将是另外一个结果。

曹操庆幸吕布没有这样做，一颗悬着的心总算放了下来。

曹操率军回师兖州，按理来说应先去救援鄄城，保住自己的大本营，但他却没有，而是冲着濮阳来了。

曹军开到，直接攻城。曹操这时心里挺着急，大概想尽快结束战斗，所以从各个方向都发起了猛攻，吕布指挥将士在城上万箭齐发，曹军死伤惨重。

但曹军攻势不减，这让吕布看出曹操急于结束战斗的心理，他觉得可以再施一计。

入夜，战场一片死寂。

几个黑影顺着城墙上的绳子爬下来，他们悄悄摸向曹军大营。

他们的行迹被曹军巡夜的士兵发现，被抓了起来。

但这几个人被抓之后并不慌张，要求直接面见曹操，曹操当夜即召见了他们。见到曹操，这几个人说他们是濮阳城中田氏家族的成员，愿做曹军内应。

田氏是濮阳首户，拥有大量庄园田产，佃户奴婢成百上千。这些人向曹操解释说，吕布等人来到濮阳，把他们的财产粮食都征为军用，又强征他们的奴仆从军，引发他们的强烈不满，所以愿意助曹刺史攻破吕贼，将其赶出濮阳。

吕布或死或逃，他们别无所求，只愿发还所征财物以及奴仆就行。对于这些话，曹操未必全信，但曹操此时太急于拿下濮阳了，他现在眼睛盯着濮阳，心里惦记的却是鄄城，濮阳如果陷于胶着状态，鄄城必将不保。

所以，就连生性稳重的曹操也做出了冒险的决定，他想抓住这个机会试一试，双方约定了动手的时间和暗号。

次日夜里，濮阳城南面城墙突然燃起火堆，城外的曹军见此信号，纷纷从营中杀出。

在城头上观察情况的吕布见此情景，知道曹操中计，于是令人把濮阳城南门打开，曹军像潮水一样涌入城中。

曹军杀进城，他们不忙着杀人，却干了一件很奇怪的事：放火。曹军带着引火之物，一杀进城门，即在城门处放起一堆大火，顿时火光冲天。

这把火是曹操下令放的，以示破釜沉舟之意。

曹操本人就在冲进城的曹军之中，他们很快遭到了吕布设置的埋伏，濮阳城内瞬时成为战场。

曹操大概发现上了当，于是折返回来，双方在南城门附近展开激战。

这一战打得很激烈，曹军进来的都是骑兵，在街巷中完全没有优势，吕布早有准备，手下将士们手中的弓弩在巷战中更为实用。

曹军被射伤无数，但他们作战异常顽强，尤其是中间簇拥着的一队人马，虽然处于劣势，仍然猛冲猛杀，转眼就到了南门附近。

城门处有曹军自己放的火，此时烈焰腾起，一片火海。曹军将士杀到此处，犹豫了一下，仍然奋不顾身冲进火海。

有人身上顿时烧了起来；有的战马受惊，四处乱窜。

曹操带头冲进火中，结果被烧伤了左掌，并且从马上掉了下来（太祖阵乱，驰突火出，坠马，烧左手掌），危急之中，曹操手下一个叫楼异的团长（司马）把曹操扶到马上，曹操这才幸免于难。

夏侯惇也冲进城中，被箭射瞎一只眼，军中从此送他一个“盲夏侯”的外号。

然而，这还不是最惊险的。

有一部史书说，曹操重新上马后继续往外逃，却遇到吕布的人把他拦住。吕布的人大概没想到这个小个子会是大名鼎鼎的曹操，于是问他曹操在哪里。

曹操随便一指，对他们说：“那个骑黄马的就是。”

吕布的人于是放下曹操去追骑黄马的，曹操才得以脱险。

后来有人说拦住曹操的人不是别人，正是吕布本人，但这不可能，因为吕布曾亲口说过，他在洛阳的时候曾经见过曹操，是认识曹操的。

然而，即使是吕布手下的人截住了曹操，这个记载也存在疑点。如此绘声绘色的描写必然需要素材，而这素材究竟来自何处呢？

只能来自吕布手下那个挡住曹操的人，或者来自曹操本人。吕布手下的那个人不认识曹操很正常，那时候没有电视，名气再大的人没有见过面也不会知道长什么样，可当时不知道，后来怎么就能知道呢？可见来自吕布手下的可能性很小。

如果来自曹操本人的话，他说这件事也可能是炫耀一下自己的英雄事迹，看我多么机智勇敢，要不是反应快早就挂了。可是，曹操应该知道，这一仗都输成那样了哪里还值得炫耀？

所以，如果不是曹操说漏了嘴，这件事就是道听途说得来的。

◎典韦的敢死队

曹操忍着左手的疼痛，指挥人马将营垒从濮阳城外后撤，双方陷入相持状态。

濮阳以西数十里有一处要塞，吕布分出一支人马出城守卫此地，以形成掎角之势，令曹军再攻城时不得不分兵以防。同时，濮阳城内人马太多，时间一长，粮草供应终成问题，分一部分人马出城，可以减轻粮草供应的压力。

果然，这支人马分出后，曹操想专心攻它，又觉得该处战略价值不高；不攻，它又连连制造麻烦，令曹操头疼不已。

曹操终于忍无可忍，亲率大军来进攻这处要塞。吕布立即率兵来救，双方展开一场激战。

曹军打吕布仍感到吃力，原因还是吕布手下的骑兵很厉害，而曹军以步兵为主。

曹操大概发现步兵人数再多都是送死，于是在战场上临时招募敢死队（募陷陈）来破吕布的骑兵。

曹操手下猛将典韦此时还是个中下级军官，听到曹操招募勇士，典韦自告奋勇应征。

典韦挑了几十个人，穿上两重铠甲，个个配备了长矛撩戟。

吕布的骑兵冲过来，一边冲一边在马背上放箭，弓弩乱发，矢至如雨，典韦命人蹲伏下身体，看都不看两边的箭。

典韦对旁边的人说："敌人离我们 10 步时，再告诉我（十步乃白）！"

不一会儿，手下人报告："只有 10 步了！"

典韦大喊："5 步再报告！"

手下人大惧，高喊："敌人到了！"

典韦应声而起，他背着十几只戟，一边呼喊着，一边刺向敌方骑兵，顿时有几个人被刺倒。

被典韦的气概所激励，曹军士气得以恢复，再不像以前那样望风而逃。

战至天黑，仍然难分胜负。

典韦因此战而成名，事后被曹操提拔为旅长（都尉），正式成为曹军的高级将领。

曹操后来给了典韦亲兵数百人，每次布阵时都安排他们防护在指挥所周围（将亲兵数百人，常绕大帐），担任自己的警卫部队。

双方在濮阳城附近你来我往，又展开了多次激战，但互有胜负，谁也无法击败对方，这种局面持续了三个多月（相守百余日）。

那么，这段时间里张邈在做什么呢？

张邈这段时间一直在陈留郡，他的弟弟、前广陵郡太守张超也率人马来帮他，如果真像陈宫说的那样，张邈此时手中握着近10万人马，他这时应该有所动作，不然就太说不过去了。

但是，吕布在那边拼命的时候，张邈这边似乎真的没有什么行动，他究竟是怎么想的？

濮阳陷入胶着状态，虽然曹操可以抽调一些人马去充实鄄城的防卫，但人数不会太多，因为原本负责鄄城防卫的夏侯惇已经被抽调到濮阳前线，并且在那里负了伤。说明曹操此时力量很有限，濮阳和鄄城只能顾住一头。

张邈如果举全力攻击鄄城，曹军将陷入两面作战的极被动局面，在首尾不能相顾的情况下，全线溃退不是不可能。

但张邈的策略似乎只是观望。

当初袁术进攻曹操，一口气快打到了东郡，几乎横穿陈留郡全境，袁术进军那么快，说明张邈早已闪在了一旁。

现在，张邈又看着吕布和曹操相持于濮阳。事实证明，在张邈的战略里第一条就是坐山观虎斗，别人打的时候保存自己的实力，等别人打得差不多了再出来收拾局面。

但这种思维方式很害人，不仅害别人，最后也会害到自己头上。

这时，已经快到汉献帝兴平元年（194 年）夏天。

春夏之交，正是青黄不接的时候，而这一年又发生大旱，还闹起了蝗灾。粮价越来越紧张，粮价暴涨到谷子一斛 50 万钱，就连豆麦一斛也要 20 万钱，与太平年景相比上涨了近万倍。

各地都出现了人吃人的惨状，田野里、道路边白骨堆积。

身在长安的汉献帝命令侍御史侯汶调出太仓的米和豆子为难民熬粥，但杯水车薪，救不了那么多人，饿死者仍然无数。

汉献帝怀疑有人从中克扣粮食，于是亲自坐在大锅边看着熬粥，但根本原因其实是粮食太少，灾民太多，无济于事。在严重的天灾面前，曹操和吕布同时陷入了粮食危机。

兖州地区夏粮严重减产，秋粮还未跟上，双方都无力再打下去了，曹操从濮阳撤军。这次粮荒严重的程度超乎想象，程昱是兖州本地人，他回到自己老家东阿县弄粮食。

程昱弄粮食的方法不是向老百姓买，因为有钱也没人肯卖，程昱的办法是抢（略其本县）。但即使这样，把全县粮食抢光了，也仅够曹军三天的口粮（供三日粮）。

这些粮食分发到士兵手里，大家惊讶地发现里面有一种恐怖的东西——人肉干（人脯）。粮食不够，就连军中也到了人吃人的地步，普通百姓更可想而知。

这件事让程昱的个人形象大受影响。曹魏建国后，程昱担任的职务一直都是部长这一级，以他的资历和贡献早应该进入三公的行列，但由于程昱抢过自己的家乡，还给部下吃过人肉，被认为是触碰了人伦的底线，所以到死都没有成为三公，只是死后被追赠了一个全国武装部队副总司令（车骑将军）的头衔。

◎袁绍乘人之危

要想取得胜利，先得解决生存问题。

汉献帝兴平元年（194 年）的这场粮食危机，让曹操和吕布之间的激烈对抗暂时得以缓和。

到了这一年九月，兖州刺史部一带发生了一件不可思议的事，原本一年只结一次果实的桑树，在秋天又重新结了果（桑复生椹）。

桑椹，今多写作“桑葚”，是桑树的果实，也叫桑实、乌葚、桑果、桑子、葚子等，可以生吃，也可以晒干食用。中国很早便有养蚕的传统，中原、华北地区种植桑树更多，桑木一身是宝，正如民谣里唱的：“人吃桑葚甜如蜜，蚕食桑叶吐黄纱；桑皮造纸文官用，桑木雕弓武将拉。”

桑树一般春夏之季生桑葚，秋天桑葚又生出一茬来则十分罕见，它也因此救了很多人的命。

在与吕布相持的间隙，曹操赶到了鄄城，与这里负责守城的荀彧以及养伤的夏侯惇会合。

荀彧向曹操报告了一件事，吕布、张邈的叛乱很突然，兖州州政府里很多办事人员的家眷都没有转移，吕布、张邈等人把他们的家眷抓了起来作为人质进行要挟，要他们离开曹操，荀彧感到这件事很棘手。

曹操说孝行是人之常道，不能因为我曹某人让大家都背上不孝的罪名，凡是这种情况的，就让他们走吧。

兖州副州长（别驾）毕谌是东平国人，吕布占领东平国之后把毕谌的母亲、弟弟以及妻子儿女都抓了起来作为人质，毕谌临走前，曹操亲自找他谈话，对他前面做的工作表示感谢，让他放心而去。

毕谌感激不已，向曹操叩首，并表示自己只是因为母亲而离开，心一直会在这里。

说的人很激动，听的人也很激动。曹操握住毕谌的胳膊，二人都流下了眼泪。

曹操和荀彧等人分析了形势，大家普遍觉得情况很严峻。因为迄今为止，曹军占据的地方仍然有限，虽然收复了一些地方，但兖州的大部分郡县还掌握在张邈、吕布联军手中。

当秋粮收完，对手的后勤保障将更优于自己，长期拉锯下去，将使自己更被动。由于有强大的后勤支持，敌人可以动员更多的人参军，敌众我寡的局面将进一步突出。

所以，于今之计是尽快发起进攻，决出胜负来。对手能等，我们不能等。

然而，就现在的实力对比而言，这一目标又不可能完成。

曹操思来想去，也许只能向袁绍求援了，但这又是曹操最不愿意做的事。

虽然此时曹操仍被视为袁绍集团的一部分，二人有多年的交情，一块谋杀过宦官、反对过董卓，一块从洛阳出逃，但天底下曹操最不愿意求的人，就是袁绍。

在曹操眼里，袁绍是个妄自尊大、自以为是的人，头上顶着祖上留下来的光环，仪表堂堂、谈吐雍容，随便站在哪里手一挥，立即就有一大片人响应。在这些方面，曹操全部与他相反，出身不好，长得不俊，还常被人误解。

可现在没有更好的办法了，只有袁绍能帮自己，也只有袁绍有实力帮自己。

曹操派人到邺县，向袁绍请求支援。

袁绍的回信很快到了，奇怪的是，他在信里不谈如何出兵援助曹操的事，而是大谈兖州形势如何危险，不如把弟妹、侄子等人接到邺县来住。

这明显是趁火打劫，是给出的交换条件，目的就是让曹操把家眷送到邺县当人质。

曹操顿时觉得一种屈辱感涌上心头。

袁绍可能有点后悔当初让曹操轻而易举把家眷接走。没有人质在手里，虽然名义上是领导，但心里还是不踏实。袁绍可能喜欢用这样的方法控制手下的人，多年以后当曹操的事业又一次陷入低谷时，他还提出过类似的要求。

袁绍这个人性格很执着，想干一件事，纵使失败了也念念不忘，一定要把事干成。另立新帝，一次不成，又来一次；想把曹操的家眷当人质弄到自己身边，提了一次不成，后面找机会又提。

这一次，曹操差点儿就答应了。

不是他愿意，而是舍此已没有更好的办法。

如果不是有个人恰好从外面办事回来，听说了这件事，赶紧来劝他改变主意，卞氏和曹昂、曹丕、曹彰、曹植等人的户口就要迁到鄄县去了。

这个人，是大胡子将军程昱。

张邈、陈宫叛乱以来，程昱成了最忙的人。作为曹操阵营中的东郡人，程昱利用自己在本地的影响力，一边忙着巩固最后的几个据点，一边替曹军搞后勤。最近，他被曹操任命为东平国相，一直在外地，刚回来就听说了这件事，他认为此时万万不可走此下策，就赶紧来见曹操。

程昱开门见山地问曹操：“听说您要把家眷送到袁绍那里，有这样的事吗？”

曹操如实回答：“是的。”

程昱对曹操说：“我猜想您大概是因为当前的困难太多而过于忧虑了（意者将军殆临事而惧），否则不会考虑问题这样不全面。袁绍占据燕赵之地，有吞并天下之心，但他智谋不够，将军您能永远屈从于他吗？现在兖州虽然残破，但人马还有上万，依靠将军的神武，还有文若以及我等，一样可以成就霸业，希望您三思啊！”

为了打消曹操的念头，程昱还对曹操说：“以前田横在齐地称王，与刘邦等人地位相当，后来刘邦得天下，田横成为败将，在这种情况下，他能够心甘吗？”

曹操深以为然：“是呀，这的确是对大丈夫的一种羞辱！”

程昱继续说：“我很愚钝，不明白将军为何做出那样的决定。把家眷送到袁绍那里，就等于拥戴袁绍为主，我认为以将军这样的英武，不应该屈居于袁绍之下，如果真是这样的话，我都为将军感到羞愧！”

听完程昱的话，曹操打消了原来的念头。

这是一次颇为重要的谈话，它的核心不是程昱讲的这些道理，这些道理曹操焉能不知？最终使曹操改变想法的是程昱的态度。以程昱代表的一批东郡本地人在关键时刻给曹操以支持，这重新给了曹操信心和决心。曹操决定对袁绍的要求置之不理。

曹操也考虑到，现在自己需要袁绍，但袁绍何尝不同样需要自己？兖州处在南北对攻的要冲，自己在这里挡住了袁术的进攻，拖住了吕布、张邈，对袁绍而言，这是相当重要的。

曹操决定跟袁绍赌一把：兖州虽然是我的，但对你岂不是一样重要？兖州如果丢了，你难道不着急？

没等来曹操的家眷，袁绍虽然有些生气，可他毕竟也是个聪明人，坐视兖州的局势不管将会带来可怕的后果。吕布如果消灭了曹操，袁绍在南线将直接与吕布、袁术两个强大的对手照面。

袁绍决定支援曹操。他命令青州刺史臧洪率部进入东郡，不久之后任命其为东郡太守，治所东武阳，以黄河以北为基地，伺机进攻濮阳等方向的吕布军主力。

原青州刺史焦和死后，臧洪与公孙瓒任命的青州刺史田楷在今天的山东半岛一带展开争夺，参与这一地区争夺的，前期还有平原国相刘备，后期还有北海国相孔融。孔融一度被黄巾军赶出了青州，跑到陶谦那里避难。刘备入主徐州后，又支持孔融回到北海国。

臧洪率领他在青州的主力进入东郡，之后袁绍任命他的儿子袁谭为青州刺史，这说明臧洪还算不上袁绍的嫡系。

袁绍命令臧洪援助曹操包藏了自己的小私心，他自以为得计，但他的这个决定马上就将使自己付出极为惨重的代价。

袁绍下达的第二道命令是让朱灵率领上次支援曹操的三个营的人马直接归曹操指挥，协助曹军从鄄城、东阿一带向北攻击。

◎曹操的“空营计”

这样一来，吕布坚守的濮阳就受到了南北两个方向的夹击。

而在这个关键的时刻，仍然没有张邈那边的任何消息。

吕布在濮阳又苦撑了三个月，时间到了冬天。

张邈仍然不来，吕布渐渐不支，决定放弃濮阳。

吕布对张邈已经彻底失望，所以不敢撤往西面的陈留郡方向，他决定先退往南面的济阴郡、山阳郡一带，做好向徐州撤退的准备。

济阴郡太守名叫吴资，是坚定的反曹派，吕布想到那里与他会合。

进入济阴郡的第一站是乘氏县，此地靠近巨野泽。巨野泽是一处面积很大的天然湖泊，周围河网纵横，不适于骑兵作战，加之随吕布撤退的还有不少家眷以及大批军需物资，所以行动比较迟缓。

在乘氏县境内，吕布突然遭遇一伙人的攻击，看样子不是曹军主力部队，而像是当地的大族武装，他们人数很多，又熟悉地理，吕布不敢恋战，命令队伍向东边的山阳郡转进。

到了山阳郡境内，发现这里的湖泊、河流更多，泗水、济水等川流其间，行动更加困难。

吴资在济阴郡的定陶县，吕布原打算绕道山阳郡去定陶与吴资会合。但是，经过这次绕道耽误了时间，曹操亲率大军也奔向了定陶，并且跑在了吕布的前头。

吕布决定增援定陶，关键时刻这位吴太守还真不赖，面对曹操本人率领的大军，一没有开城投降，二没有上吊自杀，而是组织军民顽强地抵抗住了曹军的进攻。

看到定陶城仍在，吕布不急于进城，而是从外围向曹军不断发起进攻，分散曹军的精力。

曹操不敢放手攻城，又没办法一口将吕布吃掉，只好分出兵力来与吕布周旋，定陶争夺战就此拉开。

其间，曹军数度攻城，都被吴资打退。

曹操不再硬拼，而是把战场扩大到济阴郡、山阳郡全境，派出多路人马，逐一收复那些反曹的县城，战事重新陷入胶着状态。

在此情况下，如果张邈突然率主力前来参战，那还是一场棋逢对手的好戏，输赢很难料定。但张邈仍然没有来。

张邈的主力还是龟缩在陈留郡，曹操似乎也看透了这位老朋友的心思，故意不去碰他，而是专心致志地对付吕布。

曹操一面继续围攻定陶，一面派手下曹仁、曹洪、夏侯渊、于禁、典韦等将领分兵占领了济阴郡的各县，同时向山阳郡扩大。定陶成为一处孤城。

附近唯一的外援是山阳郡最北面的巨野县，张邈当初派手下薛兰、李封占领此处。曹军围攻濮阳期间，吕布曾写信给薛兰和李封，请他们率兵由曹军身后包抄，但不知是信没送到还是他们二人不敢，总之巨野县方向一直按兵不动。

曹操派本地人李乾回巨野县聚集人马准备反攻，此人有个侄子，就是曹军日后的名将李典。李乾的行迹被薛兰、李封侦知，他们把李乾抓起来杀了，曹操于是率主力进攻巨野。

巨野是一处战略要地，吕布立即集合人马前去增援。但曹操似乎已经料到吕布会来，在路上设了埋伏。吕布不幸中计，损失颇大，只得撤回定陶附近。

薛兰、李封二人不敌曹操，巨野被攻破，二人兵败被杀。

吕布想继续南撤，但曹操好像不想让他走，一定要把他消灭在兖州。

曹军一部分主力死死咬住吕布不放，另一部分主力攻占了济阴郡南面梁国的很多县城，堵住了吕布南逃的去路。

从濮阳出来一路连吃败仗，吕布的人马损失惨重，不过此时陈宫突然率领一支人马赶来了，让吕布士气大振。

吕布开始反攻，双方展开了多场混战。

一天傍晚，吕布亲自带队进攻一处曹营，当时带着数千人，而该处曹军大约1000人，吕布决定把这支曹军就地包围、消灭。

吕布指挥人马突然向曹营发起攻击。面对敌人的突袭，曹操沉着应战。他迅速调集周围的部队投入战斗，顶住了敌人的压力。

面对数倍于己的敌人，曹操命令妇女们都登上屯营的城墙守卫，把精壮士兵集中起来迎敌。

屯营的西面有一个大堤，大堤的南面是一片茂密的树林，吕布率军来到，看到树林怀疑里面有埋伏，不是吕布生性多疑，而是他最近实在是被曹军打怕了。

吕布不敢进攻，他对手下说："曹操一向多诈，千万别中了他的埋伏（曹操多谲，勿入伏中）！"

于是率军离曹军屯营十多里处扎寨，从而错过了一个最佳的进攻时机。

第二天又来，此时曹操把队伍隐藏在大堤内，派一半兵力在堤外，吕布率军进攻，曹操派少数人迎击，等敌人逼近，伏兵杀出堤外，吕布大败。

曹军缴获了不少敌人的鼓车，一直追到吕布大营才回军。

以上是史书对这场发生在山阳郡内的战斗的描写，写得很生动，但不符合事实。如果有人拿这个当案例指挥打仗，结果只有一个，敌人打不垮，自己反而要全军覆没。

打仗不能脱离一些基本常识，其中一条常识是，除非有极特殊的情况，在阵地战中区区几百人是打不退上万人的，更不要说对方是吕布、张辽、高顺这样一流的猛将了。

曹军获胜是有可能的，但不是这样的打法。

面对实力远远超过自己的敌人，曹操可选择的只有两条路：一条是突围，承认自己失败，能不能安全冲出去全靠命了；另一条是固守待援。

曹操身边的人马虽然不多，但附近的人马不会离得太远，曹操再弱智也不可能只带几百人深入敌后。所以，曹操应该选择固守，等大批曹军闻讯赶到再一举把吕布击退。

其实，曹操的战绩不用猛夸已经很耀眼了，在最近几个月，他指挥大军一路杀来，打得有章有法，完全是像给对手上战术课。

山阳郡内的战事进入尾声，曹操派人攻占了山阳郡内的各县，兖州八个郡中的东郡、济阴郡、山阳郡、东平国基本为曹军控制，任城国、济北国、泰山郡的一部分也到了曹军的手中。

吕布在兖州已经彻底无法立足了，只好率残部向南逃走。

◎东武阳的悲剧

短短不到一年时间，吕布从兖州全线溃败，结果出乎很多人的意料。

吕布没想到，张邈没想到，袁绍也没有想到。

一直驻守在陈留郡的张邈这才意识到，吕布之后，曹军的下一个攻击目标就是自己。

曾经的挚友，反董大业中并肩作战的盟军，这么快就在战场上刀兵相见了。张邈想到这儿，一定会老泪纵横。

张邈的年龄不详，郑泰曾把他称为“东平长者”，想来他的年龄应该比曹操和袁绍都大得多吧。

果然，曹操把吕布赶出兖州后没有追击，而是挥师西进，冲着陈留郡这边来了。

张邈如果跟曹操在阵前相见，真不知道该说些什么，他自知不是曹操的对手，于是放弃了陈留郡的陈留县，集中人马，让他的弟弟张超守住雍丘，他去搬救兵。

如果换一个思路或许会考虑另一种选择，那就是放弃整个陈留郡，去追随吕布。

但张邈在陈留郡经营了多年，乡亲、部下、家属、财产都在这里，弃之不顾，张邈下不了决心。

他即使能下了决心，手下的人也不干。

现在，在张邈眼里能给他带来希望的只有一个人，那就是袁术。

作为袁绍和曹操的敌人，袁术是唯一有可能帮助自己的人。当年在洛阳，张邈与袁术也有交情，事已至此，张邈只能亲自跑一趟碰碰运气了。

但是张邈没有机会见到老朋友袁术，因为他在半路上被自己的部下杀死了（邈诣袁术请救未至，自为其兵所杀）。

连身边的人都觉得大势已去，杀了他向曹操邀功，至少也能保命吧。

史书上还有另一种说法，说张邈到了袁术那里，但袁术并没有派兵来，考虑到袁术的一贯作风，这也是意料之中的事。张邈就滞留在了袁术那里，两年后袁术在寿春称帝，张邈还劝阻过他。

汉献帝兴平二年（195 年）八月，曹操率主力围住了雍丘。

汉末的雍丘即今河南省杞县，是座古城，远古时境内即多杞柳，春秋时此地建杞国，国虽小却延续 1000 多年，又因为杞国人是夏朝王室的后裔，存有夏礼，与越国公族同出一脉，因此小国享受了大国的荣耀。孔子曾为考察夏礼而专访杞国，但那时杞国文献大多散佚。

孔子感慨说："夏礼我虽能说出来，但夏朝的后代杞国不能证明我的话；殷礼我能说出来，但殷朝的后代宋国不能证明我的话，这都是因为文字资料和熟悉夏礼、殷礼的人不足。"

与杞国有关最著名的典故当数杞人忧天，表面来看是形容庸人自扰的无谓担忧，但深层次来看，反应的却是杞国多经磨难而形成的忧患意识。杞县下属的圉镇，汉末时称陈留郡圉县，是大学者蔡邕和一代才女蔡文姬的故乡，袁绍的外甥高干、高柔也是这个镇子的人。

曹军围住雍丘城，城里有张邈的弟弟张超及兄弟二人的家眷。

此时已气势如虹的曹军，在雍丘城外却遇到了麻烦，猛攻多日，竟没能将这座城打下来。

不是曹军战斗力突然下降，而是雍丘城异常坚固，这与它曾经做过国都有关。

唐朝天宝年间也有一场雍丘之战，真源令张巡率军民 2000 多人守卫雍丘，安禄山手下的令狐潮率 4 万多人来攻，从二月打到七月，前后 300 多战，也没把雍丘打下来，最后守军利用偷袭反而将敌军击溃，创造了古代城防作战以少胜多的最为经典的战例。

如果守城的一方觉得自己已经逃无可逃、去无可去，就会拼死抵抗，激发出来的战斗力也会相当惊人，雍丘城里现在的情况正是如此。

他们大都是本地人，早就听说曹军每攻下一座城池都会大肆杀戮，他们唯一的选择就是誓死抵抗，把希望寄托在张邈太守搬来的救兵上。

救兵迟迟不到，张超不断给大家鼓劲：“不要紧，很快就有人来救咱们了，别人不来，臧洪肯定会来（唯恃臧洪，当来救吾）！”

张超当广陵郡太守时，是他发现了臧洪这个人才并延揽到自己手下，臧洪后来到袁绍那里发展。

大家都认为臧洪现在是袁绍的手下，不可能来，张超不信：“臧子元是个义士，我相信他一定会来的！”

子元，是臧洪的字。

奉袁绍之令驻扎在黄河北岸、东武阳的臧洪听说雍丘被围，大吃一惊，马上向袁绍提出请求，要袁绍给曹操下令停止进攻。

袁绍当然不予接受，让他原地待命，不得擅自行动。

汉献帝兴平二年（195 年）十二月，曹军在经历了五个月的进攻后，终于将雍丘城拿下，此战乐进立下头功，第一个登上城墙（先登）。

张超自杀，曹操下令夷灭张邈、张超的三族。夷三族有不同的说法，根据汉代的刑法，三族包括父母、妻室儿女、同胞兄弟姐妹。

消息传来，臧洪无比悲痛，他光着脚在地上走来走去，号啕大哭（徒跣号泣）。一怒之下，臧洪在东武阳宣布与袁绍正式脱离关系（绝不与通）。

袁绍闻讯也大怒，亲自率兵来攻打。

奇迹又出现了，小小的东武阳也硬生生打不下来，居然让袁军在城下苦攻了年之久。

其间，袁绍让自己的大笔杆子兼首席秘书陈琳给臧洪写了封信，责备他忘恩负义，让他明智一些，尽早投降。

陈琳和臧洪是同乡，都是东武阳这个地方的人。陈琳的文笔十分厉害，他写的信一定慷慨激昂、有理有据。

但是，陈琳的这封信没有保存下来，因为在史学家眼里，对方的回信更精彩。

臧洪的这封回信有 1500 字，在古人的书信里算是超长的，它完整地保留在史书中，这封信写得声情并茂、义正词严。

袁绍看后，知道臧洪不可能投降了，于是增兵继续攻城。

臧洪看到城肯定要破了，于是对身边的人说："袁绍不行大义，我反对他，此事与大家无关，连累你们遭此大祸，你们现在逃命去吧。"

可是没有人逃，大家说："将军与袁绍无冤无仇，为的是申明大义，我们怎么能离您而去呢？"

臧洪先后派了几批人出城找救兵，其中有一个叫陈容的同乡，是个书生，跟随臧洪一块从家乡广陵郡出来，很仰慕臧洪。陈容一出城就被袁绍抓住了，扣了起来。

东武阳被围一年之久，城里可吃的东西基本没了，开始还能挖个老鼠什么的，后来连弓上的牛筋都给煮了（掘鼠煮筋角），最后全城只剩下三斗米。

手下人想拿它煮点粥给臧洪吃，臧洪流着泪说："我怎么能单独享用呢（独食此何为）？"

臧洪让大家一块吃。

臧洪还做出一个惊人的举动——把自己的爱妾杀了，分给将士们吃（杀其爱妾以食将士）！

但是，和雍丘城一样，东武阳最终还是被攻破了。

袁军进城后发现城里饿死的就有七八千人，大家一个个互相枕着躺在那里（男女七八千人相枕而死）。

臧洪被抓，押着来见袁绍。

袁绍一直很欣赏臧洪，有意留他一条生路："臧洪，你为什么辜负我？到了这个地步，你现在服了吗（臧洪，何相负若此！今日服未）？"

臧洪虽然饿得发晕，但还是抖擞精神。

当着众人的面，臧洪痛斥袁绍说："你们袁氏事汉，四世五公，可谓受恩。今王室衰弱，你没有扶翼之意，反而趁机有非法之想，杀忠良以立奸威。我亲眼见过你把张邈称为兄长（洪亲见呼张陈留为兄），你们本应共同勠力为国除害，怎么能拥有重兵却坐观兄长被人屠灭？可惜我力量有限，不能为天下报仇，哪来的服不服？"

袁绍无奈，下令把臧洪杀了。

当时陈容在座，冲袁绍叫道："将军举大事，欲为天下除暴，而先诛忠义，难道合天意吗？"

袁绍不想再杀陈容了，让人把他拖出去。

陈容不干，继续喊道："仁义是天常，遵守的人是君子，违背的人是小人，我宁愿与臧洪一同死，也不愿意跟你一同生（宁与臧洪同日而死，不与将军同日而生）！"

袁绍无奈，下令把陈容也杀了。

袁绍手下有人目睹了这一场景，私下里叹道："这是怎么搞的，一天之内竟然杀了两位烈士（如何一日杀二烈士）！"

臧洪被视为烈士，他因重节义历来受到推崇，但客观地说，他的行为有很大问题。

张超固然是他的老领导，曾经对他有恩，但这似乎构不成他反对现任领导的理由，他的这种行为到底能不能完全算作忠义，存在疑问。

要带好队伍，个人利益必须服从集体利益，局部利益必须服从全局利益，看来袁绍对部下在这方面的教育还得多搞一点。

只是，这件事对袁绍的打击是沉重的，长达一年的时间里，袁军主力被拖在南线，在北线只好采取守势。

假如没有臧洪事件，兴平二年（195 年）这段时间，袁绍可以专心对付北面的公孙瓒，他解决幽州问题的时间就会提前。

一年后，当汉献帝刘协回归中原时，袁绍就不会因为受制于公孙瓒而无法分身了，抢得历史先机的或许应该是他。

最终，袁绍消灭了臧洪和公孙瓒，但一步没跟上，步步跟不上，袁绍此后的行动，在时间、进程上都刚好落后了一步。

袁绍打臧洪的时候，公孙瓒有了喘息之机；袁绍腾出手来打公孙瓒的时候，曹操迎接汉献帝东归就有了机会。

袁绍为当初看似高明实为败笔的一个安排付出了沉重的代价。

◎打出来的尊严

从汉献帝兴平元年（194 年）下半年到兴平二年（195 年）夏天，在不到一年的时间里，曹操率军纵横驰骋于兖州大地，所向披靡，攻无不克、战无不胜，与刚从徐州回师时的情形判若两人。

造成这个结果的，首先是曹操制定了正确的战略，在极端劣势的情况下，他没有被对手弄得惊慌失措，而是收缩防线，集中兵力，固守战略要地，寻找机会发动反击。

其次是袁绍的支持，由于袁军在黄河北岸的行动，动摇了吕布固守濮阳的决心，在军粮匮乏、远离友军的情况下，吕布决定向南运动，进入了他不擅长作战的河湖交叉的济阴郡、山阳郡一带，给曹操取胜创造了条件。

再者是对手接二连三的失误。在整个战役中，张邈作为吕布的友军，应该明白唇齿相依的道理，但他迟迟没有具体的军事行动，在与吕布的配合上态度消极，吕布被赶走，他也无法在陈留郡再待下去。

还有一个内在的原因，那就是曹军逐渐成熟了。

曹操手下的将领经过两次徐州之战以及与袁术作战，逐渐成长起来。曹军从最早的硬冲硬打、常吃败仗，到现在声东击西、游刃有余，对战场形势的把控能力已有新的跃升，此战役期间，曹仁、乐进、于禁、李典、程昱等人均有率军独立作战的记载，曹军由最初的一支独立的军事力量，已经发展成为一个相互呼应、配合作战的集团军。

现在，吕布、陈宫被赶走，张邈、张超被杀，兖州八个郡国重新回到曹操手中。

这一年十月，被“三人小组”控制的汉献帝下诏，正式任命曹操为兖州牧。曹操终于拥有了合法身份，这是他一仗一仗打出来的。

这是一份迟来的任命，当曹操派王比历尽千辛万苦前往长安进贡的时候，就是想得到这样的确认，用自己对皇室的忠心换来一份肯定。但长安的“三人小组”对曹操没有好感，在他们眼里，曹操比袁术、刘表、陶谦差得远，尽管有钟繇等人从中斡旋，但曹操也只得到了几句冠冕堂皇的慰问而已。

现在，曹操靠自己的实力打败了袁术，重创了陶谦，打跑了吕布，统一了整个兖州刺史部，终于赢得了长安朝廷的重视，主动送来了任命。

这是靠实力，一仗接一仗打出来的尊严。

曹操接到任命后立即上谢表，在这份上表中，曹操回顾了爷爷曹腾、父亲曹嵩以及自己本人深受皇恩的情况，表示将效忠帝室，继续努力进取。

曹操还以兖州牧的身份向汉献帝进贡，进贡的东西大体上都是兖州当地的土特产，史料里提到的有山阳郡特产的美梨两箱，以及一种青黑色的椑枣两箱等。

在很多人心目中曹操是汉室的奸臣，但至少到现在，曹操的内心对汉室都是充满敬意的。

即使在以后的岁月中，曹操也很少说汉室的坏话，相较于同时期的那些空发议论的人，曹操对汉室的贡献更大，相较于袁术、袁绍这样对当今天子充满敌视的人来说，曹操似乎更应该受到尊敬。

在张邈、陈宫叛乱中，兖州有很多官民跟随他们背叛了曹操，曹操重新取得兖州后，很多人心存不安，不知道曹操会不会追究。

针对这种心理，曹操通过重用毕谌让他们打消了顾虑。

之前，兖州副州长（别驾）毕谌因为母亲等人被叛军扣留而离开了曹操，曹操与他话别时还流了泪，毕谌表示决不会依附吕布，但他一离开曹操，就投靠了吕布。

吕布失败后毕谌被抓，大家都认为老毕这一回算是完了。

没想到曹操并没有追究他，曹操说："一个人能做到对亲人尽孝，难道能不忠君吗，这正是我所要的人（夫人孝于其亲者，岂不忠于君乎，吾所求也）！"

不仅如此，曹操还让他做了鲁国相。

曹操对毕谌的安排很恰当，不追究反而褒奖，让过去反对过曹操的人吃了定心丸，连毕谌都能得到曹州牧的原谅，我们还怕什么呢?

但是毕谌毕竟有过投敌行为，如果让他继续在自己身边处理机要大事，曹操已经信不过他了，于是安排他到外地任职。毕谌任职的地方是鲁国，孔子的故乡。孔子主张孝，但孔子更主张忠，他有一个著名的思想就是"移孝入忠"。曹操让毕谌到鲁国去，就是让他继续思考忠与孝的关系。

跟毕谌情况差不多的，还有魏种。

曹操开始对魏种很赏识，担任兖州牧后曹操有资格推荐孝廉，他推荐了魏种。

兖州反叛的时候，曹操曾经对别人说："假如都参加叛乱，魏种也不会的。"

后来听说魏种竟然也参加了叛乱，曹操大怒："魏种如果没逃到南越、北胡，我就决不放过他！"

叛乱平息，魏种也被抓了，捆着带到了曹操面前。

但是，曹操的怒火却不见了，他笑着说："魏种这小子，是个人才呀！"

他亲手解开了魏种的绳索，继续用他，魏种在曹操手下一直干到了河内郡太守。

曹操在处理毕谌和魏种事件上很理性，他知道必须尽快平息兖州人的不满和恐惧，弥补以前处理兖州事务时的不足。

对于下一步的行动计划，曹操汲取了第二次征徐州的教训，考虑应该暂停军事行动。

荀彧等人也认为，吕布被打跑，如果真的投奔了刘备，他们二人未必能真心合作；如果此时攻打徐州，他们反倒会团结起来。不如先观察一段时间，让他们自己内斗。

这是一个正确的战略选择。

第四章　流血的归途

◎“三人小组”解散

东边打得热闹，西边也不清净。

再来看看长安的情况，在这个临时国都里，李傕、郭汜、樊稠等凉州军将领仍把持着朝廷。

汉献帝兴平元年（194 年），14 岁的天子刘协举行了加冠礼，下诏大赦天下。

这一年二月一日，有关部门上报，说天子行加冠礼后应迎娶皇后（奏立长秋宫）。

汉献帝不允，他想到了自己的母亲，心情很沉痛，自己的母亲死后安葬在哪里都不知道，怎么有心情去做选美的事？

汉献帝亲自拟了一份诏书，以回复群臣：“朕承受不弘之业，遭值祸乱，未能继续先祖之志，光大汉室的基业。皇母先前逝世，没有占卜选择墓地，礼仪规章有缺，朕心里就像有个疙瘩那样难受（中心如结）。在三年守丧期间不能谈婚事（三岁之戚，盖不言吉），这件事等以后再说吧！”

汉献帝的母亲王美人被何皇后害死，死后尸体被抬到洛阳郊外草草埋了，14 岁的刘协虽为天子，但也是一个少年，父母、弟弟这些至亲的人都死了，内心充满了孤寂感。

王美人遇害是十多年前的事了，早已过了三年守丧期，汉献帝之所以这样说，是想给自己的母亲讨个说法。

几天后，三公同时奏请，上尊号给王美人，称灵怀皇后，改葬文陵。文陵是灵帝的陵墓，虽然远在洛阳，所谓改葬也只是空谈，但给个说法很重要。

之后，汉献帝选不其侯伏完的女儿伏寿为贵人，并于次年册立为皇后。伏完是前大司徒伏湛的七世孙，徐州刺史部琅琊国人，跟诸葛亮是同乡，当时担任朝廷高级顾问（侍中），随朝廷西迁到长安。

伏完还有一个特殊身份，他是汉桓帝刘志的女婿。

伏完的夫人、伏皇后的母亲是汉桓帝的长女阳安公主刘华，伏完和刘华共有六个儿子，伏寿是他们唯一的女儿。

因为这层关系，东汉第 13 任皇帝成为第 11 任皇帝的外孙女婿。

随后，伏完被升任为长安城防司令（执金吾）。

但是，长安的城防并不掌握在汉献帝的岳父手里，长安的一切都是李傕、郭汜、樊稠这个“三人小组”说了算，都是凉州军阀说了算。

董卓死后，凉州军阀已不再单指董卓的旧部，新近被朝廷收编的西部战区司令（征西将军）马腾和西部战区副司令（镇西将军）韩遂也应该属于这一阵营。

马腾驻扎在关中地区的郿坞，韩遂驻扎在金城。

汉献帝兴平元年（194 年）年初，马腾来长安公干，顺势率部移住到了长安东郊的灞桥。

马腾因为私事想走一下李傕的后门，结果李傕不理。马腾觉得很丢面子，于是翻脸（腾私有求于傕，不获而怒）。

这是表面的，其实背后隐藏着更大的玄机，马腾此行不是出差，而是另有阴谋。这就是之前曾提到过的刘焉的儿子刘范所参与的那场政变活动，参与的人除了马腾、刘范，还有侍中马宇、前凉州刺史种劭、中郎将杜禀等人。

这是一场由几个高干子弟和年轻军官策划的政变，实力派军阀马腾是幕后推手，那个马宇有可能是马腾的族人。

李傕没给马腾面子，马腾便以此为由要和“三人小组”翻脸。

眼看矛盾升级，朝廷希望息事宁人，动员韩遂前来调解。

狼和狐狸干架，不请老虎当裁判，却请来了一只狐狸。韩遂堂而皇之离开金城进入关中，一到这里，就公开和马腾站在了一起。

汉献帝兴平元年（194 年）二月，马腾、韩遂的联军已经进军到长安以西 50 里的平乐观，这时马宇等人的计谋败露，马宇、种劭等逃了出来，带着一部分政变武装退守到槐里，此地在今陕西省兴平市。

李傕命令郭汜、樊稠以及自己的侄子李利等人率兵与马腾交战。失去内应的马腾不敢在长安周围久留，向凉州撤退。郭汜、樊稠进攻槐里，马宇、种劭等参与政变的人被杀。

造成政变计谋外泄的人是刘范。事情败露后，他先逃到了马腾的军营，之后又逃到了槐里。因为这两个地方在不同的方向，刘范此去可能是去给槐里的政变武装传达马腾的某项命令。

刘范同时还向刘焉求救，刘焉派遣校尉孙肇率领 5000 名蜀兵前来助战。但这一来一往肯定需要很多时间，孙肇未到槐里即被攻破，刘范跟马宇等人一同被杀，刘焉留在长安的另一个儿子刘诞随后也被杀。

"三人小组"既恨马腾和韩遂,又害怕他们卷土重来,于是以汉献帝刘协的名义，赦免了参与此次叛乱人的罪过，重新任命马腾为安狄将军，任命韩遂为安降将军。

二人的军职都降了几级，算是警告处分吧。

在这次军事行动中，李傕的侄子李利有点摆谱，不太听郭汜、樊稠的招呼，让郭汜和樊稠很看不惯。

"三人小组"虽说共同执政，但李傕常以首席领导人自居，让他们本来就心生不满。现在就连李傕的侄子都能在他们面前耀武扬威，他们更不能接受。

郭汜还有点涵养，没有吱声。

樊稠却忍不住，教训李利道："现在天下人提起你老叔都恨不得杀了他，你这条狗还仗什么人势？难道我不敢杀你吗？"

李傕与郭汜、樊稠之间的矛盾有扩大的趋势。

韩遂这个老江湖在退回凉州的路上，顺手又玩了一次漂亮的离间计，让他们的矛盾一下子爆发。

马腾、韩遂失败后，樊稠追杀他们一直到陈仓，即今陕西省宝鸡市，韩遂派人给樊稠送了一封密信，说你我都是同一个州的人，咱们又没有什么个人恩怨，虽然有一点小小的不和，但大的方面利益还是一致的，以后难免还要打交道，天下改朝换代的事谁能说得准，干吗不留条后路？

樊稠想一想也是，就命令士兵撤退。樊稠还应邀与韩遂在战场上相见，他们各自催马来到阵前，靠得很近，别人只能看到他们言谈甚欢，却听不清说什么，他们一起说了很久才完事（却骑前接马，交臂相加）。

李利恰巧也在现场，目睹了这一场面，回来后即向叔父李傕打了小报告。

李傕怀疑樊稠与韩遂勾结，于是通知樊稠来开军事会议，樊稠一到，当场被诛杀，“三人小组”正式解散。

事实一再证明，权力是不能分享的，尤其是最高权力。那时候没有长老院，没有议会，唯一可行的权力模式是强人统治，失去董卓的凉州集团，最缺少的就是万众归一的强人。

只是樊稠死得挺冤，要密谋什么事，有当着几万名将士密谋的吗？但是，这种事往往又容易让人相信。韩遂的这一招给一个人留下了深刻印象，此人就是贾诩，没准当时就在现场。16年后，曹操领兵西征潼关，面对马超与韩遂的联军，曹操问计于贾诩，贾诩微微一笑，只说了“离而间之”四个字，曹操立即会意，于是两军阵前同样上演了这一出，约韩遂拉家常，“交马与移时”。事后马超果然起了疑心。

曹操的这一招并不新鲜，发明人就是韩遂自己。

◎两个女人的战争

其实，李傕未尝没有想过这是敌人的一计，但他与樊稠之间的矛盾素来已久。

加上樊稠打仗勇猛，爱护部下，很有威望，让李傕早就心存不满，一场火拼早已势所难免。

现在，李傕正好找到一个借口，在“宁可信其有，不可信其无”和“宁可错杀也不能漏网”思想的指导下，李傕还是下决心把樊稠干掉了。

但他干这些事一定没有跟郭汜商量，郭汜素来跟樊稠关系不错，樊稠被杀，郭汜立刻有了兔死狐悲之感。二人表面相安无事，但私底下都在做着刀兵相见的准备。

从汉献帝兴平元年（194 年）到兴平二年（195 年）间，全国范围内的大饥荒也波及关中地区，为了筹集军粮，凉州兵在三辅一带又杀又抢，弄得民不聊生，人口急骤下降，物资严重匮乏。

就连汉献帝宫中的人以及文武百官的穿衣都成了问题，汉献帝想从御库里调一些布来做衣服，李傕不同意，说宫人们已经有衣服了，干吗还要再做？汉献帝无奈，只好自力更生，他下令卖掉了 100 多匹马，又让大司农卿想办法弄了些绢绸，准备给大家做新衣服。

李傕听到了，说我们家正缺这些东西呢，就把钱和绢绸截留了，贾诩听说后劝说李傕不要这样做，李傕不听。

尽管相互忍耐，但李傕和郭汜还是动起手来，导火索据说跟郭汜的妻子有关。

郭汜的妻子是个有名的醋坛子，一天到晚总担心哪个女人把她丈夫从自己身边抢走。对于与丈夫交往过密的男人，她好像也不满。李傕经常留郭汜在家里过夜，这让郭太太头痛不已，总想找个机会离间他们，让丈夫不再夜不归宿。

女人有这样的想法，倒也无可厚非，一切缘于爱，爱是没有错的。

但是，在目前这个阶段，在双方矛盾一触即发的情况下，这样的想法实在是太可怕了，弄不好就是血流成河，人头滚滚。这些，郭太太倒没有想过。

郭太太终于等来了机会。李傕派人送来一些食物，郭太太提前弄了些毒药放到了里面。

郭汜刚要吃，郭太太说："从外面来的食物，还是检查一下为好。"

于是查了一下，果然发现有毒药。

郭太太进一步挑拨说："一山难容二虎，对于李傕这个人，我早就怀疑了。"

郭太太的话，弄得郭汜也跟着疑神疑鬼起来。

刚好，没过两天李傕又请郭汜喝酒，郭汜因为有心事，没喝几下就高了。这也是常有的事，平时八两的量，在心情不佳时也许刚喝半斤就醉了。

但郭汜不那么想，尽管喝得晕晕乎乎，他仍然保持了高度的警惕，他怀疑又是李傕搞的鬼，于是离席偷偷跑到厕所里，弄了点粪汁喝下去，把胃里的东西都吐了出来。

这两个人确实已经到了貌合神离、互相猜忌的程度，就看谁先动手了。

先动手的是郭汜，李傕迅速展开还击。

刘协命令侍中、尚书等分别前往二人的军营展开调解，但这二位都表示不接受，非分出你高我低不罢休。

李傕接到报告，说郭汜密谋把天子及百官劫持到自己那边去。于是他先下手，命令另一个侄子李暹率领数千人包围了皇宫，要把天子及百官转移到李傕的大营里。

太尉杨彪还想分辩："自古以来天子就没有住到大臣家里的先例，你们怎么能如此行事？"

李暹不搭理他："李将军的决定，任何人不能更改！"

刘协无奈，只好跟着走。但是，李暹只带来了三辆车，汉献帝以及伏皇后、董贵人各乘一辆，其余宫人及百官只好徒步跟随。

大家刚一离开，李暹的手下就蜂拥而入，到皇宫里抢夺御用物品以及尚未离开的宫女。之后，将皇宫以及政府办事机构一把火烧成灰烬。

李傕、李暹的思维跟董卓差不多：我把皇宫给你烧了，让你想回都回不来！可惜那一座洛阳宫和一座长安宫，两汉400年的精华，全毁于凉州军阀之手。

汉献帝派百官到郭汜那边调停，郭汜趁机把大家扣下来当人质，被扣的人包括太尉杨彪、司空张喜、尚书王隆、光禄勋卿刘渊、卫尉士孙端、太仆卿韩融、廷尉宣播、大鸿胪卿荣部、大司农卿朱儁、将作大匠梁邵、屯骑校尉姜宣。

这批人质里两个三公和五个九卿，可以组成一个临时内阁。

农业部部长（大司农卿）朱儁是员老将，也是帝国的功臣，从来没有受过这样的窝囊气，结果一气之下死了。

郭汜召开大会，商议如何进攻李傕，杨彪质问道："臣属互斗，一个劫持天子，一个劫持高官，你们这算什么事？"

郭汜大怒，拔刀就要朝杨彪砍去，边上的人赶紧上来劝住，郭汜才愤愤不平地停下手。

郭汜秘密联系了李傕手下的张苞，准备背后下手。

李傕那边也没有闲着，他招来了羌人、胡人充当雇佣军进攻郭汜，先赏给他们一些从皇宫里刚刚抢来的金银财物，并承诺事成之后赏给他们宫女。

兴平元年（194 年）四月二十五日，郭汜首先发起进攻，一路杀到李傕大营的门口，一阵乱箭，就连汉献帝御帐的帷帘都被射中了，有一支箭还贯穿了李傕的左耳朵。就在混乱中，张苞反水，去烧李傕的营帐，但不知何故，死活点不着火。李傕指挥部将杨奉展开反击，打退郭汜和张苞。

李傕看大营不安全，就把汉献帝一行转移到他在长安城北的另一处军营里，汉献帝与外界的联系完全隔绝。这里条件极差，正常的饮食都供应不上，汉献帝还好一点，一天勉强有两餐可吃，但其他人就有一顿没一顿的了，饿得个个一脸菜色。

汉献帝向李傕要五斗米、五碗牛肉，打算赏赐给身边的人吃。

李傕不给，教训汉献帝说："已经给你早晚两顿饭了，还要米做什么？"

汉献帝再要，李傕就让人送来几根已经发臭的牛骨头。汉献帝大怒，打算派人质问李傕。

汉献帝跟前有个秘书（侍中）叫杨琦，劝汉献帝说：“我看陛下还是算了，这个李傕分明自知自己犯的错很多了，已经不在乎了，听说他还要把陛下送到黄白城，陛下还是能忍则忍吧。”

黄白城在长安以北，今陕西省三原县，如果到了那里，安全就更不保了。三公中唯一留在汉献帝身边的是司徒赵温，也听说李傕有把汉献帝送到黄白城的打算，就写信质问李傕。李傕大怒，要杀赵温，李傕的弟弟李应等人劝了又劝，李傕才稍微消点气。

李傕找了一批巫士、神女做法术，又在军营门口修建了一座董卓庙，经常用三牲进行祭祀。

李傕见到汉献帝，一会儿称“陛下”，一会儿又称“明帝”，弄得刘协丈二和尚摸不着头脑，只好含糊其词地随便应和。

李傕经常在营门口以及朝廷各办事机构门外装神弄鬼，完事之后进去向天子请安。大家一看李傕，他背着三把刀，手里还拎着一条长鞭和一把刀，大家还以为他要行凶，天子的秘书们（侍中和尚书）也都抄起家伙围到汉献帝身边，以防不测。

李傕大概挺不解：这些人要干吗呀?

李傕有点不高兴，天子的秘书里有一个叫李祯的，跟李傕是老乡，平时挺熟，看出来李傕不高兴，赶忙上前打圆场，说了不少称赞李傕的好话，他才稍微舒服点。

其实李傕带的那些家伙都是刚才祭鬼神仪式时用的，他来见天子的目的是告郭汜的黑状，李傕每说起郭汜的不是就滔滔不绝，说得义愤填膺，别人连话都插不上。

每到这时，汉献帝只有唯唯应付。

就这样，李傕隔三岔五地必然要来上一回。

李傕这个人不仅有些神经错乱，而且领导能力也很有问题。

李傕的手下张苞反水的事刚过，另一个将领杨奉也要反他，准备直接下手把他干掉，但这次又提前泄露，杨奉率军叛变。

李傕和郭汜于是在长安附近打开了内战，几个月里死了上万人，看到这种局面，凉州集团另一位重量级人物坐不住了，他就是张济。

张济也是凉州军中的重要将领，当初李傕、郭汜和樊稠组成“三人小组”时把张济排斥在权力核心之外，让他以东部战区司令（镇东将军）的名义驻守在弘农郡陕县，即今河南省陕县。

眼看闹成这个样子，张济来到长安，进行调停。

百官的调停李、郭二人可以不理，但是老朋友、老同事出面他们不能不给面子，在张济的撮合下，李傕、郭汜同意和解，并愿意互相交换爱子为人质，如此一来，和平的曙光似乎不太远了。

但还是出了问题，这一回问题出在李太太身上。

李傕的夫人非常喜欢儿子，听说要送到敌营里当人质，当然不干，如此一来交换爱子互为人质的计划就搁浅了。

本来已经够乱的了，经过郭太太和李太太这两个女人一搅和，事情变得更加复杂。

◎最黑暗的时刻

看到这种情况，汉献帝心里很烦闷。

这一天，汉献帝正在生闷气，忽然听到营门外人声嘈杂，喊声不断，让人出去一打听，原来是李傕找的那些雇佣兵。

这些人一个个在营门外高喊：“皇上是不是在里面？李将军答应给我们的宫女，都在什么地方啊？”

刘协又气又怕，侍中刘艾出了个主意，说贾诩这个人还不错，在凉州军里也有一定威望，不如请他出面摆平此事。刘艾找贾诩一说，贾诩表示没有问题，一切包在他身上。

贾诩摆下酒宴，请雇佣军的头目们吃饭，代表天子允诺封给他们侯爵，又赏赐他们不少东西，这些人心满意足之后，开始打道回府。

失去雇佣兵的支持，李傕实力大减。张济趁势提出了新的调解方案，双方不再互换爱子为人质，改换女儿为人质，同时鉴于长安已经残破，供粮也极为困难，张济愿意把天子及百官接到他的弘农郡去。

激战了数月，李傕和郭汜都有点打不动了，对于新的调解方案，他们表示同意。这样，被扣压在郭汜军营里的百官们重新见到了天子，大家都觉得必须趁着李傕、郭汜没有反悔，立即离开长安。

事不宜迟，要走得快！

汉献帝兴平二年（195 年）七月，大约在曹操与吕布激战于山阳郡、任城国等地，最终把吕布赶出兖州的前后，天子刘协携文武百官在张济的护卫下离开长安，前往弘农郡。其路线大约相当于出西安市沿陇海铁路一直往东走，目的地弘农郡在洛阳以西。

支持天子东迁的除了张济外还有杨定、杨奉和董承等手握兵权的凉州军将领。杨定在凉州军中的地位仅次于“三人小组”，被封为安西将军，他跟樊稠十分要好，樊稠被杀后，杨定一直心存不安，在汉献帝东迁的问题上，他竭力支持，并愿意一同东进。

杨奉原是李傕的部将，临阵反水，自然不愿意留下来。

董承是个特殊人物，他是灵帝刘宏母亲董太后的侄子，算是刘协的表叔。因为董卓一度跟董太后攀过亲戚，董承也就成了董卓的本家，因为这个，董卓对董承给予了特别关照，让他到自己的女婿牛辅军中带兵。董承是汉献帝目前唯一能拉上亲情关系，又能和凉州军搭上话的人。

汉献帝对董承很看中，董承对汉献帝也忠心耿耿。后来汉献帝纳董承的女儿为贵人，董承成了汉献帝的岳父。

汉献帝下诏，擢升杨定为后将军，杨奉为兴义将军，董承为安集将军。为了让郭汜痛快放行，又擢升郭汜为车骑将军。

汉献帝命以上几位将军护驾东归。

但是，汉献帝一行刚离开长安，郭汜就反悔了。

郭汜不想失去对天子的控制，想把天子弄到长安以北不远的高陵去，那里是他的地盘。

但是天子以及百官们实在不想在长安这个鬼地方再待了，一致要求去弘农郡，张济等人也表示支持。

双方相持不下，刘协使出了最后一招：绝食。

刘协一天没吃饭，郭汜听到报告，担心事态更加恶化，同意让天子的队伍一边往前走，一边再商量。

这样，天子一行到达新丰，此地即今陕西省西安市临潼区。郭汜想了几天，还是想把天子留在关中，他提出定都郿坞的想法。郿坞在今天陕西省眉县境内，是董卓之前修建的超级堡垒，董卓原打算在此退守。

郭汜的计划被天子的高级秘书（侍中）种辑提前得知，他秘密通知杨定、杨奉、董承等人，把所部人马悄悄集结起来，准备跟郭汜硬拼。

一开始，天子已经被郭汜弄到了自己的军营里，杨奉率兵攻打，把天子抢了回来。失败后的郭汜惊慌失措，逃到终南山里，后来又逃往李傕的大营。

虽然是仇家，但现在有了共同的敌人，李傕还是接纳了郭汜。

天子一行在新丰住了两个月，到十月初，才行进到华山脚下的华阴，在此迎候的是宁辑将军段煨，他已为天子一行的到来准备了充足的食物、衣服及各种器物。

段煨是“凉州三明”之一的前太尉段颎的族弟，后来成为董卓手下的重要将领之一，也是贾诩的老领导，此时驻扎在潼关附近。听说天子路过，特意到华阴来迎驾。

作为帝国的名将之后，段煨对天子的感情较一般的凉州军将领深得多，所以迎驾的态度很积极。

但是，在段煨迎驾的时候发生了意外，突然有人喊了一声："小心，段煨要造反（段煨欲反）！"

汉献帝很纳闷，一看是朝廷高级秘书（侍中）种辑，就问他："段将军是来迎驾的，怎么看出来他要造反？"

种辑回答说："段煨不到境界迎接，迎驾又在马上不下来（迎不至界，拜不下马），再看他的脸色，就知道他必有异心！"

敢情种秘书都是猜的。

原来，杨定跟段煨曾有过严重的矛盾，段煨的心里对杨定很忌惮，迎车驾时都不敢下马，只是在马上作了个揖，而种辑偏偏跟杨定关系很好。

太尉杨彪等人不同意种辑的看法，认为段煨不会造反，愿意以死相保。

但是杨定和董承认为段煨会造反，杨定还神秘地说，据他的可靠情报，郭汜本人当天就会率700名骑兵潜入段煨的军营。

这把汉献帝搞糊涂了，不敢轻易进入段煨的军营，只好露宿在路边（遂露次于道南）。

随即杨定等人向汉献帝请令，要求讨伐段煨。

汉献帝说段煨还没有谋反的迹象，为什么要攻击他？杨定派去的人不甘心，仍然苦苦纠缠，一直到了半夜都不走，汉献帝仍然不松口。

杨定、杨奉、董承不管，直接向段煨展开攻击，双方势均力敌，打了十多天没分出胜负来。

段煨继续供应天子及百官饮食起居，毫无二心，汉献帝派人从中调解，杨定等人勉强接受，暂时休兵。

这一闹，耽误了东归的时间。

同时，也提醒了长安的李傕和郭汜，这二位如今已尽释前嫌、和好如初，他们突然明白过来，当初是如此愚不可及，让天子脱离了自己的掌握，于是挥兵向华阴杀来，要重新夺回天子。

李傕、郭汜打的旗号是援救段煨，这一招有点损，因为他们跟段煨本不是一伙的，通过造这个势，让段煨更加受到怀疑，把水搅得更浑。

杨定跟李傕有仇，眼看李傕气势汹汹杀来，有点害怕，干脆开溜，离开部队跑到荆州投刘表去了。

杨奉、董承保护天子一行赶紧东进，张济不知何故，与杨奉、董承又起了矛盾，这时站在了李傕、郭汜一边。这样，杨奉、董承护卫天子一行在前面跑，李傕、郭汜、张济带兵在后面追。追到弘农郡内的一个山涧，终于追上，双方激战，董承、杨奉大败，文武百官和士兵死了不计其数，天子的御用品、符节、皇家档案丢得满山涧都是。

天子一行逃到了附近的曹阳，经地在今河南省陕县境内，在田野中露宿，董承、杨奉假装与李傕、郭汜、张济和解以争取时间，暗地里派人渡过黄河，向白波军的首领李乐、韩暹、胡才以及南匈奴栾提呼厨泉求援。

这是东汉王朝历史上最不堪回首的一幕，堂堂一国之君，不得不向曾经被视为流寇、土匪的变民首领求救。

这是无奈之举，因为舍此已无其他更好的办法。

◎血染黄河水

李乐、韩暹、胡才这些人有点类似黑山军的张燕、于毒、眭固，常年在潼关、中条山和太行山一带打游击，现在听说皇帝走投无路到了门口，立刻来了精神，赶紧带兵来接应。

他们可没有那么好心，他们的想法很朴素：天子是奇货，先弄到手里再说。

李乐等人率数千人马渡过黄河，与李傕、郭汜和张济的联军交战，结果将李傕等人打败。董承提出边撤边往前赶路，李乐和董承护卫天子在前，杨奉、胡才等人断后，开始撤退。

李傕等重新整顿人马，又杀了上来，这一回杨奉等人大败，死伤惨重。光禄勋卿邓渊、廷尉宣璠、少府卿田芬、大司农卿张义战死，司徒赵温、太常卿王绛、卫尉周忠、司隶校尉管郃被俘，李傕本来打算把他们全部处死，经过贾诩的苦苦相劝才作罢。

这个周忠值得一提，因为他是周瑜的堂叔父。

天子一行人狼狈不堪地逃到了离黄河更近的陕县，追兵紧跟着也到了，此时天子的虎贲、羽林卫士加起来不到100人，李乐、董承的兵力损失也很大。

凉州军日夜不停地在城外鼓噪，城里的人胆战心惊，只想早点逃出去。在商议如何逃时，大部分人主张顺黄河滩东下，到河上著名的渡口孟津，由那里登岸到达黄河以北的白波军控制区。

从地图上看这倒是一条捷径，但实际上它是一条死路，因为里面充满了危险。

幸亏太尉杨彪是附近的弘农郡人，他对大家说："从这里往东，有一个地方叫'三十六滩'，那里十分险要，根本无法通过。"

侍中刘艾曾经在陕县当过县令，也说那里太危险。

于是决定直接在陕县附近强渡渡河，命李乐先行探路，准备船只。

随后，汉献帝以及百官们悄悄出城，开始向黄河边上徒步行进。大家形迹匆匆，都怕走晚了命就没了，所以什么多余的东西都没带，只有皇后伏寿的哥哥伏德例外，他一手搀扶着妹妹，另外一边夹着十几匹绸缎。

大家都有点纳闷：这哥们够贪财的，这都什么时候了，还舍不下这点布？

可很快大家都明白过来，这些绸缎是如此重要，成为救了很多人命的那根稻草。

一行人向黄河边上逃命，一路上拥挤不堪，就连皇后的卫士们也只顾往前跑，大家把路都堵住了。符节令孙徽急了，在人群中挥着刀，一通乱砍，皇后伏寿衣服上都溅满了血。

不过，总算来到了黄河边。

到了以后，大家都傻眼了：黄河的大堤太高了，离下面足有十来丈，相当于十层楼高，无法下去。

这时候，伏德把随身携带的绸缎拿了过来，董承又弄来几个马笼头，就用这些东西捆扎成一个简易坐辇。行军校尉尚弘劲大，由他背着汉献帝刘协，坐在辇上，由上面的人拉着往下吊。

其他人把伏德剩余的绸缎接起来陆续往下滑，排不上号的，索性跳了下去，有的当场摔死，有的摔伤。

李乐弄来的船很有限，装不了那么多人，大家一拥而上，都想往上挤，董承、李乐只好用暴力阻止，有人仍然不愿意放弃，跳到水里死死抓住船帮不放，船上的人举刀乱砍，船舱里落下了不少被砍断的手指。

只有少数人上了船，保住了一条命。停留在岸边的人遭到了随后赶来的追兵的劫杀，侥幸没有被杀的，衣服也被乱兵给扒了。此时是十二月底，黄河中下游最冷的时候，黄河虽然没有结冰，但异常寒冷，有人竟活活被冻死。

李傕亲自来到岸边，看到天子已经渡河，就派出侦察兵（斥候）前去追赶，董承害怕他们放箭，在船上找了条被褥当盾牌，护着汉献帝。

经历了这样的惊心动魄之后，天子一行总算到达了黄河北岸，进驻了李乐在大阳的军营。

大阳在今山西省平陆县境内，这里虽然暂时稳定，但粮食成了问题，李乐这里本来就不富裕，要供应天子及百官的饮食，更是一筹莫展。

正在此时，送粮的人来了。

河内郡太守张杨听说天子东归，就派了一支部队前来接应。他估计天子一行面临的最大问题可能是没有吃的，于是让接应的这几千人每人都背上足够的军粮（使数千人负米贡饷），这真是雪中送炭。

这里是河东郡的地盘，河东郡太守王邑也随后赶到，送来了一些布帛，给大家做衣服。汉献帝下诏封王邑为列侯，拜韩暹为征东将军，李乐为征北将军，胡才为征西将军，张杨为安东将军。

就这样，天子一行在董承、杨奉、李乐、胡才、韩暹、张杨、王邑等人护卫下，暂时停驻在黄河北岸的河东郡。河的对岸是李傕、郭汜和张济的联军，他们手里有在黄河岸边俘虏的百官、宫人，以及此前在弘农郡俘虏的司徒赵温等人。

汉献帝特别惦记百官和宫人们的安危，派出使者到对岸与李傕等人谈判，李傕接受和谈，把俘获的赵温等百官以及宫人们放了回来，并送还了一部分缴获的御用器物。

张杨虽然送来不少粮食，但此时聚集在这一带的部队越来越多，后勤供应很快又成为一大难题。大阳又是个很小的地方，天子日常起居及办公只好因陋就简。

汉献帝议事的地方外面只围着篱笆，他与大臣们议事时，士兵们都挤在外面看。这些兵大部分前不久还是农民起义军，刚刚被收编，一点军纪都没有，一边看，一边嘻嘻哈哈。

司隶校尉管郃可能长得有点怪，成为军民们取乐的对象。每次他进去向汉献帝汇报工作，门口的人都向他扔东西，逗他开心。

曾经，司隶校尉是何等威严的职务，眼皮一抬就够老百姓心惊肉跳。可现在，却被如此戏弄。

汉献帝一心想尽早回到洛阳，但是跟前的这些人情况很复杂，各自想法都不一样，没有人关心天子的意志，只想如何伸手向天子要官。不仅自己要，而且帮手下人要，就连各位将领的私人医生、警卫员等一眨眼都成了朝廷的校尉这样的高官，负责刻制公章的御史们忙得不可开交，供不应求，只好改用锥子画字（御史刻印不供，乃以锥画）。

这还不够，这些人整天琢磨如何斗法，如何把别人甩掉自己成为最终的受益者，终于又爆发了内讧。

河内郡太守张杨提出迅速护送汉献帝到洛阳，但得不到其他人的响应，张杨一怒之下回到了河内郡。

对于天子下一步的行动，大家其实都没有更好的办法。

过了年，正月初七，汉献帝下诏改年号为建安。

内部矛盾继续扩大，韩暹攻击董承，董承不敌，逃到野王找张杨去了。白波军另外一个首领胡才联合杨奉要攻击韩暹，被汉献帝劝阻。

汉献帝周围的这几路人马，面对下一步的行动计划，个个面面相觑，不知如何是好。

◎袁绍派来考察团

汉献帝建安元年（196年）春天，天子一行仍滞留在大阳。

附近的几路人马势均力敌，谁也不服谁，但谁也无法一口把对手吃掉，汉献帝也不知道未来怎么办。

汉献帝能做的就是给各地有实力的人写诏书，让他们到大阳来迎驾。汉献帝能想到的人有刘表、陶谦、刘虞、刘焉、袁术等，至于袁绍，汉献帝一向不喜欢此人，本不打算给他写。

袁绍曾质疑汉献帝的血统，一再谋求另立天子，这些事早已不是秘密。不过，袁绍现在势力最强，又离这里最近，所以汉献帝还是给袁绍写了。

汉献帝没有给曹操写诏书，不是对曹操的实力有怀疑，也不是对曹操怀有敌意，而是在当时很多人看来，曹操并不是一个独立的势力，他只是袁绍集团的一部分。

汉献帝还想到了吕布，是他亲手杀了董卓，将自己解救出来，所以汉献帝一向对吕布充满好感。

也不知道吕布现在的情况如何，不管怎样汉献帝还是给吕布写了诏书，诏书是汉献帝亲笔写在一块木板上的（手笔版书召布来迎）。听说吕布在兖州、徐州一带，汉献帝就派人前往那里试试。

诏书派人送往各地，最先有反应的是袁绍。

袁绍确实离这里最近，按说，没有汉献帝的诏书他也应该主动来，但他最近很忙，还有点闹心。

袁绍现在不在邺县，他还在东武阳，他目前正处在南北两线同时作战的艰难局面。东武阳当时还在臧洪手中，袁绍不肯撤兵，非把臧洪抓起来不可，所以亲自在那里督阵。

这段时间公孙瓒在北面也频频给袁绍制造麻烦，他大修易水防线，袁绍不敢等闲视之，命令麴义配合刘虞的儿子刘和以及刘虞的旧部鲜于辅等攻击公孙瓒。

袁绍的主力全部压在这两条战线上，没有富余人手。

袁绍抽不开身，就派手下谋士郭图来大阳走一趟，名为朝贡，其实是观察天子一行的情况，之后再做决定。

郭图到大阳看了看，就走了。

其实郭图还是倾向于迎驾的，在他看来，汉献帝此时已走投无路，如果得不到妥善安置，就有可能落于他人之手，比如袁术，或者刘表，甚至是吕布和刘备，那时将对袁绍集团更加不利。所以，郭图回到东武阳前线向袁绍报告此行情况时，建议把汉献帝一行迎接到邺县来。然而这个建议被袁绍否决了（图还说绍迎天子都邺，绍不从）。

沮授也劝袁绍迎接汉献帝，他对袁绍说："将军一家几代人辅弼朝廷，累世倡导忠义。现在朝廷遇到困难，宗庙毁坏，各州郡嘴上说起兵为了行仁义，而内心里真实的打算是如何灭了别人，没有人考虑皇帝的安危和百姓的死活（外托义兵，内图相灭，未有存主恤民者）。现在冀州初定，可以迎请大驾，来邺县临时安都。"

沮授还说了一句很有名的话："到那个时候，就能以天子为旗帜号令各地的实力派，再积蓄兵马，谁不服就收拾谁（挟天子而令诸侯，畜士马以讨不庭），谁还能打败我们？"

但郭图、沮授的建议遭到不少人反对，他们的理由是："汉室凌迟，为日已久，现在要重新振兴，那是多么困难（今欲兴之，不亦难乎）！现在各路英雄据有州郡，个个人多势众，正所谓秦失其鹿先得者为王。如果迎接天子到自己身边来，以后干什么事都要先请示报告（动辄表闻），如果听天子的就削弱了自身的权力，不听天子的就是违命，这实在不是什么好主意。"

一般认为，反对迎请天子的言论看起来有些目光短浅，因为它只看到眼前的一点，没有着眼于长远，结果让袁绍错失了一次“挟天子而令诸侯”的好机会。

但是，这样的观点其实并非全无道理，“挟天子而令诸侯”固然风光，也会带来严重的负作用。

大家都看到了天子是一个“奇货”，掌握天子就拥有了发号施令的权力，谁反对自己形同于反对朝廷。可问题在于，当今天子不是三岁孩童，已经举行过加冠礼，按道理应该亲政而不是摆设。

当今天子聪明睿智，经历了很多坎坷曲折，得到了历练，面对凶残的董卓和强悍的凉州军他都能无所畏惧，有勇有谋，这样的天子不是能轻易玩弄于股掌之上的。

遇到事情，你向天子汇报不汇报？

不汇报，说你专权。

汇报了，天子一高兴，来个指示什么的，执行不执行？

执行，当然是不可能的。

不执行，那就会跟天子发生冲突，那奸臣的罪名就背定了。

如果敢加以谋害，那就更惨了，不管你以前多么英名盖世，也不管你确实做了多少好事，你都将登上历史的恶人榜，子子孙孙都不能翻身。

所以看似妙手，却容易下成臭棋。

把天子接来之前必须做好充分的思想准备，要么真心实意地拥戴天子，当一名汉室的忠臣；要么横下心去，甘背历史的骂名；否则，天子这个烫手的山芋还是不碰为好。

袁绍大概也想到了这些，他没有做好思想准备，也没有跟天子每天周旋的耐心，加上他对刘协在潜意识里不大接受，又有当前南北两线战事的困扰，所以放弃了迎接天子的打算。

到于刘表、刘焉、袁术等人，想法跟袁绍大致差不多，他们接到汉献帝的诏书，要么找个借口拖着，要么干脆装聋作哑。

吕布对汉献帝相对真诚，要是有实力他倒是会去，但他打了败仗，自身难保，长途远行需要后勤保障，他也没有（布军无畜积，不能自致），所以遣使上书，向汉献帝做出解释。

汉献帝理解吕布，虽然没来，仍然晋升他为平东将军，爵位晋升为平陶侯。汉献帝还专门派使臣去给吕布颁印绶，但在路过山阳国境内时任命书丢了（使人于山阳界亡失文字）。

◎“奉天子以令不臣”

汉献帝一行在大阳又待了一阵，仍没人来迎驾。

到了夏天，粮食问题更为严重，大家都没有吃的，也就顾不上内斗了。在张杨的调停下，杨奉、韩暹重新和好，董承也回到汉献帝的身边。

这几个人商量了一下，觉得大阳不能再待下去了，于是护送汉献帝一行前往洛阳。

汉献帝建安元年（196 年）七月初一，天子一行终于回到了洛阳。此时距上一次离开洛阳共 5 年 4 个月零 15 天。

虽然还归旧都，但洛阳现在的状况相当凄惨，这座当年世界上首屈一指的大都市此时到处是废墟，南北二宫多成瓦砾堆，罕有人迹。

洛阳早已成为无人区，各路势力四处征战抢地盘，却无人问津这里，原因就是它已毫无占领的价值。或者说，这里已不适合人居住。

大家找了半天，发现城里只有已故宦官头目赵忠的住宅可住，汉献帝一行就把这个地方作为临时行宫。

赵忠这个人好像特别热衷于投资房地产项目。当初韩馥让位给袁绍后，搬离位于邺县的州政府，住的也是赵忠的宅子。

七月十四日，汉献帝下诏，大赦天下。

之后，大家又在皇宫里找了半天，最后在南宫里找到一处相对完整一些的宫殿，经过一番整修，让汉献帝搬了进去。

张杨认为自己在护驾重返洛阳一事上功劳最大，就将这座宫殿命名为杨安殿，但他还算是个比较自觉的人，按照制度，除了北军、中央禁卫军、守护皇城的卫尉、执金吾等部队外，其余武装力量不得常驻京师；他带头执行这个制度，主动撤退到自己的大本营河内郡。

杨奉不想走，但怕得罪张杨，同时他手下的人马最多，吃饭问题也最严峻，手下没有吃的，快散伙了，于是只好跟着撤了出去，暂时驻扎在洛阳以南的梁县，即今河南省临汝县一带。

洛阳的守卫任务就由董承、韩暹二人负责。

汉献帝下诏，擢升张杨为大司马，之前说过这是一个很崇高的职务，地位超过三公。擢升韩暹为全国武装部队总司令（大将军），同时兼任司隶校尉。擢升杨奉为全国武装部队副总司令（车骑将军）。

官位这时其实已经不重要了，重要的是找到吃的。

汉献帝下令尚书台秘书（尚书郎）以下的公职人员都到洛阳郊外挖野菜充饥，人太多，野菜都没地方挖，有些人就这么饿死了，有的死于乱兵之手（或饥死墙壁间，或为兵士所杀）。

如果再没人伸出援手，汉献帝和百官都得困死在这里。

汉献帝想了很多人，都没来。

有个他没想到的人，这时主动来了。

这个人就是曹操，虽然他没有接到汉献帝迎驾的诏书，但自从汉献帝一行东归，他就一直关注着此事。

去年年底，曹操在雍丘城外发动最后攻势，一举攻占雍丘，杀了张邈的弟弟张超，巩固了兖州的局势，当时正是汉献帝一行受困于河东郡的时候。

汉献帝到了大阳，如果袁绍出手护驾，估计曹操也就没有太多的想法了，可袁绍没有出手，这给曹操多了一个选项。

要不要迎请天子？这的确是一个大问题，有利也有弊，问题是利多还是弊大，必须好好盘算一下。

曹操的手下对这件事的意见也不完全统一，反对迎请天子的人不在少数，他们的顾虑大体上有四方面：

一是如袁绍手下众多谋士所考虑的那样，把天子接来而无法和谐相处的话，就会事事掣肘，反受其累；

二是朝廷现在也是一个包袱，单就后勤保障就是个大问题，现在粮食比什么都紧缺，已经有价无市；

三是洛阳及周围地区如今有韩暹、杨奉、董承、张杨等势力存在，他们这些人都不是省油的灯，插手洛阳的事务并没有特别大的把握（未可猝制）；

四是就曹操自己面临的形势而言，兖州虽然初定，但周边还有吕布、袁术这些敌人（山东未平），主力西进迎驾，这些敌人会不会趁机搞事也不好说。

这些都是很现实的问题，但也有人坚决主张迎驾。

曹操手下的谋士毛玠认为："现今国家分裂，君主流离，民众饥饿流亡，朝廷缺乏储备，百姓没有安定的生活，这种状况难以持久。袁绍、刘表虽然人多兵强，但都没有长远的考虑。用兵之事合乎正义才能取胜，所以应当拥戴天子以命令那些不肯臣服的人（宜奉天子以令不臣），大力发展农业，积蓄军资，如此霸业就可以成功了！"

沮授说"挟天子而令诸侯"，毛玠则说"奉天子以令不臣"。显然"奉天子"更有情怀，水平更高。

对毛玠的意见荀彧坚决支持，他认为：

"当年晋文公因为接纳周襄王而使诸侯影从，汉高祖东讨项羽时因为给被项羽杀害的义帝服丧而深得人心，这说明天子的号召力。之前将军您虽然力所不及，但仍然派使者到长安朝贡，说明您心在王室，有匡扶天下的素志。

“现在天子蒙难，百姓忧愁（百姓感旧而增哀），如果奉主上以从民望，这是大顺；秉至公以服天下英雄，这是大略；扶持大义以招引天下俊杰，这是大德。天下虽然也会有不服的人，但必然成不了大气候，区区韩暹、杨奉又能怎样？我们如果不能早做决断，一旦其他人抢先一步，我们后悔都来不及了！”

曹操本人倾向于毛玠、荀彧的看法，决定迎接天子。

这时，曹操接到了一位故友的来信，进一步坚定了自己的想法。

这位故友名叫丁冲，他不仅是曹操的谯县老乡，还是亲戚。曹家在谯县关系最密切的是夏侯氏，除此之外就是丁氏。曹操的母亲姓丁，他的第一任妻子也姓丁，都是这个家族的成员。

丁氏家族的代表人物是丁宫，曾在朝廷任职，丁冲是丁宫的儿子，此时任天子高级秘书（侍中），丁冲有两个儿子叫丁仪、丁廙，他们日后都是曹魏政坛上的风云人物。

曹操年轻时与丁冲关系就很好，丁冲一度得过精神病（狂病），后来好了，丁冲来曹家做客，时间晚了应当留宿，但曹操坚持打发他回家。

曹操故意对丁冲说：“你的病要是犯了，再拿上刀剑，我会害怕（持兵刃，我畏汝）。”

说完，二人不禁大笑。

所以，丁冲是曹操十分信得过的人，他这时派人给曹操送来书信，是要告诉曹操汉献帝身边的一些情况，同时建议曹操立即前来迎驾。

在这封信里，丁冲对曹操说：“您平时常常表露出匡济天下、辅佐皇帝的志向，现在到实现志向的时候了。”

丁冲的来信让曹操进一步坚定了迎接汉献帝的想法，他调整了战略部署，对徐州的刘备、吕布暂时采取守势，而把攻击的重点转向西面的豫州。

◎贵人再次相助

汉献帝建安元年（196 年）春天的时候，那时天子一行还困在河东郡，曹军主力便开始向西移动，进入豫州刺史部陈国境内的武平县，这里在今河南省柘城县南部，当时属于袁术的地盘。

袁术任命的陈国相是袁嗣，曹操拿下陈国，之后继续挥师西进，进入汝南郡和颍川郡。

这两个郡都是天下知名的大郡，但此时以何仪、刘辟、黄邵、何曼等为首的黄巾军在此势力很大，他们曾先后依附过孙坚和袁术，算是袁术集团的盟友。

曹操派于禁等人与黄巾军作战，黄邵夜袭曹操的大营，于禁率麾下人马将其击破，斩杀了刘辟和黄邵，何仪等人率众投降，曹操提升于禁为旅长（平虏校尉）。

这时汉献帝一行已经进入洛阳，曹操派曹洪为先头部队，向洛阳进发，前去迎接汉献帝，但曹洪却遭到了董承、杨奉等人的武力抵抗，无法前进。

杨奉有一些战斗力，因为他手下有一员猛将。

这个人名叫徐晃，字公明，是河东郡杨县人，年轻时曾在河东郡做一员小吏，后追随杨奉镇压黄巾军的蓝本部，因为战功逐步升至骑兵旅旅长（骑都尉），成为杨奉手下一名高级将领。

西行受阻，曹操心里有点郁闷，他的一片忠心换来的却是敌意，这让他无法接受，但对方代表着朝廷，还不能硬来。

然而，也不能就此退兵，因为这样不仅失去了一个机会，白跑一趟；而且还会因此被贴上“不受朝廷欢迎的人”这样的标签，今后在政治上反而被动了。

曹操的心情很低落，这在他写于此时的一首诗里有清楚的反映。这首诗是《善哉行》组诗的第三首，诗中有“虽怀一介志，是时其能与”的句子，还写道：

我愿于天穷，琅邪倾侧左。

虽欲竭忠诚，欣公归其楚。
快人由为叹，抱情不得叙。
显行天教人，谁知莫不绪。
我愿何时随？此叹亦难处。

满篇的感叹，浓重的愁绪，和曹操诗歌一贯的清朗、激扬的风格很不相同，表达的正是虽欲尽忠却无法实现的失落之情。

就在这时，曹操又一次得到了贵人的暗中相助。

这个人还是那个先前帮助过曹操的董昭。

董昭在被张杨扣了一段时间后，还是找机会去了长安，被朝廷任命为参事室参事（议郎）。他也经历了千里大逃亡，侥幸活着回到了洛阳。

董昭一向对曹操充满好感，认为曹操的前途不可限量，听说曹操来了洛阳，又在东面被阻，董昭决定用自己的智慧再帮曹操一把。他看到董承、杨奉、韩暹、张杨这些人互相都有矛盾，就先从杨奉下手。

董昭伪造了一封曹操的信给杨奉，信中说："久闻将军大名，早就想表达敬意。现在将军率领军队，不怕万难，让天子能重返旧都，这样的功勋举世无双啊（翼佐之功，超世无双）！"

在对杨奉大拍一顿马屁之后，信中表示愿意与杨奉结盟："现今群凶扰攘，四海不宁，天子和朝廷至尊至重，我们的责任就是保护和辅佐，必须依靠众位贤士来重建王朝秩序，这不是一个人能够独立完成的。心腹与四肢相互依赖，互为支持，缺一不可。将军您应当作为京城内的主要力量，我愿意做将军的外援。现在我有粮食，您有军队，可以互通有无，互相接济，同生死，共患难。"

董昭发挥他擅长模仿别人笔迹的特长，再一次模仿曹操的笔迹给杨奉写信，杨奉接到信，真以为是曹操写的，高兴不已。

杨奉对手下人说："曹将军的人马就在附近，有兵有粮，正是国家现在要仰仗的呀（国家所当依仰也）！”

杨奉于是向汉献帝上书，封曹操为镇东将军，承袭其父曹嵩的封爵费亭侯，史籍中保存有曹操所写的《上书让封》《上书让封亭侯》和《谢袭费亭侯表》等几篇文章，都是曹操此时依照惯例所上的奏章。

杨奉态度的转变影响着其他人，董承和韩暹因为此前就不合，曾经刀兵相见，为了扼制韩暹，董承也暗中给曹操送信，让他带兵来洛阳。

从被拒之门外到争相结交，曹操的地位一下子有了彻底转变。

曹操一扫内心的阴霾，立即率兵赶往洛阳。

◎又来一次迁都

汉献帝建安元年（196 年）七月，曹操率兵进入洛阳。

汉献帝在杨安殿接见了曹操，君臣们正深受粮荒困扰，曹操不仅兵力充足，还带来许多粮食。汉献帝很高兴，宣布由曹操主持朝廷日常工作（录尚书事），并授予代表天子的节钺，拥有临时决断之权。

曹操在洛阳除了见到老朋友丁冲以及另一位年轻时就关系密切的故友钟繇外，还见到了神交已久却从未谋面的董昭。

见面后,曹操让董昭跟自己并肩而坐（引昭并坐）,并向他讨教下一步如何行动。当时洛阳以及周边地区除曹操的人马外还有董承等好几股，董昭建议曹操利用他们之间的矛盾，分化瓦解、各个击破。

曹操采纳了董昭的建议，首先联合董承和杨奉攻击张杨和韩暹，曹操上书弹劾张杨、韩暹的罪状，韩暹不安，只身匹马跑到张杨营中躲了起来，汉献帝念在二人迎驾有功的分上，要曹操不必再追究。曹操对朝廷的控制力因此进一步增强。

洛阳周围十分残破，朝廷在此落户，后勤保障终究是个沉重负担，而且剩下那几路实力派也会随时发起挑战。曹操问董昭下一步还应当采取什么策略，董昭分析说：“将军入京朝拜天子，辅佐王室，这是可以媲美春秋五霸的功绩，但眼下各位将领想法各异，他们未必肯服从您，现今您留在这里匡弼天子，情势对您不利。”

曹操一听感到有些紧张，问董昭：“那该怎么办？”

董昭提出一个建议：“可以把圣驾移到许县去，这些问题就都解决了。当然，朝廷经过流亡迁徙后刚刚回到旧京，大家都在企望能很快安定下来，现在又一次迁移圣驾，不能让众人满意，但要做非同寻常的大事就得有超越常规的举措，希望将军您能看清其中的利与弊。”

许县远离洛阳，地处中原腹地，沃土千里、气候温和、物产丰富，有利于朝廷的后勤保障。它还是春秋时代许国的国都，城市建设有一定基础。当时许县已经被曹操掌握，圣驾移到许县，便于曹操对朝廷的控制。

所以，董昭的这个提议非常有眼光。

曹操也赞同迁都到许县，但有一定顾虑：“杨奉离许县很近，就在附近的梁县，听说他的队伍精良，如何才能不让他成为隐患呢？还有董承、张杨、韩暹这几个人，会不会从中阻挠呢？”

董昭替曹操进行了分析，认为汉献帝应该同意迁都。原因很简单，曹操虽然带来一些粮食，但毕竟只能解一时之忧，长期待在洛阳，文武百官恐怕都要饿死了。只要能提供粮食，迁到哪里去汉献帝都不会反对，董承是董贵人的父亲，也是汉献帝最重要的支持者，汉献帝如果不反对，董承就不会反对。

至于张杨，董昭认为他驻扎在黄河以北，可以暂时不去管他，而韩暹经过上次事件，目前已没有太大的势力了。

关键是对付杨奉。此人的确最有实力，董昭建议先找杨奉谈，以洛阳残破、粮食不足为由提出迁都，但告诉他不是迁往许县，而是迁往鲁阳，该地距杨奉的根据地梁县很近，属于杨奉的势力范围，杨奉听说把天子和朝廷迁往自己的地盘，必然乐意。等汉献帝一行出了洛阳，队伍先向南行，做出去鲁阳的姿态，之后突然改道向东直奔许县，杨奉即使发觉也措手不及。

曹操认为这个主意太好了，于是找杨奉商议，杨奉果然接受了迁都鲁阳的建议。

杨奉支持，汉献帝愿意，董承不反对，曹操不再征求张杨、韩暹的意见，于汉献帝建安元年（196 年）八月中旬开始迁都。

天子一行离开洛阳向南开进，到达轘辕关，再往南就是鲁阳，但队伍却突然改变了行进的方向，向东转进，杨奉接到报告后大吃一惊，等派人再探的时候天子一行已经快到许县了。

杨奉这才知道上当了，立即联合韩暹率兵来抢汉献帝，曹操早有准备，派兵在半路设伏，将杨奉、韩暹击退。

待天子和朝廷在许县稍加安顿，曹操亲自率兵西征梁县，杨奉不是对手，战败后投奔袁术去了，就是在此战中，杨奉手下的第一猛将——徐晃归顺了曹操。

至此，迁都许县的计划顺利完成。

◎新朝廷，新气象

打败杨奉后曹操回师许县，着手朝廷内外的各项建设工作。

许县这座小城，因为汉献帝和朝廷的到来，迅速成为帝国现阶段的政治中心。天子的后宫、朝廷办事部门以及曹操的军事指挥机构一股脑地涌到这里。

肯定有些拥挤，但也只能因陋就简，先安顿下来再说。

汉献帝从长安出逃到现在，一路上只顾保命，将宫中御用之物以及文书档案等基本上丢光了。现在不仅住的地方简陋，连宫中专用的各类物品也奇缺。

史籍中保存有曹操所写的两篇奏疏，一篇是《上九酝酒法奏》，说的是曹操老家谯县的县令郭芝发明了一种九酝春酒，具有良好的保健功能，曹操特意上与汉献帝，详细介绍了这种酒的酿制方法，还说到了自己对这种酿酒方法的改造。

另一篇是《上杂物疏》，说的是曹操特意将自家保存的一些皇宫用品呈献给皇上，这些东西大多是曹腾、曹嵩两代在先帝朝时得到的赏赐，其中包括：

纯银参镂带漆画的书桌 1 只，纯银参带砚台各 1 方，纯银参带圆砚台大小各1方；

御用的漆画皮枕头（韦枕）2只，贵人公主用的黑漆皮枕头30只；

纯金香炉1只，下面配有盘子的贵人公主用的纯银香炉4只，皇太子用的纯银香炉4只，西园贵人用的铜香炉30只；

御用纯金唾壶1只，画漆的圆唾壶4只，贵人用的纯银参带唾壶30只；

御车上用的漆绘画两层几大小各1只；

御用的纯银参镂带漆绘画案1只；

御用的1尺2寸的金错铁镜1面，皇后用的纯银错铁7寸铁镜4面，皇子用的纯银错7寸铁镜4面，贵人公主用的9寸铁镜40面；

贵人公主皇子用的有纯银镶带子加漆的镜子1面，贵人用的镶有3条银带子的镜子5面，皇子用的银匣1只，皇子用的有3条纯金带子的妆具4件；

镶有3条银带子的镜台1件，纯银镜台7件，贵人公主用的镜台4件；

纯银的盛洗粉用的匣子（澡豆奁）、纯银雕花匣子、纯银雕花漆匣共4只；

漆绘状具1件，有3条纯金带子加绘画的妆具1件；

能盛5石水的铜澡盆1只；

镶银绘画的象牙杯盘5套；

御用杂画象牙尺1把，贵人公主用的象牙尺30把，宫人用的象牙尺150把，骨尺50把；

杂画象牙的藏针用的管子（杂画象牙针管）1只。

……

这份名单颇为冗长、琐碎，不过读来也颇为有趣。

看了这份名单，不由得感叹从曹操的爷爷曹腾到他的父亲曹嵩，从历代皇帝那里得到了不少好东西。

也说明，汉献帝初到许县时，条件非常艰苦，而曹操一开始对汉献帝确实充满了敬意，考虑得也很细致。

这些都是小事，曹操更多的精力用在朝廷新的人事布局上。

汉献帝东归期间，朝廷三公九卿等高级文官随驾同行，有好几个人死于战乱，目前已有不少缺员需要补充。此外，汉献帝一路上还封了不少将军，根据新形势，也要做出相应调整。

汉献帝近一段时间来任命过的高级将领，按军职自高到低共有：大将军韩暹、骠骑将军张济、车骑将军郭汜、征北将军李乐、征西将军胡才、前将军公孙瓒、后将军杨定、右将军袁绍、卫将军董承、镇西将军韩遂、平东将军吕布、安南将军刘表、安东将军张杨、宁辑将军段煨、辅国将军伏完等。

曹操自己是安东将军，和吕布的地位差不多。

袁绍虽然自称车骑将军，但朝廷从来没有承认过，朝廷给他的正式的军职是右将军，还是不久前郭图出使河东郡时，由汉献帝正式任命的。

按照曹操的意思，汉献帝下诏重新明确了帝国高级将领，该撤的撤，该留的留。

韩暹、张济、郭汜、马腾、韩遂、李乐、胡才、杨定、张杨、段煨这些人，多出自凉州军和白波军，彼一时、此一时，他们现在大多数人已经成为朝廷的敌人，对他们的任命全部撤销，没有合适的人继任就先空着。

袁绍、吕布、刘表、公孙瓒等人属于地方实力派，虽然不在朝廷控制之中，但有个头衔在，名义上他们都归许县朝廷领导，还是保留着。董承和伏完二位都是汉献帝的老丈人，军职自然不能撤。

韩暹空出来的全国武装部队总司令（大将军）一职，汉献帝下诏授给了曹操。

这个任命可能有点问题，因为大将军的地位很高，已经超过了三公，这样一来有人就会不服气。

后来，为了这个任命，有人差点要跟曹操翻脸。

随后，曹操还对朝廷的文官体系进行了大幅度调整。

现在的三公是太尉杨彪、司徒淳于嘉、司空张喜，他们倒是全都逃了出来，但对这几个位置，曹操还想另做安排。在他的要求下，汉献帝下诏将这三个人同时免职。

曹操把太尉一职送给了袁绍。毕竟，袁绍曾经是关东联军的总指挥，也是自己名义上的领导，现在曹操担任了大将军，为了安抚袁绍，就把太尉一职让给了他。

司徒一职，曹操给了名士赵温。

司空一职，暂空。

近一年来，死在东归路上的部长级高官包括：文教部部长（太常）王绛，宫廷事务部部长（光禄勋）邓渊，京师卫戍司令（卫尉）士孙瑞，司法部部长（廷尉）宣璠，农业部部长（大司农）张义、朱儁，皇家事务部部长（少府）田芬等。

在曹操的主持下，朝廷先后征召名士赵岐、张俭、桓典、徐璆、陈纪等人补充进来，加上还在位的韩融、荣部、杨奇等人，基本上保证了朝廷的日常运转。

赵岐本年快 90 多岁了，他是曾经出使过关东的老臣，当年是他与袁绍、曹操相约迎汉献帝回洛阳。张俭是个老党人，本年也已经 83 岁了。陈纪之前说过，本年也 71 岁了，不过他就是许县人，在这一带很有影响力。

这些人不大可能再做什么实质性的工作了，比如像张俭，一到许县来就关起自家的门不出，把公家配的专车挂了起来（阖门悬车），根本不问任何事。这倒正符合曹操的意思，把这些老同志抬出来本来就只是个招牌，目的是扩大新朝廷的影响力。

对于朝廷日常办事机构尚书台曹操比较重视，这可不是一个虚设部门，内外沟通、随时掌握宫内动态全都靠它了，对于由谁来掌管这个要害部门，曹操心里早有了合适的人选。

曹操属意的人就是荀彧。荀彧曾在天子身边担任过守宫令，熟悉宫内事务，性格沉稳，考虑问题周全，出身大族，容易与天子及各位老臣沟通。最重要的是，他对自己忠心耿耿，是信得过的人。

汉献帝下诏任命荀彧为尚书令，负责处理朝廷日常事务。曹操出征在外，荀彧实际上成了后方的大管家。荀彧也不负期望，把各项事务处理得井井有条，为曹操分了不少忧。

曹操还把程昱调过来当尚书，协助荀彧工作。

程昱的任命虽然下达，但兖州那边仍然离不开程昱。曹操让程昱以东中郎将、济阴郡太守的身份代替自己主持兖州的各项事务。

曹洪、曹仁以及夏侯惇、夏侯渊等人负责掌握部队，没有进入朝廷任职。随着控制区范围的扩大，曹操还让他们兼任一些地方行政职务，如夏侯惇担任陈留郡太守，夏侯渊担任颍川郡太守，曹仁担任广阳郡太守。

朝廷迁到许县后，洛阳方面也不能放弃。曹操此时兼任着司隶校尉一职，洛阳属于自己的辖区，他让为自己立下大功的董昭以洛阳令的身份留守在旧都。

一切就绪，42 岁的曹操终于站在了一个新时代的制高点上。

在这里，在许县，在新的朝廷，他可以俯瞰这个大时代，可以更远地眺望未来了！

第五章　风云变幻

◎星象学家带兵

这段时间，天下还发生了许多大事。

最重要的变化集中发生在三个州，即幽州、扬州和徐州，它们都换了新的主人，在曹操不断壮大的同时，天下的势力格局也在发生着新变化。

先从北方说起，说说幽州刺史部。

公孙瓒在界桥打了败仗，但他的实力仍然相当可观，他只是将主力暂退回幽州刺史部，在那里积蓄力量，待机再战。

袁绍被突如其来的胜利似乎搞得有点晕，部队还没有来得及好好休整就出师北伐，追击公孙瓒。袁绍的情报工作可能做得不够好，没有完全摸清公孙瓒的底细，这个时候的公孙瓒仍然控制着幽州刺史部的大部分地区和冀州刺史部、青州刺史部的一部分，经过短时间动员，仍然可以征调起十万大军。

而袁绍派来攻打公孙瓒的只有几万人，实力并不占优势。更为不利的是，他既没有亲自出征，也没有派麹义、张郃这样的猛将来，而是派了一个专业很奇怪的人当主帅，这个人的名字叫崔巨业。

界桥之战前公孙瓒发布的讨袁檄文所列举的袁绍“十大罪状里”，其中有一条就是说他与星象学家（星工）关系密切，不仅对他们深信不疑，而且整天跟他们一块吃吃喝喝。

袁绍的确信任几个搞星象学的人，其中最有名的就是这个崔巨业。

星象学家崔巨业率数万人马北上，攻入幽州刺史部的涿郡。此时公孙瓒的大本营在广阳郡的蓟县，与涿郡紧邻。崔巨业把军事重镇故安围住，开始攻城。

故安若失，则公孙瓒的南大门洞开，这里虽然河网密布，但无险可守。

但是，公孙瓒没有给星象学家留下建功立业的机会，他亲自率领三万精兵由蓟县南下，增援故安。

崔巨业围城多日没有进展，也不知道晚上偷偷跑出去看了多少回夜空，但脑子里仍然没有头绪。正在这时，听说公孙瓒亲自来解围，他倒知趣，赶紧下令撤军。

公孙瓒追上去一顿猛揍，双方交战于巨马水之畔，袁军死了近万人，遭受惨败。

公孙瓒多少也算挽回了一些界桥失利的面子。

公孙瓒趁机把势力范围向南推进，田楷就是这个时候当的青州刺史，刘备也是这个时候来到了平原国，公孙瓒把冀州刺史部的渤海郡、青州刺史部的平原国等地发展成敌后根据地和游击区。

崔巨业败北，袁绍心疼不已，不敢再大意，于是亲自率军北上，寻找公孙瓒的主力进行决战。

袁军在龙河一带与公孙瓒军相遇，袁绍再摆迷魂阵法，让老弱残兵在前面诱敌，等公孙瓒主力冲杀时袁军主力突然杀上，又大败了公孙瓒。

巨马水之战和龙河之战，是界桥之战后袁绍和公孙瓒又打的两场大仗，结果是双方一胜一负，战成平局。

战后，公孙瓒的主力退回蓟县，继续派田楷、刘备等人向山东半岛一带发展。袁绍则派长子袁谭与田楷、刘备等抢地盘，双方形成对峙局面。

在将近两年时间里他们分不出胜负，并且都面临了严重的粮食危机。他们的办法就是抢老百姓，结果田野里连青草都看不到了（互掠百姓，野无青草）。

公孙瓒看到南线战事暂时无法取得突破，就把着力点放在巩固幽州内部、壮大自身实力上，他决定跟刘虞彻底翻脸。

自从上次公孙越被杀事件发生后，公孙瓒和刘虞之间的矛盾更加尖锐。公孙瓒这个人一向目无领导，自以为是，不执行上级决定。刘虞制定的民族政策是以怀柔为主，公孙瓒偏偏喜欢动武，刘虞为了搞统战，经常送给少数民族首领一些礼物，公孙瓒知道后半道上就给劫了，还在刘虞跟少数民族首领之间挑拨离间。

作为公孙瓒的顶头上司，刘虞对公孙瓒的愤怒到了无以复加的程度，老头子一向待人谦逊，脾气也好，就这样，经常也被气得要死。

刘虞通知公孙瓒来开会，公孙瓒每次都推说有病不来。刘虞跟自己的心腹、太傅府人事处处长（东曹掾）魏攸商量，想用武力解决公孙瓒，但魏攸知道若真动起手来，刘虞根本不是公孙瓒的对手。

魏攸没有直说，而是换了个说法："现在天下人无不对您仰望，你手下也需要谋臣、爪牙，公孙瓒文武双全，是有用的人才。现在虽然有些小过错，也应该迁就他一下。"

刘虞听了，才作罢。

可是，不久后魏攸死了，刘虞因为公孙瓒的事再发火也就没人能劝住了。

◎爱民如子刘太傅

汉献帝初平四年（193 年）冬天，忍无可忍的刘虞调集十多万人马攻打公孙瓒。

大军出发前，刘虞手下一个叫程绪的人上来劝阻说："公孙瓒虽然干了很多坏事，但还没有正式的罪名，明公不先晓示天下并让他改正就直接起兵，不是国家的幸事。另外，胜败也不好预料，不如先用武力给他施加压力（以武临之），公孙瓒必然悔过谢罪，这样就不战而使人服了！"

这话也是好意，尤其是师出无名这一点，其实很重要。公孙瓒虽然很坏，但你得让老百姓都知道，以朝廷的名义给他定罪，这样就合法了，也就更容易获得支持。

但刘虞听了很生气，他已经被公孙瓒气糊涂了，任何阻止用兵的人在他看来，都是公孙瓒的同党。

盛怒之下，刘虞以扰乱军心的罪名，下令把程绪砍头示众。这种事情发生在刘虞身上确实比较罕见，可见老实人也有被惹急的时候。

公孙瓒没料到刘虞会先向他动手，因此毫无准备，他这时在蓟县，而人马都分散在各地，面对突然袭击，公孙瓒再能打也凶多吉少。关键时刻，公孙瓒在刘虞身边安排的卧底发挥了作用。

这个卧底名叫公孙纪，因为跟公孙瓒同姓，二人以前来往就比较多，后来发展成公孙瓒的耳目，此时在刘虞身边担任参谋。

刘虞发起攻击前，公孙纪连夜跑出去，及时把情报送出，为公孙瓒防守和反击赢得了时间。

刘虞一向爱民如子，为减少百姓的死伤，向公孙瓒发起总攻前特意在蓟县城外发布了几道命令。

其中一道命令是："只杀公孙瓒一个人，不要伤及无辜（无伤余人，杀一伯珪而已）！"

刘虞还命令士卒注意战场纪律，不要毁坏百姓的房屋，不拿群众一针一线。

刘太傅确实是个好人，是有德之人，是幽州人民的好领导。

但是，他不是一个好统帅。

所谓仁，还有一种叫作妇人之仁。司马迁曾经评价项羽："项王对人，恭敬慈爱，说话轻声细语。人有疾病，自己一边流泪一边把自己吃的分给他。人有立功当封爵，刻好印反复把玩，半天不能给出去（印刓弊，忍不能予），这就是所谓的妇人之仁。"

作为朝廷太傅和幽州牧的刘虞，理应爱民如子，行仁爱之心，但作为十几万大军的统帅，此时考虑的应该是如何取胜，为十多万条生命负责。

刘虞的人马还没有开打先开展了一番仁爱教育，打起仗来果然畏手畏脚（不习战，又爱人庐舍），攻了半天也拿蓟县城没办法。

公孙瓒瞅准时机，晚上派精锐数百人出击，一边攻击一边顺风放火，刘虞军大乱，十多万大军居然一战而溃。

刘虞只好携带家属和一部分士兵退到上谷郡的居庸县，即今北京市延庆县一带。公孙瓒紧追不放，不给刘虞喘息之机。

居庸县被围三日，城破，公孙瓒将刘虞及家人俘获。

公孙瓒抓住了刘虞，开始没有想杀他，因为他知道刘虞在幽州百姓心中拥有崇高的威望。

公孙瓒只是下令将刘虞软禁起来，一开始甚至州政府的往来文件还让他批阅（犹使领州文书）。

但后来发生了一件事，让公孙瓒还是把刘虞给杀了。

远在长安的朝廷不知道怎么又想起了刘虞，派段训为使臣前来幽州，增封刘虞的食邑，并任命刘虞一个督六州事的新职务。

这六个州指的是幽州、并州、青州、冀州、兖州、凉州，简言之，就是整个北中国。刘虞拥有这个职务，理论上就将集这六个州的军政大权于一身，这是一个史无前例的职务。

但这对刘虞事实上已毫无用处，即使刘虞此时不是公孙瓒的阶下囚，他也无力调度目前实际控制着这六个州的公孙瓒、袁绍、曹操、吕布、刘备、袁术等人。

当时汉献帝还没有东归，朝廷还在李傕等“三人小组”手中，他们抛出这一项任命，目的是分化瓦解各地的实力派，以党人来治党人，以诸侯来治诸侯。

所以，“三人小组”在任命刘虞的同时还升任公孙瓒为前将军，封易侯，督幽州、并州、青州、冀州四州，范围比刘虞小一些。

但这四个州都跟刘虞的六个州重复，公孙瓒如果承认朝廷的任命，刘虞仍然是自己的顶头上司；如果不承认朝廷的任命，就要给个说法。

公孙瓒想来想去，觉得留下刘虞比杀了刘虞麻烦更大，所以他旧事重提，向朝廷特使段训提出刘虞曾与袁绍合谋造反，想自己称帝。

这件事之前说过，完全是袁绍、韩馥等人一厢情愿，和刘虞毫无关系。刘虞不仅没有参与，还断然与袁绍、韩馥划清了界限，并把韩馥派来的人杀了，把首级送往长安。

这是毫无争议的事，但公孙瓒不管，说你谋反你就谋反，朝廷特使段训也只能干看着。

然后，公孙瓒借用朝廷特使的名义，把刘虞斩首于集市之上。

临刑前，公孙瓒还耍个了花招，他公开宣称：

“如果刘虞真有天子的命，上天就会刮风下雨来救他（若虞应为天子者，天当风雨以相救）！”

这是瞎扯，此时华北地区已经旱了很久，没有一丝下雨的意思。

刘虞于是被杀。刘虞的老部下、原常山国相孙瑾以及在州政府任职的张逸、张瓒等人忠义愤发，愿意伴随刘虞一块赴死，公孙瓒成全了他们，把他们一起杀了，孙瑾等人在临死前都大骂公孙瓒。

刘虞作为汉室之胄，有修养也有能力，他忠心为国，仁心爱民，执行了正确的少数民族政策。在他执政期间，保证了北部边疆的安定。但是，他的仁爱拿到战场上就行不通了，战争就是战争，更何况面对公孙瓒这样强悍的对手。

公孙瓒下令把刘虞的首级送往长安，但中途被刘虞的一个叫尾敦的故吏劫下，进行了安葬。

杀了刘虞，公孙瓒害怕民意反弹，就拉朝廷特使段训下水，胁迫他当幽州刺史。

刘虞在幽州多年，深得民望，有不少景仰者和追随者。公孙瓒杀了刘虞，在幽州的势力虽然扩大了，但也因此埋下了更大的祸根。

刘虞的旧部鲜于辅、齐周、鲜于银等人趁机反抗公孙瓒，他们知道广阳郡人阎柔素来有很高声望，就推举阎柔为乌桓司马，由阎柔出面征召乌桓、鲜卑等少数民族的军队，加上汉人组成联合军团，人数多达数万人，进攻公孙瓒所署的渔阳郡。

双方战于潞河，即今朝白河以北。渔阳郡太守邹丹不是对手，向公孙瓒求救。

公孙瓒照例不发救兵，让邹丹自己看着办。

这个邹丹还不错，没有投降，最后兵败被杀。

鲜于辅等人也得到了袁绍的响应，袁绍命令麴义和刘虞之子刘和领兵北上配合鲜于辅行动。

公孙瓒前后受敌，势力范围受到很大压缩。

如果袁绍一鼓作气，公孙瓒可能提前被消灭，但此时发生了臧洪事件，袁绍不得不抽调主力转入南线作战，公孙瓒得以喘息。

袁绍主力在东武阳城下被臧洪牵制达一年之久，袁军还未强大到能同时打赢两场大战的程度，在此期间北线只好暂时转入守势，这让公孙瓒有了喘息之机。

公孙瓒趁机把主力集结到易水一带，在此修筑了闻名于世的易水河防线。

◎易水河防线

易水位于幽州刺史部与冀州刺史部的交界处，由上游的卢水、雹水、顺水、徐水等河流交汇而成，这是条古老的河流，战国时期燕国太子丹送荆轲刺秦王时就在此作别，高渐离击筑而歌，使此河名扬天下。

公孙瓒不久前被封为易侯，封地易县位于易水之上。公孙瓒趁袁绍腾不出手来进攻自己的空当，以易县为中心，沿着易水河两岸大修军事工事。

公孙瓒在易水的北岸挖了十多重战壕，每隔一段又堆起五六丈高的土山，在土山上修起楼观，大大小小的楼观数以千计，公孙瓒手下的将领分别居住在这些楼观里。

这其实就是由密网交织的交通壕所联结的碉堡群，这种碉堡被称为京。“京”是甲骨文里的象形字，即筑起的高丘，上面有耸起的尖端。

这上千座碉堡筑起了坚固的一道防线，其核心地带是公孙瓒居住的易京，其下的土山高达十多丈，足有十多层楼高，在上面修有楼观，下面用铁门封死，公孙瓒平时居住在楼上，楼里只有婢女和女官，有需要公孙瓒批阅的公文，都通过绳子吊上来，等公孙瓒批示完再用绳子吊下去。

公孙瓒在这些堡垒里囤积了 300 万斛粮食，他告诉手下：“从前以为天下事可以挥手而定,现在看来不是那么回事。兵法上说‘百楼不攻’,现在我有上千座楼观,等到这些粮食吃完，也就能把天下事弄明白了（足知天下之事矣）！”

这番话让人想起了董卓。看来，越是生猛的狠角色内心里越是柔软，也越是有逃避的一面。打了无数的仗，最后得出的结论竟然是躲起来才幸福。公孙瓒说的“百楼不攻”不知道出自哪部兵书，也许是公孙瓒个人的军事思想。

汉代 1 斛合如今约 20 升，即 80 斤左右。300 万斛约合 2.4 亿斤，12 万吨，载重 8 吨的卡车要拉 15000 车。这么多的粮食不大可能都囤积在公孙瓒住的易京一座碉堡里，应该是易水岸边上千座碉堡屯粮的总和。

公孙瓒发明的易水河防线是对传统城池型防御工事的颠覆，它更注重立体作战和协同作战，一改拒敌于城外的战法，把敌人放进来打，凭借坚固的工事和充足的粮食，待敌军进入碉堡网后四处出击，将其击败。

公孙瓒在易水河畔大搞“基础设施建设”，袁绍难道就眼看着让他这么大摇大摆地搞吗?

袁绍当然不愿意，但他没有办法。

在袁绍分兵与公孙瓒作战的同时，在他的南面始终有一根刺扎在肉里，让他感到疼痛，但又一时拔不出来，

这就是东武阳，袁绍的不幸是错误地用臧洪去对付曹操，哪知臧洪是个“一根筋”，因为张超的事居然与袁绍彻底决裂。

袁绍费了九牛二虎之力，在付出了巨大牺牲之后终于将东武阳的臧洪解决了，等他缓过劲来重新审视自己的北部，这才吃惊地发现横亘在他眼前的是一道数百里长从未见过的、牢不可破的超级防线。

袁绍试图展开进攻，却遭到了沉重打击，进攻的部队好不容易攻到堡垒下面，却被占据有利地形的敌军以弓箭、乱石等武器打得抬不起头来。

从此之后，不幸的袁绍把主要精力又耗在了这座巨无霸防线上了，他突破这道防线最终花了数年之久，付出了惨重代价。

袁绍一定后悔不已，当初倾全力去围攻东武阳，真是冲动。

现在公孙瓒成了第二个董卓，他已没了斗志，只想待在他的超级堡垒里，在一大群婢女和女官陪伴下舒舒服服地过日子。

从战略上讲，易水河防线迟滞了袁绍统一北方的步伐，牵制了袁绍的行动，给曹操等人的发展壮大提供了难得的战略机遇。

所以，臧洪、公孙瓒都是袁绍的克星，也是曹操的福星。

没有他们，曹操超越袁绍的可能性将会大大降低。

◎张弘的“江都对”

说完幽州，再来说扬州。

这段时间，扬州刺史部升起一位耀眼的新星，他就是孙坚的长子孙策。

孙策字伯符,孙坚死时他只有 17 岁,他下面还有 3 个弟弟,分别是 10 岁的孙权、8 岁的孙翊以及刚出生没多久的孙匡。

孙坚当年辞去副县长（下邳丞）加入朝廷的军队，为家眷的安全考虑，把妻子吴夫人和儿女们都放在了寿春，孙坚死时吴夫人领着儿女们刚离开寿春，来到庐江郡的舒县，即今安徽省庐江县。

这时孙坚的旧部大多在袁术的手下，袁术完成了由南阳郡到淮南的战略转移，已经占领了扬州刺史部在江北的大部分地区，孙策母子生活在袁术的地盘上。

寿春靠近北面，离战乱地区较近，离袁术的大本营寿县也不远，为了一家人更安全一些，孙策带着母亲和弟弟举家迁往了南面的舒县。

除了安全上的考虑，舒县还有孙策的一个好朋友，这是孙策举家南迁的另一个原因。

这个人就是周瑜，字公瑾，舒县本地人。周家在舒县是第一大户，周瑜祖父的兄弟周景当过朝廷三公之一的太尉，周景的儿子周忠此时正在长安的朝廷任职，先担任太尉，后改任卫尉。周瑜的父亲周异当过洛阳县令。

周瑜长得身材高大、相貌俊美，还精音律，江东有“曲有误，周郎顾”的民谣，意思是谁如果演奏音乐时稍有一点儿错误，都瞒不过周瑜的耳朵，他发现错误以后就看演奏者一眼，用以提醒对方。

但周瑜的志向并不是当一名音乐家，当时天下已乱，周瑜有更远大的志向。他早就听说孙策的名气，认为他能成大事，于是主动前往拜见。

二人谈得很投机，周瑜与孙策同岁，他们互相推让着结为异姓兄弟（推结分好，义同断金），孙策长一个月称为兄，周瑜为弟。周瑜劝孙策把母亲等家人迁居到舒县，以备未来随时可以摆脱袁术，孙策同意了。

吴夫人等到舒县后，周瑜把府里最好的南大宅让给他们住，两家成为通家之好。

安顿好母亲，孙策又护送父亲孙坚的灵柩前往曲阿安葬。

曲阿属今江苏省丹阳市，当时归吴郡管辖，距孙氏祖籍吴郡富春县有几百里远，距孙坚的封地乌程县也隔着一个太湖，孙氏的祖坟在富春。

孙坚为何安葬于曲阿？史书未交代。

孙坚乌程侯的爵位按规定可以世代继承，继承这一爵位的一般是嫡长子，但孙策却主动让给了弟弟，孙权、孙翊也不要，就给了四弟孙匡。

处理好父亲的后事，孙策又带着母亲和兄弟们渡过长江，到了位于长江北岸的江都县，周瑜曾向孙策推荐了一个人，名叫张纮，周瑜说这个人很有眼光和头脑，建议孙策向他多请教请教。

父亲死后，正在上升的孙氏事业突然中断，下一步何去何从，孙策还没有明确的打算，不知道该怎么办，正好向张纮请教。

张纮字子纲，徐州刺史部广陵郡人，早年上过太学，拜名师韩宗专习经学，成为一名学者。但他不读死书，喜欢把书本知识活学活用，视野开阔，看问题很有见解。

孙策大老远跑去找张纮，正逢张纮因为母丧在家守孝，见到了张纮，说明来意后，却被张纮婉言拒绝了。

孙策很着急，甚至流下了眼泪，对张纮说："久闻您的大名，今天的事只有您能给拿个主意（今日事计，决之于君），请您务必给出个主意，以不负我对您的高山之望。如果我能微志得展，血仇得报，这是您的功绩，也是我心中所望啊！"

孙策的真诚打动了张纮，张纮帮孙策对形势进行了分析，指出了孙策下一步的行动方案。

张纮对孙策说："从前周朝国运衰落，但是有齐国、晋国一起来光复它，这是诸侯王应尽的职责。现在您继承了令尊的事业，又有骁勇善战的名望，如果现在投奔丹阳郡，在江南的吴郡、会稽郡一带发展，那么扬州、荆州日后也不在话下，你的家仇也可以得报（若投丹阳，收兵吴会，则荆、扬可一，雠敌可报）。之后据守长江，奋威德，诛除郡秽，匡辅汉室，功业岂不跟当年的齐桓公、晋文公一样？如果是这样，我愿意结盟同好，渡江辅佐将军！"

孙策听后如梦方醒，激动不已。

如同后来刘备在隆中的草庐向诸葛亮求教一样，孙策与张纮的这次谈话同样极为重要，有人认为是孙吴版的"隆中对"，因为这次谈话的地点在广陵郡的江都县，所以这次谈话也被称为"江都对"。

张纮告诉孙策，不要在袁术跟前耽误时间了，应该尽早脱离袁术，向长江以南发展。

◎遇上不靠谱的领导

在东汉 13 个州中扬州刺史部的地盘很大，大体相当于今安徽省的淮河以南部分，江苏省的长江以南部分，以及上海市、江西省、浙江省、福建省的全部，还有湖北省、河南省的一部分地区。

现在这些都是经济发达、人口稠密的好地方，但在当时大部分还属于欠发达地区，尤其是长江以南的郡县大多还没有充分开发。

扬州刺史部下辖六个郡，江北的庐江郡和九江郡，江南的丹阳郡、吴郡、会稽郡、豫章郡。之前朝廷任命的扬州刺史名叫陈温，下面各郡的太守也大多是朝廷所任命的，他们在政治上多忠于朝廷，没有参与中原地区的群雄争战。

后来陈温死了，一个说法是病死的，一个说法是被袁术所杀。袁绍也想插手扬州，就表奏堂兄袁遗为扬州刺史，但袁绍的势力达不到这里，袁遗在扬州刺史部没有站住脚，被乱兵所杀。

袁术表奏陈瑀当扬州刺史，后来袁术率兵北上攻击曹操的兖州刺史部，结果被曹操打败，袁术南下，陈瑀看到袁术打了败仗，前途黯淡，不再接受袁术的领导，拒绝其入境（瑀拒术不纳）。

袁术火了，攻击陈瑀，陈瑀败走。

扬州刺史部的州治原来在历阳，即今安徽省和县，袁术嫌这个地方过于靠南，不利于和北方列强周旋，于是把大本营放在了九江郡的寿春县，此地即今安徽省寿县。

袁术在寿县自称扬州牧，同时兼管徐州刺史部（遂领其州，兼称徐州伯）。“徐州伯”这个职务有点儿不伦不类，当时徐州牧陶谦还没有死，袁术大概觉得陶谦毕竟是朝廷任命的老资格官员，自己再当徐州牧或徐州刺史都不太合适，干脆发明了一个“徐州伯”来盖住陶谦。

但此时，袁术还无法控制扬州刺史部全境，陈温死后朝廷也派了个叫刘繇的人担任扬州刺史。

袁术攻击刘繇，把他赶到了江南。

这时扬州刺史部江南四郡的太守分别是吴景、许贡、王朗和华歆，他们多是朝廷任命的，政治上没有明显的倾向性，现在朝廷鞭长莫及，他们便处在各自为政的局面。

因为群龙无首，所以江南一团乱象。

袁术想一口吞下扬州，但他又有些力不从心，其他势力相距较远，暂时无法染指扬州，所以张纮劝孙策南渡长江，以条件较为成熟的丹阳郡为基地，统一江南，之后虎视荆、扬，成为一方霸主。

孙策认为有理，于是把母亲和兄弟们安顿在了江都，托张纮照料（以老母幼弟委付），之后跑到寿春，见到袁术，想要回父亲留下来的旧部，再渡江南下。

袁术其实挺欣赏孙策，他曾经对人说："假如我有孙伯符这样的儿子，死又何恨（使术有子如孙郎，死复何恨）？"

但从理智上说，袁术压根不愿意归还孙坚的旧部，于是找些理由拖着不办。

孙策就不停地去找，袁术也烦了。

袁术对孙策说，丹阳郡是个出精兵的地方，你的舅舅在那里当郡太守，你不如到丹阳郡去募兵吧。

孙策无奈，渡江去了丹阳郡，该郡太守吴景是孙策母亲吴夫人的弟弟，也就是孙策的舅舅。孙坚起事后，孙氏族人也借势起家，吴景因为姐夫孙坚的带动逐渐成长为太守，推测起来，这个太守可能是袁术所表奏的。

孙策在舅舅的帮助下很快募得几百人，但是他带着这支队伍到泾县一带时，遭到当地土匪祖郎的袭击，队伍被打散，孙策险些丧命。

孙策募兵无果，又回到寿春。

孙策还是去找袁术，想要回父亲留下的队伍。

袁术实在没办法，就把孙坚当年队伍里的1000多人还给了孙策，这么少的一点儿人马袁术也不是白给的，他同时开出了条件，让孙策带着这些人去平定九江郡。

袁术向孙策许诺说："事成之后，我就任命你为九江郡太守！"

孙策给袁术出了力，平定了九江郡，但到后来袁术却任命另外一个人为九江郡太守。

袁术又让孙策帮他平定庐江郡，对他说："没有让你当九江郡太守是我食言了，这一回肯定任命你为庐江郡太守！"

孙策又帮助袁术平定了庐江郡。但袁术像是得了失忆症，再也记不得当初说过的话，庐江郡太守又任命了别人。

孙策感到很伤心，对袁术也彻底失望了。

孙策想带着自己有限的人马去江南，不过即使这样也要得到袁术的许可，毕竟与袁术完全决裂对今后的发展不利。

孙策又找到袁术，对他说："我们孙家在江东一带还有一定号召力，我愿意到江南去，协助舅舅吴景平定江南各郡，到时候至少可以为您募得三万甲士，助您完成匡辅汉室的大业（可得三万兵，以佐明使君匡济汉室）！"

袁术很高兴，准许孙策渡过长江去开拓江东。

江东，顾名思义指的是长江以东。

长江是条自西向东流的大河，哪儿来的"以西""以东"呢？原来，长江流到安徽境内时有一段向东北方向斜流，古人习惯以此段长江为标准确定东西和左右，把今天安徽省芜湖以下的长江下游南岸地区称为江东。

古人以东为左，以西为右，故江东又被称为江左。具体来说，当时的江东指的是今江苏南部、浙江北部、安徽南部以及江西的东北部等地区。

大约在汉献帝兴平二年（195 年）年初，孙策率领一支人马正式渡过长江，袁术给他的兵马少得可怜，士卒仅 1000 多人，骑兵更少，不到百人，此外还有几百人愿意追随他（兵财千余，骑数十匹，宾客原从者数百人）。

不过，正如孙策说的那样，孙氏在江东的确有不小的影响力。听说乌程侯的儿子回来了，许多人都跑来投奔。孙策渡江的地点在九江郡的历阳，即今安徽省和县。孙策到达那里时，手下已聚集起数千人。

此时，孙策的母亲以及孙权等诸弟已不在江都，他们又回到了曲阿，孙策派人把他们接到了历阳，后来安置在江北的阜陵，这样孙策在江东的行动就没有后顾之忧了。

精于盘算的袁术之所以答应孙策向江东发展，一方面缘于九江郡、庐江郡两个太守都让孙策落了空，袁术担心孙策心里必然不满（术知其恨）；另一方面，袁术分析了江东的形势，认为江东现在也是诸侯割据的局面，吴郡有刘繇，会稽郡有王朗，孙策不一定能战胜他们，所以才答应（策未必能定，故许之）。

当时的江东，除了刘繇、王朗这些人，还有很多势力，形势相当复杂。

刘繇是汉室宗亲，关东联军中的兖州刺史刘岱是他的哥哥，刘繇打不过袁术，渡江来到丹阳郡，袁术命令丹阳郡太守吴景阻击刘繇，刘繇退到吴郡，在曲阿一带发展。他是货真价实的刺史，又是汉室宗亲，有一定号召力。

吴郡太守本是盛宪，许贡是他手下的都尉，后来盛宪因病离职，许贡接任。盛宪的太守是朝廷任命的，许贡的太守可能也是朝廷任命的，对孙策来说，与刘繇一样，许贡也是敌人。

会稽郡在吴郡的南面，是一个大郡，太守王朗是北方人，曾师从已故太尉杨赐，算起来他是汉灵帝和何进的同学，曾在朝中为官。杨老师去世后王朗不愿在朝廷混日子，弃官回到家乡徐州。陶谦推举他为茂才，和张昭不同，王朗接受了陶谦的征辟，被任命为州政府人事厅厅长（治中从事），主管人员升迁考核，后来被朝廷正式任命为会稽郡太守，在政治版图中不属于袁术集团。

豫章郡的郡治在南昌县，即今江西省南昌市。这个郡面积非常大，大体相当于现在整个江西省。名士华歆在这里当太守，他的情况有点像王朗，由朝廷所任命。袁术一直打着豫章郡的主意，表奏自己的好友诸葛玄到豫章郡任太守。

除了他们，扬州还有几股山贼、宗帅很有实力：

一股是山贼严白虎，白虎是他的绰号，真名不详，他的祖籍就是孙氏的食邑地吴郡乌程县，他和弟弟严舆聚众万余人，屯聚于乌程等地。

一股是地方实力派邹他、钱铜、王晟。邹他和钱铜也是吴郡人，王晟是嘉兴人，担任过交州刺史部合浦郡太守，跟孙坚关系还挺好（有升堂见妻之分）。这几个人分别聚众数千到一万多人，结成同盟，也盘踞于吴郡境内。

一股是丹阳郡地方宗帅祖郎，祖郎是丹阳郡人，在地方上很有势力，拥兵自重。孙策之前到丹阳郡募兵在泾县附近被袭击，就是祖郎干的。

以上这些势力都不容小觑，而孙策所能依靠的只有丹阳郡太守吴景和担任丹阳郡都尉的孙贲。

不仅袁术不看好孙策，在当时，大多数人也没有把他当回事，但结果却出人意料。

◎孙策纵横江东

孙策渡江后，首战目标选择的是扬州刺史刘繇。

孙策在数股势力中之所以选择从刘繇下手，主要考虑的是袁术一向不满刘繇，早有吞并之意，攻打刘繇可以获得袁术最大程度的支持。同时，在这些割据势力中，刘繇不仅官职最大而且影响力很大，打败刘繇，可以迅速在江东立威。

不过，刘繇也非等闲之辈，他虽然退居曲阿，但还有两个盟友和一个帮手，不太好对付。

两个盟友分别是彭城相薛礼和下邳相笮融，一个帮手是名将太史慈。

彭城和下邳都属于江北的徐州刺史部，薛礼和笮融先后跟徐州刺史陶谦闹翻，分别率所部南下。薛礼所部屯扎在秣陵，即今江苏省江宁县一带，笮融所部屯扎在秣陵县以南。他们与曲阿的刘繇结成同盟，互为掎角之势。

之前介绍过太史慈，他曾救过北海国相孔融，后在孔融手下做事。太史慈身高7尺7寸，合如今1.8米以上，在当时属于大个子。他美须髯，猿臂善射，弦不虚发，是个神射手，打起仗来非常勇敢，在与黄巾军作战中扬名。

孔融后来在北海国待不下去，跑到徐州避难，最后又被曹操召唤去了朝廷任职。太史慈无事可做，想起同郡的刘繇在扬州任刺史，就跑来找他，刘繇派他负责侦察敌情（使慈侦视轻重）。

孙策进攻刘繇，先攻击笮融，斩首数百级，笮融闭营不出。

孙策又攻击薛礼，薛礼突围而走。

孙策于是回过头来再攻笮融。

这场战斗进行得十分激烈，在作战中孙策被流矢所中，伤到了大腿，不能骑马，被大家用步舆推着回了营。

有人报告笮融说孙策中箭已死，笮融大喜，派部将于兹攻击孙策。孙策一面派人迎战，一面在敌人后面设伏，大破敌兵，又斩首千余级。

打败笮融和薛礼后，孙策率兵来攻刘繇。先后攻克了刘繇控制的海陵、湖熟、江乘等地，刘繇无法立足，率余部从长江上乘船逃往豫章郡辖下的彭泽。

在一场交战中孙策曾与太史慈相遇，当时太史慈是一个人，而孙策身后有13个人（策从骑十三），其中包括韩当、黄盖等人。太史慈毫不畏惧，上来便斗，孙策刺向太史慈的战马，二人互有胜负，孙策夺得太史慈挂在脖子上的手戟，而太史慈抢走了孙策的头盔（揽得慈项上手戟，慈亦得策兜鍪）。

笮融后来也到了豫章郡，跟刘繇发生了矛盾，二人内讧。

再后来，刘繇病死，笮融被部下所杀。

太史慈则到了芜湖山中，自称丹阳郡太守，驻扎在泾县，设屯立府，附近一带的山越纷纷归附。

站稳脚跟后，孙策又一一消灭了盘踞在吴郡各地的许贡、严白虎以及邹他、钱铜、王晟等部，除王晟与孙坚有旧交，又有吴夫人帮助说话因而免于一死外，其他诸人及家族都被杀（族诛）。

吴郡全境被孙策控制，孙策任命部将朱治为吴郡太守，下令整顿军纪，不得侵犯百姓，受到百姓的欢迎（民乃大悦，竞以牛酒诣军）。

孙策又率兵向南攻打会稽郡。

会稽郡太守王朗的功曹虞翻建议避其锋锐，王朗不接纳，坚持守护城池到底，领兵对抗，最后被孙策击败。

王朗从海上向南逃跑，打算去交州刺史部避难，但在东冶被孙策的人马截住，只得投降，孙策自兼会稽郡太守。

王朗与严白虎、许贡等人不同，他是北方人，在当地没有宗族势力，又是名士，还是朝廷任命的官员，所以孙策没杀他，把他软禁在曲阿。

王朗手下的人事处处长（功曹）虞翻投降，孙策仍任命其为郡里的功曹。虞氏是会稽郡大族，在当地很有影响，虞翻很有学问，在地方上知名度很高。孙策把虞翻当成朋友，并亲自到府上拜望（待以交友之礼，身诣翻第）。

孙策在江东的进展让袁术大吃一惊，江南四郡转眼间孙策已据有其三，这更是袁术不愿意看到的，于是在背后搞了个小动作。

袁术派人带上印绶秘密潜入丹阳郡境内，与宗帅祖郎等人接上头，让他们挑动山越与孙策对抗。

祖郎还与太史慈联起手来，结成同盟。

孙策率军来攻，先擒祖郎，后收服太史慈。

现在只剩下一个豫章郡，笮融和刘繇已死，豫章郡还是由华歆控制着，孙策先后派太史慈和虞翻前去游说，华歆投降，被孙策礼为上宾。

孙策让丹阳郡都尉孙贲过来担任豫章郡太守。

现在，丹阳郡太守是舅舅吴景，吴郡太守是部将朱治，豫章郡太守是堂兄孙贲，会稽郡太守由自己兼任，扬州刺史部的江南四郡尽归孙策掌握。

实现这一切，孙策只用了四年多一点儿的时间。

◎孙权初露头角

在孙策扫平江东的过程中，他的二弟孙权也逐渐成长起来。

论年龄，孙权比孙策小了六岁，相差还是比较大的。父亲死后，孙策挑起了家庭的重担，而孙权由于年龄太小开始还帮不上哥哥什么忙，15 岁之前孙权一直待在母亲吴夫人身边，主要任务是读书，先后辗转过曲阿、江都、历阳和阜陵等地，其中在曲阿的时间更长一些。

随着孙权年龄的增长，他身上展露出来的聪明和才智令人耳目一新，他生性开朗，既有仁义的一面，又好结交各路俊杰，多谋善断，慢慢有了名气（始有知名）。

孙权 15 岁便结束了读书生活，出来随兄长征战，他经常能提出一些很有见地的意见，让孙策都每每感到吃惊（每参同计谋，策甚奇之）。

孙策大会宾客，经常回头来对孙权说："这些人，将来都是你手下的将领（此诸君，汝之将也）。"

早在读书期间，有两个同龄人陪孙权读过书，一个名叫朱然，一个名叫胡综。

朱然字义封，是孙策手下重要将领朱治的外甥，本姓施，由于朱治早年没有儿子，便过继为子。为此，朱治专门请示孙策，孙策命令所在的丹阳郡备厚礼前去迎接朱然，接来后又举行仪式进行祝贺。

朱然过继给朱治时 13 岁，与孙权年龄不差上下。孙权在曲阿读书期间，一家人的生活主要由时任吴郡都尉、后任吴郡太守的朱治照料，朱治让朱然陪孙权读书，二人结下深厚情谊（然尝与权同学书，结恩爱）。

胡综字伟则，他的祖籍是豫州刺史部的汝南郡，从小失去父亲，随母亲到江东避难，孙策兼任会稽郡太守时胡综才 14 岁，已经来到郡政府做事，孙策看他很聪明，年龄又小，就让他到吴郡陪孙权读书（为门下循行，留吴与孙权共读书）。

这两个人日后都成为孙权手下的重要将领。

到 15 岁那年，孙策不再让孙权读书了，而任命他为阳羡县县长。阳羡县即今江苏省宜兴市，现在是太湖西岸一座美丽的城市，当时归吴郡管辖。

孙权在阳羡的时间不长，留下的事迹只有两件。

一件事是，孙权当这个县长有时钱不够用，就去与负责本郡财务工作的功曹周谷私下商量。孙策对财务工作一向管理很严，经常查阅账本，周谷就改写账簿，替孙权开脱（辄为傅著簿书，使无谴问）。

孙权年轻时是个花钱很大方的人，这大概与他喜欢结交朋友有关。在当县长之前孙权就经常感到钱不够花，那时候吕范替孙策管理财务，孙权也偷偷跑去找吕范要钱，吕范与周谷不同，每次都向孙策报告。

孙权开始挺喜欢周谷，不喜欢吕范，到后来掌了权，才体会到吕范的忠诚，对周谷反而不再重用（以谷能欺更簿书，不用也）。

另一件事是，孙权在当阳羡县县长期间，有个叫潘璋的人来投奔他。潘璋字文珪，北方的东郡人，性格豪爽，嗜酒，家里很穷，经常赊酒喝，弄得债主经常堵他的家门，潘璋告诉大家等他发了财一定还。

孙权在阳羡时，潘璋开始追随，孙权特别喜欢他（权奇爱之）。

孙策开拓江东的步伐越来越快，孙权不再当县长，而是到军队里任职，一开始军职就挺高，相当于旅长（奉义都尉）。

为了培养孙权，孙策还让吴郡太守朱治举孙权为孝廉，他想从一开始就让弟弟拥有一个较高的台阶和美好的履历。

孙权带兵打的第一仗是随孙策征讨祖郎和太史慈之战。孙策当时让孙权驻军于宣城，孙策手下有个独立团团长（别部司马）名叫周泰，作战很勇敢，对孙策很忠诚（服事恭敬，数战有功）。孙权很喜欢他，就向孙策提出把周泰调到他的手下。

孙权在宣城手下不到1000人，由于警惕性不够，结果遭到山贼的袭击，敌人多达数千人。

孙权赶紧上马，这时敌人已来到他的身边（始得上马，而贼锋刃已交于左右），孙权的马鞍都被敌人砍中了，大家一片惊恐。

这时，周泰仍然十分镇定，拼命来到孙权周围以身相护，他胆气过人，左右被他的英勇感染，并力奋战，把敌人打退。

此战，周泰身负重伤，伤口多达12处（身被十二创），抢救了半天才醒过来。

这一天如果没有周泰，孙权也就完了（是日无泰，权几危殆）。

周泰，日后也成长为孙权手下的重要将领。

孙策拿下庐江、豫章二郡后，地盘与江夏郡等荆州牧刘表的势力范围相接，刘表是孙氏的老对头，尤其是被刘表任命为江夏郡太守的黄祖更是孙氏的仇人。孙策征讨一个叫刘勋的地方实力派，刘勋不是对手，向黄祖求援，黄祖派儿子黄射率5000人乘船来助刘勋。

仇人不请自来，孙策挥师迎击，把黄射打得大败。

此战刘表也派侄子刘虎以及部将韩晞率5000名长矛军来支援，但都不是孙策的对手。

孙权也参加了这场战斗，战后孙策上表朝廷汇报作战经过，表中列举了参加皖城之战将领的名字，其中有建威中郎将周瑜、征虏中郎将吕范、荡寇中郎将程普、奉业校尉孙权、先登校尉韩当、武锋校尉黄盖等。根据这份名单，孙权虽然年轻，名字已经可以与程普、周瑜等人同列，职务也与韩当、黄盖等人相当。

这份战报还称，此战俘获黄祖的亲属7人，斩杀刘虎、韩晞以下2万余人，另有1万多人溺水身亡，缴获各类船只6000多艘。

从这些数字可以看出孙策征战的规模，说明他的实力已经相当了得。

◎陶谦的临终托付

说完幽州和扬州，再来说说徐州。

因为张邈、陈宫和吕布发动的叛乱，曹操当初从徐州撤了兵，之后徐州的形势得到缓和。

对陶谦来说，这是一个难得的机遇期，曹操一时半会儿难以从与吕布、张邈的苦战中脱身，袁绍还要对付公孙瓒，黄巾军余部受到重挫，目前处于低潮，唯一游手好闲又不安分的袁术，此时在荆州牧刘表的强大压力下离开了南阳郡，向扬州刺史部寿春方向转移，目前一心向南拓展。

陶谦应抓住这个空当，厉兵秣马，以备与曹操再次决战。

可是陶谦却提不起精神来，他病了。

这时候的陶谦已经60岁了，在人的平均寿命大大低于现在的古代，这个年龄已经到了暮年，是可以交代后事的年龄了。

一般人会把事业交给儿子，陶谦有两个儿子，一个叫陶高，一个叫陶应，但陶谦不想让他们接班，这两个儿子也没有当官（谦二子，商、应，皆不仕）。

陶谦并非淡泊名利，只是他深知权力是诱惑也是陷阱，如果自己的儿子能力平平，把权力交给他们等于害了他们，所以陶谦是明智的。当前，徐州经过两次战火，已经成了一个烂摊子，曹操大军注定还会再来，陶谦更不会把这样的烂摊子交给儿子，陶谦在寻找更合适的接班人。

陶谦手下确实聚集着一批人才，这些人包括孔融、张昭、许劭、王朗、赵昱、糜竺、陈登等，他们都是汉末三国的风云人物，他们要么在陶谦手下供职，要么正在陶谦这里做客。

北海国相孔融那时是被迫无奈来到徐州做客的，当初刘备帮孔融打退管亥后，危机暂时化解，刘备表奏孔融代理青州刺史（刘备表领青州刺史）。这条记载匪夷所思，青州刺史是公孙瓒所表奏的田楷，刘备以一个国相的身份如何表奏别人当刺史，更何况这个刺史位子上还坐着自己现在的顶头上司？

其实想想也是有可能的，史书说刘备表奏孔融是在孔融来北海国上任的第六年（在郡六年），董卓下放孔融到北海国是初平元年（190 年），第六年是兴平二年（195 年），这时候刘备已经在陶谦的支持下当上了豫州刺史，已经脱离了公孙瓒集团，他是以豫州刺史的身份表奏孔融代理青州刺史的。

孔融虽然代理青州刺史，但手里却没有实权，也没有地盘，在政治上他既不倒向公孙瓒，也不依附袁绍、曹操，孔融的一生都是坚定的保皇派。孔融认为袁绍、曹操终究要废除汉室，坚决不与他们合作，有个属下劝他跟袁绍等人不妨拉拉关系，孔融大怒，把他杀了（劝融有所结纳，故怒而杀之）。

但孔融只是一个文人，虽然志向颇高，一向想解除汉室的危难，却缺乏实干才能，所有理想没有一件成功（才疏意广，迄无成功）。孔融还在北海国时，袁谭来攻，从春天打到夏天，孔融手下只剩下几百人，流矢雨集，戈矛相接，孔融仍然凭几读书，谈笑自若。城陷，孔融出逃，家眷做了俘虏。走投无路之下孔融来到徐州，暂时在陶谦处栖身。

以后在江东扬名的张昭是徐州刺史部彭城国人，少时好学，擅长书法，精于《左氏春秋》，与琅琊国人赵昱、东海国人王朗一道闻名，互为友好，陶谦慕其名，察举他为茂才，但被张昭拒绝。陶谦认为张昭瞧不起他，一怒之下把张昭囚禁，赵昱那时在陶谦手下供职，经他营救，张昭得以释放。

王朗曾师从太尉杨赐，由于杨赐还教过汉灵帝和何进，所以王朗的师承关系异常显赫，因为老师的引荐，加上他学问好，王朗曾在朝中为官。杨老师去世后，王朗不愿再混日子，弃官回家。陶谦推举他为茂才，和张昭不同，王朗接受了，被任命为州政府人事处处长（治中从事），主官员升迁考核。

许劭是豫州刺史部汝南郡人，跟袁绍是同乡，论在当时的知名度，张昭、王朗跟他比还差不少，因为他和从兄许靖是当时最著名的评论家，以品评人物而知名当世，他们每个月都要对当下的人物进行一次品评，人称为“月旦评”，曹操那句“清平之奸贼，乱世之英雄”就是许劭给的。

家乡动荡，许劭想到淮南避难，经过徐州时被陶谦留下，陶谦以礼相待，照顾得十分周到。

赵昱的名气相对小些，陶谦聘任他为副州长（别驾），赵昱不想接受，称说有病。陶谦让人给他带话，要给他点儿颜色看看（欲威以刑罚），赵昱才答应做官。

陈登是徐州刺史部下邳国人，少年时便怀有扶世济民的远大志向，博览群书，融会贯通。25 岁被举为孝廉，任东阳县县长，有政绩。陶谦提拔他为典农校尉，负责垦殖，开拓耕地，兴修水利，发展农业生产，减少饥荒（巡土田之宜，尽凿溉之利，粳稻丰积）。

汉末曹操屯田成就了霸业，其实曹操并不是汉末第一个搞屯田的，陈登搞屯田比曹操早了好几年，曹操是向他学的。

陶谦打定主意把班交给外人，他把以上这些人都打量一番，但又都不满意。

论名气，许劭、孔融最大。

论学问，张昭、王朗不低。

论才干，赵昱、陈登都不错。

但是，名气大的能力差，学问好的缺实践，有实践的又不放心。有的人有雄才却无大略，有的人有大略但无雄才，有的人既无大略也无雄才。交班不是小事，不是一交了之，所托非人，势必连累自己及后人。

最后，陶谦想到了刘备，这个人来徐州虽晚，但雄才大略兼具，手下人马虽然不多，但战斗力很强，让他主持徐州事务，陶谦觉得比交给其他那些人更放心。

想好后，陶谦把副州长（别驾）叫来，告诉他自己可能不行了，徐州今后的大事，只能交给刘备了（非刘备不能安此州）。

这位给陶谦当副州长（别驾）的人名叫糜竺，徐州刺史部东海国人，是个大富商，他们家世代经营垦殖、贸易，家里有仆人、奴婢上万人，家产好几亿（祖世货殖，僮客万人，赀产钜亿）。

做完这番政治交代，陶谦就死了。

尽管陶谦囚禁过张昭，张昭还是为他写了一篇祭文。

◎刘备交好运

糜竺跟众人商量，多数人拥护陶谦的决定，于是大家推举糜竺率徐州官民代表团前往小沛迎接刘备，陈登、孔融等人也特意同行。

大家见到刘备，直接说明来意，刘备颇显吃惊。

刘备没想到陶谦会让自己主持徐州事务，他虽然帮了陶谦一些忙，但毕竟交往还不算多，陶谦如此看中自己，让刘备完全没有思想准备。

而且，对于陶谦的这番好意和在别人眼中求之不得的好事，刘备也不敢贸然接受。

在徐州及其周边一带，刘备还算不上真正的实力派，他的手下目前只有几千人马，活动范围仅限于小沛周围，徐州外围现在有袁绍、曹操、袁术等列强环伺，刘备根本左右不了局面。

所以刘备当即表示推让，陈登劝道："现在汉室陵迟，海内倾覆，立功立事在于今日，徐州户数超过百万，虽然有点委屈您，但仍然希望您能屈尊就任（欲屈使君抚临州事）！”

刘备也许知道陈登的名字，但跟他也不熟，所以客气道：“袁术先生在寿春，离这儿也不远，袁先生的家族四世五公，海内所归，这个位子应该由他来坐（君可以州与之）。”

陈登最看不上的人就是袁术，坚持劝刘备：“袁术这个人既骄且豪，不是治乱之主，我们可以帮助阁下组织起10万军队，上可以匡主济民，成就春秋五霸那样的事业，下可以割地保境，在史册上留下英名！”

刘备仍然犹豫，这让孔融有些着急了：“袁术这个人不是忧国忘家的人，顶多是坟墓中的枯骨而已（冢中枯骨），又何足挂齿？现在百姓拥护的是有能力的人，天赐良机，您要不接受，将来后悔都来不及（今日之事，百姓与能，天与不取，悔不可追）！”

刘备跟孔融倒是打过交道，他一向敬重孔融，见孔融说了话，又看到徐州来的这些人个个都很急切和真诚，于是不再推辞。

刘备安顿好小沛的事，之后便随众人前往郯县。

对于刘备的决定，也有人不以为然。

刘备离开小沛前，有个人找到他，劝他不要去。这个人就是陈群，他此时担任刘备的副州长（别驾），跟孔融也是好朋友。

听说刘备要去徐州，陈群劝道：“袁术的力量现在还很大，如果您此时去徐州就任，一定招致他的怨恨，袁术和吕布联手，您即使得到徐州也难以成事（吕布若袭将军之后，将军虽得徐州，事必无成）。”

应该说，陈群的眼光是独到的，判断是准确的，后面的事情也正如他的预言一样。只是陈群没有告诉刘备怎么做才能抓住眼前的机会趋利避害，在看得见的机会面前，不可预知的风险往往显得不那么重要。

而且，刘备即使放弃了这次机会，就能避免与袁术的碰撞吗？也不一定。

人已在江湖，身不由己，没有风险要去，有风险也要去。

一般说来，刘备离开平原国南下是事业的重要转折点，担任豫州刺史事业跃上了一个新台阶，入主徐州才是他事业发展的里程碑。

和孙策突然崛起一样，刘备从默默无闻到成为一方诸侯，也只用了短短几年时间。

刘备被众人推举就任的是徐州刺史，而不是陶谦之前担任的徐州牧。刺史和州牧虽然都是一州之长，但分量是不一样的。

如前所述，刺史最早只是监察官，相当于派到各州的检查组组长，品秩只有600石，跟县令一样，低于品秩2000石的郡太守。只是后来各地局势混乱，刺史逐渐成为一州的军政长官，地位才日趋显赫。

刺史虽然实权大增，但以前的制度规定都没有改，管理一州事务多少有点儿名不正言不顺，朝廷意识到这个问题，后来改刺史为州牧，品秩提高到2000石，但州牧只授予那些资历老、名望高的人，资历、名望达不到的，仍然是刺史。

刘备来到了他战斗过的郯县，与徐州各界人士见面，表面淡定，内心却有点儿激动。

不过，也只是激动了一小阵，之后刘备认真审视了徐州内部的现实情况，又有点儿高兴不起来了。

徐州本来就不算太大，目前有一大半却不是他所能控制的。

◎转投新阵营

徐州刺史部下辖五个郡国，从北到南依次是琅琊国、东海郡、彭城国、下邳国、广陵郡。琅琊国的大部分地区目前被臧霸、孙观、吴敦、尹礼泰山帮控制着，臧霸和他们抱成一团，几个人发展成一个组织，表面服从陶谦领导，其实只听臧霸的。

陶谦在世时拿他们也没有多少办法，只能睁只眼闭只眼，只要他们不闹事就行。陶谦一死，臧霸领着孙观、吴敦、尹礼聚兵于琅琊国的开阳县，正式打出旗号，以臧霸为首领（收兵于徐州，与孙观、吴敦、尹礼等并聚众，霸为帅，屯于开阳）。

现在的东海郡太守昌豨，他也跟泰山帮关系密切，双方共进共退，如此一来，徐州的一小半就不是刘备所能控制的了。

不仅如此，最南面的广陵郡也不在目前的控制中。

陶谦在时，王朗被朝廷征召到江东担任了会稽郡太守，赵昱担任了广陵郡太守。赵昱颇为正直，虽然不满陶谦，但让他造反，无论是反朝廷还是反陶谦，他都不会干。

但这时，广陵郡来了不速之客。

这个人就是笮融，曹操二征徐州时，笮融率手下部从及家属男女共一万多人南下，到了广陵郡。赵昱待笮融为宾客，摆下盛大酒席招待。笮融看到广陵郡物丰民富，怦然心动，起了歹心。一次宴会上，笮融将赵昱杀害，袭取了广陵郡。

笮融的势力一度在下邳国南部和广陵郡坐大，后来由于袁术的打击，笮融又逃到江南，广陵郡的大部分地区被袁术实际控制着。

对刘备这个徐州刺史来说，手里能控制的，只有彭城国和下邳国而已。

更为严重的是，徐州还隐藏着内乱的危险。

陶谦虽然死了，他手下还有一支嫡系队伍，陶谦是江东的丹阳郡人，那里素来出精兵，陶谦能在徐州立足，靠的就是一支丹阳兵，他死后，这支人马由将军曹豹率领。

曹豹出身不详，之前和刘备曾联手抗击过曹操，与糜竺、陈登等人不同，曹豹手里掌握着军队，是真正的实力派，在迎请刘备的过程中，并没有看见他的身影，这让刘备很担心。

除了内部的隐忧，外部形势也很严峻。

在袁绍和袁术牵头的两大阵营中，刘备本来是袁术阵营里的，但现在的形势渐趋明朗，袁术阵营里的公孙瓒和陶谦，一个走向没落，一个已不存在，袁绍、曹操的势头却正猛，何去何从，需要掂量。

如果继续与袁术、公孙瓒联盟，那就要和袁绍、曹操成为敌人。从曹操现在的情况看，彻底打败吕布是迟早的事，之后曹操肯定会再战徐州，那时公孙瓒指望不上，袁术这个老滑头也未必会帮忙，以徐州支离破碎的现状，去对抗曹操以及他背后的袁绍，没有任何取胜的可能。

对刘备来说，最理想的出路是两边都不参与，都不得罪，你们打你们的，我只作壁上观。但这是幻想，各方博弈渐深，已没有逍遥在外的空间。群雄逐鹿逐到了这个份上，没有朋友可以，没有敌人，是做不到的。

退而求其次，那就只能与最强大的一方结盟，这是刘备面前的现实选择。

为此刘备以陈登等人的名义给袁绍写信，信中说："上天降下灾祸，这场灾祸横扫我们徐州（天降灾沴，祸臻鄙州），徐州主事的人已经不在了，生民无主。在这种情况下，我们担心一旦有奸雄出现，趁隙袭取，那将有损盟主您的威名。所以，我们共同商议，准备推前平原相刘备来主事徐州（辄共奉故平原相刘备府君以为宗主），使百姓有所依归。现在寇难纵横，我无法亲自登门解释，特派遣下吏奔告于您。"

刘备在信中直接称袁绍为盟主，是有精心考虑的，意思大概有两层：一是袁绍是公认的关东联军盟主，是习惯相称；二是徐州已决定投靠袁绍阵营，遵袁绍为盟主。

至于两种解释中袁绍愿意接受其一还是都接受，就看他本人的意思了。刘备想投靠袁绍阵营，但不清楚袁绍的意思，这封信算是投石问路，避免自己直接送上门被拒绝的尴尬。

对刘备的好意袁绍当然不拒绝，袁绍马上回了信："刘玄德宏量大度，又很有信义，现在你们徐州人士乐于拥戴他，这实在是众望所归啊（今徐州乐戴之，诚副所望也）！"

袁绍的态度也表明了，他同意刘备当这个徐州刺史，也接受徐州加入他的阵营。

刘备这才松了口气，这个问题解决了，北面之忧可以缓和，曹操也不会马上来攻徐州了，至于袁术和公孙瓒方面，走一步看一步吧。

外部的压力舒缓了，为解决内部问题创造了条件。

刘备深知不能跟泰山帮把关系搞僵，所以他主动与臧霸等人缓和关系，承认臧霸、昌豨在琅琊国、东海郡的现实利益，臧霸、昌豨等人纷纷表态，他们会像拥戴陶谦一样继续拥戴刘备。

为了换取臧霸、昌豨等人的支持，也为了有一个更加稳定、安全的后方，刘备做出一项重大调整，把徐州刺史部治所由东海郡的郯县迁往下邳国的下邳县，此地即今江苏省邳州市的下邳故城。

对陶谦的旧部，刘备能拉拢的就拉拢，能包容的就包容，平衡好各方面关系，让大家都满意，不闹事。只要能站稳脚跟，就能慢慢扩充自己的实力。

刘备任命曹豹担任下邳国相，以换取陶谦旧部对自己的支持，陶谦的旧部许耽等人，都担任着师长（中郎将）一级的军职。而刘备带来的手下，职务都普遍不高，关羽、张飞等人目前还只是在平原国时任命的独立团团长（别部司马）。

做了这些事，收到的效果挺不错，臧霸、昌豨等人表态支持刘备，许耽等人也表示服从。虽然他们从内心深处未必是这样想的，但现在只要不公开闹分裂、闹事就行。

时间在刘备一边，问题可以一件一件去解决，只要不犯错，他就能在徐州稳扎稳打下去，最终成为徐州名副其实的主人。

◎收留丧家之犬

但刘备却犯了一个错，而且是大错。

汉献帝兴平二年（195 年）春夏之交，正当刘备忙着徐州的内外部事务时，来了一位不速之客。

这个人，就是被曹操从兖州一路打出来的吕布。

吕布、陈宫率残部从兖州出来，无路可去，只得向南来到了徐州刺史部境内，听说徐州已经换了新主人，州治也搬到了下邳。

在当时，吕布名气显然远远大于刘备，吕布如果看到刘备的经历，他一定会感叹：这么好的运气为什么我没碰上？

在吕布看来，刘备先遇到良师卢植，又遇到益友公孙瓒，对他的人生、学问和事业都大有帮助，他来徐州，也仅仅打过一场郯城保卫战，就要名有名、要实有实。

想想自己，一出道就遇上了丁原，目光短浅，不能知人善任。接着是董卓，天下公认的恶人，对自己也只加以利用而毫无感情。至于其他人，王允目光短浅，袁术冷酷无情，张杨庸庸碌碌，袁绍过河拆桥，张邈形同白痴，吕布肯定认为他打过交道的净是这帮对自己有害无益的人。

俗话说得好，人比人气死，货比货得扔。但说这些又有什么用，具体到眼下，吕布已无路可去，还只能去投靠刘备。

对于刘备会不会接纳自己，吕布大概也做过判断，他认为刘备新取了徐州，目前最关心的是稳定局势。陶谦昔日号称手下有 10 万人马，实力一度不输于曹操，刘备客居于此，骤然以主人的身份坐拥一州，说他有点心虚，那也属于正常。

尽管糜竺、陈登等实力派力挺刘备，但不敢保证所有的人都对他拥戴和欢迎，有反对他的人也在所难免，所以刘备现在最想做的事就是快速扩充属于自己的势力，对内打压徐州本地那些不服自己的人，对外抗拒袁术、袁绍和曹操等人。

基于这样的分析，吕布觉得去徐州完全是可行的。

吕布、陈宫率领从兖州逃出来的队伍直接向下邳城进发。

曹操没有追击他们，原因大概有两个。

一是当时正在进行的雍丘之战打得并不顺利，本来曹操认为趁着强大的气势，面对孤军，雍丘可一战而下，出人意料的是，雍丘军民在张邈的弟弟张超率领下斗志昂扬，宁死不降，张邈赴袁术处搬救兵，城里固守。后来张邈虽然没搬来兵，但这一仗让曹操打了好几个月。

二是徐州这时已经是刘备在主政，刘备主动向袁绍示好，徐州由敌人变成了盟友，没有理由向新盟友刘备开战。曹操打了一年多，也累了，需要补充休整，曹操手下的谋士荀彧、毛玠等人建议曹操暂停军事行动，发展地方生产，恢复元气。至于吕布，就交给刘备了。

下邳位于沂水和泗水交汇之处，沂水由北向南经城西注入泗水，泗水由西向东经城南流过，泗水最后汇入淮水。城西北有葛峄山，一看这里的地势，就相当易守难攻，下邳是座古城，楚汉相争时在这里屡有战事。

吕布到了徐州，来到下邳县，提出面见刘备。

刘备没有过多思考，立即欣然相迎。

吕布见到刘备时一副毕恭毕敬的样子，跟刘备还套起近乎："我跟您都是边地人，真是缘分呀。我杀董卓，本应该得到天下人的敬重，却没有人愿意接纳我，还都想杀我（关东诸将无安布者，皆欲杀布耳），所以来投奔您。"

吕布的老家是并州刺史部五原郡，在今河套平原一带，刘备的老家在幽州刺史部涿郡，今北京市以南，二人本来拉不上老乡关系，但吕布认为五原郡和涿郡都属于边地，相当于老乡吧。

吕布还把刘备请到自己营帐中做客，喝完酒，邀请刘备到内帐中，请刘备坐在自己妻子的床上，然后把自己的妻子叫出来拜见刘备，为刘备斟酒布菜（请备于帐中坐妇床上，令妇向拜，酌酒饮食）。

之前说过，历史上并没有貂蝉这个人，但吕布是有妻子的，只是他的妻子叫什么名字，史书没有记载。

吕布跟刘备称兄道弟，刘备生于汉桓帝延熹四年（161 年），小曹操 5 岁，此时虚岁 35 岁。吕布生年不详，他把刘备称为老弟，可能比刘备年长。

对于如何安排吕布，刘备也已经想好了，他让吕布驻扎在小沛，并且把自己担任的豫州刺史一职让给吕布。

小沛这个地方的特殊性前面也说过，这个地方是徐州抗击北方强敌进攻的前哨，是顶在徐州头上的钢盔。

这个决定，当然是错的。

刘备了解吕布的能力，却不了解吕布的为人。

吕布虽然号称“飞将”，但他先后杀了自己的上司丁原、董卓，又跟袁术、袁绍等人闹掰，也许原因各不相同，每一次也都有自己的理由和苦衷，但从结果上看，吕布这个人缺乏政治诚信，甚至可以说他没有基本的道德底线。

丁原、董卓、袁术、张杨、袁绍个个都算是人物，他们都跟吕布打过交道，但他们不是死于吕布之手，就是吃过吕布的大亏，至少没落到什么好处。

防火防盗防吕布，大概早就有人总结出来了。

即使是张邈、陈宫这些曾十分看好吕布的人，最终也没有在吕布身上落下什么好，他们想反曹，原来可以自己干，因为看中了吕布的名气所以把他拉来入伙，结果却一事无成，反受牵连。

名气这种东西，并不是走到哪里都好使。

可刘备偏偏忽视了这些，被吕布几句花言巧语就骗过了。

而且，更严重的现实问题刘备大概没有考虑到，刘备刚刚跟袁绍拉上关系，未来还要依靠袁绍的照应。但吕布是袁绍的敌人，袁绍派人四处追杀他，所以绝不希望看到吕布这条咸鱼还能翻身。刘备收留吕布，显然没有考虑过袁绍的感受。

刘备更没有考虑过曹操的感受。吕布还是曹操的敌人，曹操大概还寄希望于刘备替他来收拾吕布，现在吕布在刘备的帮助下起死回生，曹操会怎么想？曹操会认为刘备公然与他为敌，曹操已经两征徐州，未来难免会有第三次。

刘备出道以来已摸爬滚打了好多年，方方面面的经验已经积累了不少，不算是新手了，为何还会犯这样的低级错误呢？

这大概还是形势逼的，刘备固然也想到过收留吕布会带来的种种不利，但在刘备眼里吕布有一个好处，那就是他仍然具备一定的战斗力，并且与徐州本地的这些势力素无瓜葛。

目前，刘备可依赖的只有关羽、张飞、陈到所率领的有限兵马，徐州各路地方势力不会真心实意听他指挥。一旦有大的行动，防敌人的时候还得防内部，这是刘备焦心的事。可能在刘备看来，引入吕布可以平衡徐州的各路势力，让自己这个徐州刺史坐得更稳。

但这只是刘备的想法，却不是吕布的想法。

第六章　巩固新朝廷

◎果然恩将仇报

刘备收留吕布的消息传出，袁绍、曹操还没有什么反应，袁术却不干了。

众所周知，袁术跟吕布也闹过别扭，但二人还算不上有仇，他之所以不干，并非针对吕布，而是针对刘备本人。

近一段时间以来，袁术发展得还挺顺利，把大本营东迁寿春后，他不断向四周拓展势力，基本占据了扬州刺史的江北部分，以及豫州、兖州、徐州的一些地方，手下有了郭贡、张勋、桥蕤等将领，孙策名义上也归他领导。

手里有点儿实力，此兄就容易张狂。

汉献帝当初在曹阳遇险，消息传遍全国，有人说天子在曹阳遇难了，袁术听到后既不着急也不悲伤，反而迫不及待地召集了一次会议。

会上，袁术对手下人说："如今刘氏微弱，天下乱糟糟，缺乏统一领导。我们袁家连续四代人当过三公，是天下名望所归，我想顺应民意，大家看看这怎么样（欲应天顺民，于诸君意如何）？"

大家都听傻了，不相信自己的耳朵。

"顺应民意"说得再含蓄，众人也听得明白，那就是袁术想自己当皇帝。汉室不幸，皇纲失统，涌现出不少觊觎大位的人，称王称帝的事近几年张纯干过，王国干过，笮融这样的人也干过。但"四世三公"出身的袁大公子也想干，这把大家震住了。

震惊之余，没一个人吱声。

不吱声，那就是反对。

为打破尴尬，袁术的办公室主任（主簿）阎象说道：“当初周朝从后稷起以至于周文王，积德累功，三分天下已经占有其二，仍然服从商王殷纣的领导。明公您虽然出身世家，但还没有达到周王那样的强盛。而且现在汉室虽然微弱，还没有像殷纣王那样残暴啊！”

阎主任的话相当委婉，但意思是明确的，您老人家比周文王差得远，汉献帝比殷纣王强得多，当初周文王那么大的势力了都甘愿服从殷纣王的领导，您有什么资本当皇帝呢？

袁术听了心里不高兴，半天不说话（嘿然不悦）。

但是没有人支持，这件事也就暂时放下了。

恰在这个时候，袁术听说刘备取代陶谦当了徐州刺史，还收留了吕布，俨然是一颗冉冉升起的新星，这让袁术十分不快。

更让袁术不满的是，陶谦主政的徐州是自己的盟友，这个刘备一接手，不问青红皂白，也不去打听打听过去的历史，马上转投袁绍集团，这让袁术无法接受。

袁术决定给刘备以教训，他对人说：“我袁术生平还从来没有听说过天下还有刘备这个人（术生年已来，不闻天下有刘备）！”

袁术发兵北上，想趁刘备立足未稳之际把他赶下台。

刘备听说袁术要打他，虽然有些不理解，却不敢怠慢，赶紧整顿人马南下迎敌。

建安元年（196年）春天，刘备亲自率兵到达徐州刺史部南部一带与袁术交战。

这时曹操已经把汉献帝和朝廷接到了许县，听说刘备跟袁术打了起来，曹操挺高兴。

曹操跟袁术交过手，从当时的阵营划分来说，袁绍、曹操、刘虞属同一阵营，袁术、公孙瓒、陶谦是另一阵营，刘虞被公孙瓒消灭了，双方的平衡被打破，但陶谦随后死了，刘备主动向自己阵营靠拢，目前又与袁术刀兵相见，这又是一个积极变化。

曹操觉得应该给刘备以支持，于是以朝廷的名义任命刘备为平东将军，封宜城亭侯，这是一份大礼。

草根出身的刘备自此有了朝廷正式授予的爵位，同时也有了正式的军职。此前刘备的军职是公孙瓒授予的独立团团长（别部司马），不仅非法，而且非常低。平东将军在杂号将军之上，相当于战区副司令，刘备连升了若干级。

刘备收留吕布，一定程度上使曹操觉得很不快，但刘备现在跟袁术打了起来，在曹操眼里刘备又成了可以依赖的力量，所以曹操要力挺刘备。

刘备是率关羽南下的，留张飞守下邳。

张飞此时的军职仍然是团长（司马）。下邳城里比张飞职务高的人有不少，比如陶谦的旧部曹豹，他的职务是下邳国相，相当于郡太守，还有陶谦的另一个旧部许耽，职务是师长（中郎将）。

张飞职务不高，但他是刘备的亲信，刘备只能把后方交给他，对于这样的安排，曹豹、许耽等人自然不服气。

我们不是市长就是师长，听一个小团长的，算怎么回事？

而且，刘备率兵南下，带走的基本上都是嫡系人马，他得保证在与袁术交战中取胜，这样一来下邳城的防务就只能以陶谦的旧部为主了。如果刘备此去很快获胜，徐州倒不会出现大的闪失，但如果打了败仗或者陷入长期僵持，那就不好说了。

而这一仗，恰恰打成了拉锯战，刘备和袁术在淮阴的石亭一带交战，双方互有胜负，形成对峙的局面。

这就需要张飞有足够的智慧和耐心处理好后方的事，但张飞是打仗在行，处理复杂微妙的局面却不拿手。

这就危险了。

袁术看到这种情况，马上想出了打败刘备的办法。

袁术想利用一个人，他就是吕布。

吕布到小沛后，并不甘心给刘备站岗放哨，他曾偷偷地给袁术写过信（布初入徐州，书与袁术），这封信里都写了些什么不详，但袁术给他的回信却保存了下来。

袁术在这封回信中对吕布说：

"过去董卓作乱，破坏王室，祸害我袁家门户。袁术举兵关东，未能杀了董卓。将军诛杀董卓，把他的首级送来，替我袁术报仇雪耻，使袁术我明目于当世（为术扫灭雠耻，使术明目于当世），死而无愧，这是将军的第一大功劳。

"过去金元休到兖州上任，是朝廷正式任命的兖州刺史，但被曹操这个逆臣所拒，流离而走，差一点被迫害致死，将军你破兖州，为朝廷伸张了正义，这是将军的第二大功劳。

"袁术有生以来没有听过天下还有个刘备，刘备举兵与我对战，凭借将军的神威，让我得以攻破刘备（术凭将军威灵，得以破备），这将是将军的第三大功劳。"

袁术在信中最后鼓动吕布说："将军有 3 件大功在袁术，袁术虽不敏，愿以生死相奉。我知道将军连年攻战，军粮短缺，现在特送来米 20 万斛，已经出发上路，而且不止这些，后面还源源不断提供。如果兵器战具缺少，只管提出，将全部答应(若兵器战具，它所乏少，大小唯命)。"

袁术夸奖吕布的三件大功，其具体情况已为世人所知，像打曹操这样的事，算不上什么光荣事迹，但袁术仍然拿出来当事说，目的是跟吕布套近乎。

袁术提到的金元休就是朝廷任命的兖州刺史金尚，他被曹操打跑后到了袁术那里。问题是，袁术起兵时自己的身份也不合法，后来还扣留过朝廷的特使，随意任命官吏。现在就连朝廷都变得很务实了，汉献帝已经下诏承认了曹操的兖州牧身份，袁术还在旧事重提，有点儿无聊。

当然，给吕布戴高帽子并不是袁术回信的重点。

袁术和刘备开战后本来想得很简单，袁术认为刘备要么望风而逃，要么被他一战消灭，但没想到在他眼里不值一提的刘备战斗力居然如此强悍，顶住了他的进攻，双方打成了平手。

袁术也想到了利用吕布打垮刘备，当然让人替自己干活是需要付出代价的，袁术明白这个道理，所以在信中说愿意提供20万斛粮食给吕布。

近年来除了兵荒还有天灾，粮食极为稀缺，吕布饿怕了，深知粮食的宝贵。

吕布接到袁术的信很激动（得书大喜），对袁术提出的事马上应承了下来。

这时，下邳方面有人主动来联络吕布，吕布觉得更是天意。

来联络的人是曹豹，他与张飞的矛盾越来越深，已经到了水火不相容的程度，张飞对外放出话来，要杀曹豹（陶谦故将曹豹在下邳，张飞欲杀之）。

曹豹派人来告诉吕布，他愿意充当内应。

吕布不再有任何犹豫，立即引兵由小沛杀往下邳。

小沛在下邳城的西北方向，这两座城都临泗水，吕布除了走陆路，还带来一支水军（水陆东下）。吕布来徐州时间并不长，他是逃难来的，身边不可能有水军，这支水军应当是到了小沛后组建的。刘备让吕布守小沛，是让他替自己抵挡北方之敌，这并不需要水军，吕布组建水军，用意不是向北而是向南，由此也可见他早有居心。

吕布率部到了下邳城以西40里的地方扎营，负责下邳城防务的师长（中郎将）许耽派一个叫章诳的团长（司马）来见吕布，报告了下邳城里发生的最新情况。

张飞提前动了手，把曹豹杀了。

不过，张飞控制不了局面，城中人心惶惶，大家互不信任。

曹豹虽然死了，但许耽表示愿意做内应，他手下的丹阳兵负责驻守下邳城的西门，届时可以打开城门迎接吕布进城。

章诳转述了许耽的意思，并对吕布说："大家听说吕将军要来都特别高兴，好像看到了生的希望（大小踊跃，如复更生）！"

吕布连夜进兵，清晨时分来到下邳城西门外，丹阳兵果然打开西门，吕布率兵进城。吕布把临时指挥所设在下邳城西门城楼上，在这里指挥手下人马和丹阳兵四处放火，制造混乱。

城里本来就气氛紧张，让吕布和丹阳兵一闹，顿时大乱，张飞看到大势已去，带着少部分人逃出城去，刘备的妻子甘氏以及刘备手下将士们的家眷，还有大量军用物资都落入吕布手中（获备妻子军资及部曲将吏士家口）。

吕布轻而易举地夺取了下邳城。

◎刘备差点儿当渔民

消息传到前线，刘备大吃一惊。

大后方丢了，还打什么仗？刘备立即回师。

在这一点上，刘备看起来还不够老练成熟，袁绍也曾遇到过类似的事，外出时有人把他的大本营邺县给占了，妻子儿女都落在敌人手中，但为了稳定军心，袁绍表面上泰然自若，也没有急于回兵攻打，而是沉着冷静地想对策。

被吕布俘虏的家眷不仅刘备一个人的，刘备手下许多将士的家属目前都在吕布手中，这种仗没法打。

果然，刘备在下邳城外吃了败仗。

进不得，刘备又想到南下与袁术交战，他想攻取广陵郡，在这里建立新基地，慢慢考虑反攻的事，但袁术没有给他机会，刘备又被袁术击败（收残卒东取广陵，与袁术战，又败）。

进退不得，刘备只得引兵向西，来到海西县。

海西县属徐州刺史部广陵郡，汉末时这里还不是内陆县，它的东边有数千平方公里的土地尚没有冲积形成，海西县位于海边。

这一年秋天，刘备率领残兵败将来到这里，不仅士气低落，而且吃饭都成了问题，手下缺吃少喝，饿极了，甚至发生了人吃人的惨剧（饥饿困踧，吏士大小自相啖食）。

刘备这时一定有最深刻的反思了，对于错误地收留了吕布，他一定十分后悔，只是这已经不重要了。

现在最重要的是找到粮食，如果再持续几天得不到有力支援，他手下的队伍就将不战自散，没有队伍，又进退不得，刘备的唯一出路大概就是下海当渔民。

关键时刻，副州长（别驾）糜竺给了刘备以最大支持。

糜竺是徐州的大富豪，家里很有钱，他和兄弟糜芳散尽家财支持刘备，同时集合了自家的仆人、宾客以及族人共2000多人加入刘备的队伍中，刘备的夫人甘氏此时落入吕布手中，生死不明，糜竺还把自己的妹妹嫁给刘备当夫人（竺于是进妹于先主为夫人，奴客二千，金银货币以助军资）。

在糜氏兄弟的大力支持下，刘备暂时渡过了生存危机。

然而海西不可久留，必须想一个长远之计。

刘备这时做出了一个惊人的决定：投降吕布。

这让人不可思议，吕布正在到处找他，他却自己送上门去，这是典型的自投罗网。

而且，事业刚迈向巅峰，现在一下子又落入低谷，还得向最恨的人低头求饶，请求施舍，这种事一般人干不出来。

刘备能干出来，因为他不是一般人。

刘备带着手下这几千人又回到下邳，他不是来打仗的，而是来主动投降的。

吕布听到消息，也吃了一惊。

但吃惊之后，吕布又特别理解刘备，这种求人施舍的心情别人不好懂，但他最懂，吕布决定接纳刘备。

吕布手下有人反对，他们提醒道：“刘备这个人反复无常，很难加以笼络，必须早点儿结果他（备数反覆难养，宜早图之）！”

用“反覆”这个词来说刘备其实有点儿亏心，因为这个评价给他们的领导吕布才最合适不过。吕布没有接受他们的意见，他接见了刘备，见面时还专门把这些话告诉了刘备（以状语备）。

刘备听完心里肯定惴惴不安，他只想自保，别无他图。

为了打消吕布的疑心，刘备还请人从中说和（使人说布）。是谁在吕布面前为刘备说的情不详，但这方面的人不难找，孔融、许劭、陈登、陈群都同情刘备，吕布入主徐州后也需要这些名士的帮助，请他们帮助说说话不是难事。

刘备让他们捎话给吕布，只要接受他投降，他愿意去小沛（求屯小沛），也就是心甘情愿地为吕布站岗放哨，去充当吕布头上的那顶钢盔。

吕布很高兴，让刘备驻扎在小沛（布乃遣之）。

吕布归还了刘备等人的家眷，把豫州刺史的头衔又还给了刘备，吕布按照刺史的规格为刘备准备了车马和仆役，在泗水河上举行了发还将士家眷的仪式，为刘备第二次担任豫州刺史饯行（发遣备妻子部曲家属于泗水上，祖道相乐）。

对刘备来说，虽然面子不好看，但最难的一关总算过去了，张飞也回归了队伍。吕布给刘备的任务是，到了豫州后和自己一道共同对付袁术（布令备还州，并势击术）。

初看起来，这道命令让人摸不着头脑，吕布能夺取徐州，袁术给他提供了帮助，此时吕布应该跟袁术站在同一阵营，怎么又把袁术当成了敌人呢？

其实这条命令没错，吕布确实很快又跟袁术翻了脸，袁术事先承诺给吕布一些好处，比如20万斛粮食，吕布得手后还惦记着这件事，但袁术却不提了。

除了一贯地说话不算数，袁术大概还有另外的想法，那就是在整个事件中最大的受益人并不是他，吕布的收获才最多，凭空得到了一个徐州，见好就收得了，还提什么粮食？

但吕布不这样想，答应好的事就该照办啊！

这还不是二人交恶的全部，不久前吕布内部发生了一次严重的叛乱事件，差点儿要了吕布的命，这场叛乱就是袁术在背后搞的鬼。

这场叛乱发生在建安元年（196年）六月，也就是吕布刚刚夺取下邳城不久。

一天深夜，吕布手下将领郝萌突然反叛，当时吕布住在下邳城内的刺史府，郝萌手下的人已经攻到了府门外，大声呼喊着向里进攻，但府墙坚固，一时不得进（同声大呼攻阁，阁坚不得入）。

吕布大吃一惊，不知道是谁反叛了，拉着他的妻子，乱着头发，衣衫也不整，在手下人护卫下由厕所后面的墙上翻了出去（直牵妇，科头袒衣，相将从溷上排壁出）。

飞将也有这么狼狈的时候。

吕布径直来到高顺的营中，高顺问他："您刚才发现什么没有（将军有所隐不）？"

吕布想了想，说："听见那些人里有河内郡一带的口音（有河内儿声）。"

郝萌的祖籍是河内郡，吕布、高顺由此判定郝萌造反了。高顺立即整顿他的陷阵营，带兵攻入刺史府，弓弩并射，郝萌不支，逃回自己的营寨。

这时已天亮，郝萌回营，负责留守的是他的部下曹性。曹性发现异常，与郝萌对战，郝萌刺伤了曹性，砍掉他一只胳膊（性斫萌一臂），高顺赶到，将郝萌斩首。

有人用床舆抬着负了重伤的曹性来见吕布，吕布问郝萌为何突然反叛，曹性回答："这是袁术背后指使的（萌受袁术谋）！"

这没让吕布觉得奇怪，他想知道自己手下还有哪些人被袁术收买了："除了郝萌，还有谁参加了（谋者悉谁）？"

曹性的回答让吕布大吃一惊："还有陈宫（陈宫同谋）！"

陈宫随吕布来徐州后，一直深得吕布信任，成为谋主，吕布对他言听计从，袁术挑拨手下将领谋害自己，吕布不吃惊，说陈宫参与了，吕布吃惊万分。

这时陈宫也在座，听了曹性的话脸一下子红了。他的这个反应旁边的人也都看在眼里（时宫在坐上，面赤，傍人悉觉之）。

但吕布没有发作，也没有追问陈宫，只当没听见，安慰曹性一番，让他下去养伤。

曹性的话不可全信，但也不能不信。吕布这时应该对郝萌反叛事件做一次彻底调查，如果真的涉及陈宫，要果断处置，所谓"用人不疑，疑人不用"，对于受到怀疑的人一定不能再重用。把事件压下来，表面是平静了，却藏下了隐患。

这件事极大地刺激了吕布，不仅对陈宫失望，更对袁术不敢再相信。

防曹操，防袁绍，还得防袁术，防徐州地方实力派和内部的叛徒，从里到外吕布都得提防。

这也正是吕布不能再与刘备血拼到底的原因。

◎辕门射的什么戟

刚把刘备送走，吕布这边的麻烦事就来了。

袁术听说老对头刘备不仅没有下海当渔民，而且还摇身一变成了豫州刺史，除了暗自恨了吕布一把，还发誓不让刘备好过。

在袁术看来，豫州其实是自己的地盘，之前他任命过孙坚为豫州刺史，孙坚死后他又任命了郭贡，别人在他的地盘上闹事也就罢了，刘备居然堂而皇之地两度去小沛当豫州刺史，这让袁术不能容忍。

袁术决定发兵打刘备，以当时的总体实力而言，袁术确实有这个本钱，他轻轻松松就能集结起几万人马来，而刘备新败，手下只有几千人。

袁术派纪灵率三万人马直取小沛，刘备见袁军来势凶猛，自料难敌，赶紧向吕布求救。

刘备这样做是可以理解的，他这个豫州刺史是吕布授予的，他现在是吕布的人，欺负他就是欺负你吕布。

吕布手下多数人认为不能理，因为刘备始终是个隐患，关羽、张飞和赵云都是一流猛将，现在名为朋友，日后定是对手，不如借袁术之手将其除掉。

吕布不同意这种看法，刘备是他派去的，他现在有难还得管，如果他被袁术消灭，今后还有谁来投靠？

陈登不失时机地站出来，他支持吕布："现在袁术势力太盛，如果消灭了刘备，他就要横霸于江淮，到了那时，徐州要么臣服于他，要么被他消灭。从战略格局分析，刘备此时还不能灭亡，要靠他来抵消袁术的势力。"

吕布主意打定，要去救刘备。

但是如何去救，又让吕布颇费踌躇。

如果举大兵相迎，纪灵也有三万人马，吕布至少也得带这么多人马去才行，届时是一场恶战，把刘备救下来了，自己势必也元气大伤，这当然不行。

吕布想了想，决定只带少数人马前去，不能力拼，只能用智慧化解，众将都很惊讶，纷纷劝他不要冒险。

吕布显得胸有成竹，他对众将说："大家不必担忧，我相信纪灵接到的命令是消灭刘备，即使我站在他的面前，他也来不及去想如何应对。没有袁术的指令，纪灵断然不敢加害于我，你们就放心吧！"

吕布带着1000名步兵和200名骑兵启程，前往小沛（严步兵千、骑二百，驰往赴备）。

到了小沛，吕布没进城，而是在城外扎营。

之后，吕布分别给刘备和纪灵写信，约他们来自己营中一叙。

刘备肯定会来，纪灵来不来就不知道了。

不过纪灵还是来了，因为他打听清楚吕布只带了区区1000多人，是自己的几十分之一，不怕吕布来场鸿门宴。

宴会开始，刘备、纪灵各有心事，吃得并不轻松。

吕布放下酒杯，对二人道："刘备是我贤弟（玄德，布弟也），我们亲如手足，又都在徐州，荣辱与共，生死相依；纪将军是公路的爱将，我与公路也如同兄弟，公路为兄，我为弟，那年在南阳郡我们相谈甚欢，一见如故。吕某出身边地，飘零在外，四海之内，唯公路兄和玄德弟与我最亲近。我最不愿意看到的，就是兄弟之间相残，今日请二位前来，就是让二位看在我的薄面之上，罢军休兵，化干戈为玉帛，重叙兄弟友情，不知二位意下如何？"

刘备看了看吕布，又看看纪灵，见纪灵不说话。

刘备也低头不语，心里大概想：你这招太俗套，不好使。

吕布重新端起酒杯，继续对二人说："世间无常，致远者知避让，不争才是真正的高强。如果二位对我刚才的话没有意见，肯给我面子，就请满饮此杯！"

吕布一饮而尽，刘备端起了酒杯，先不饮，斜眼看看纪灵，又把酒杯放下了。

吕布站起来走到纪灵跟前，对他说："纪将军，我知道你有军令在身，不好决断。我也不为难你，休兵与否，咱们共遵天意如何？"

纪灵不知何谓天意，这时吕布把二人请到军营的辕门处，命人把一把铁戟立于百步之外。

吕布高声对众人说："诸君请观百步之外的铁戟，如果我一箭射中戟上的小支，刘刺史和纪将军就和解，不能再打（一发中者诸君当解去，不中可留决斗）；如果射不中，你们接着打，我一概不管！"

戟是一种长杆兵器，头部有月牙形弯刀，可刺可砍，两边有月牙刀的叫方天戟，只有一边的叫青龙戟。

从杠杆原理上说，戟的重量在头部，是一种费力杠杆，只有力气大的人才使得动，因为这个原因，戟慢慢变成了一种仪仗用兵器，有时在戟杆上还装饰上各种花纹，称画戟。

有人认为吕布的常用兵器是方天画戟，也就是戟杆有装饰花纹、前部左右都有月牙形弯刀的武器。但这是误解，根据史书的记载，吕布最常用的兵器是矛，方天画戟只是营中用来做摆设的。

吕布所说戟上的小支，指的就是方天画戟月牙形弯刀与戟杆的接合部，立于百步之外，眼神不好的话都看不清，想要一箭射中这里，几乎不可能。吕布怕大家看不清楚，就让人在小支部位拴一条红绳，绳下挂一红色绒球。

吕布弯弓搭箭，站定、瞄准，一箭射去。

"吱"的一声，箭矢脱手而出，直奔百步之外的铁戟。

不偏不倚，正中小支绑的红绳，绒球被射落。

围观的将士看呆了，欢声雷动："将军真有天威啊（将军真天威也）！"

吕布放下弓，又拉起刘备、纪灵二人的手说："刚才二位并无意见，想必同意吕某所言，此乃天意，望二位勿违！”

刘备抢先答道：“愿遵天意！”

纪灵虽然心有不甘，但在此情景下也只好说：“既然天命难违，我这就撤兵。”

严谨地张扬，示弱地霸气，这才是吕布的风采。

在吕布的调停下，一场眼见要打起来的仗就这样化解了。

◎曹操的新参谋长

再来说曹操，他把汉献帝及朝廷接到了许县，开启了一个新的时代。

打退了周边的几股势力，许县稳定了下来，曹操决定着手推行他的政治改革。

为此，曹操向汉献帝上了一份《陈损益表》，提出了他的政治改革措施，前后达 14 项之多，可惜的是这份体现曹操治国理念的重要文件现在仅存序言部分，具体内容已不可考。

曹操在这篇上表中说：“皇上即位，我承蒙重用，接受了大将军的重任，又统辖司隶校尉部和兖州刺史部，参与国家政务，实在力所不能及。从前，韩非指出韩国被削弱，是因为不致力于富国强兵和选贤任能。我以小小的才智承担国家的重任，以愚笨之才奉行清明政治，顾念皇恩，又考虑到所负职责，现在应该是我尽节献身的时候了。”

曹操说，遵守旧章又权衡当前实际，现在特提出 14 条建议，希望像用众多萤火的微光给太阳增加一点儿光辉一样（庶以蒸萤，增明太阳）。

虽然此次改革的具体内容不得而知，但从曹操接下来推出的一系列政治、经济措施来看，曹操的建议无外乎是选贤任能、富国强兵等方面。

人才的重要性，当然不言而喻。

在选贤任能方面曹操下了很大力气，荀彧转任尚书令以后，曹操深感身边像荀彧那样能出谋划策的人才太少。

有一次，曹操问荀彧："谁能代替先生为我出谋划策？"

荀彧说有两个人堪此重任，一个是荀攸，一个是钟繇。

荀攸是荀彧的侄子，他在董卓之乱中困于长安，因为参与策划刺杀董卓的行动而被关进了监狱。董卓死后，荀攸恢复了自由，作为反董斗士，朝廷对他很重视，准备任命他为任城国相，但荀攸考虑到益州更容易躲避战乱，所以请求到益州为官，朝廷重新任命他为蜀郡太守。

荀攸去益州上任，他跟当年刘焉走的路线一样，先到了荆州，想溯长江而上进入益州，但是到了以后才发现路途艰险，很难到达，于是暂留在了荆州。

根据荀彧的推荐，曹操亲自给荀攸写了一封信，信中说："现在天下大乱，正是有识之士建功立业之时，我观察蜀地那边的局势，也不会太长久（顾观变蜀汉，不宜久乎）。"

曹操劝荀攸打消避世的想法，出来干一番事业。

荀攸接到曹操的信，立即辗转回到许县，曹操以朝廷的名义征召他为汝南郡太守，但还没有等他去上任，随即改任他为尚书，在他叔父荀彧手下任职。曹操跟荀攸进行了长谈，深感荀攸不是一般的人才，特别高兴（与语大悦）。

曹操对荀彧说："公达真是个奇才，能够与他来共商大事，天下还有什么可以忧虑的！"

于是，曹操重新任命荀攸为军师，到自己身边工作。

另一位被荀彧推荐的钟繇，之前已做过介绍，他不仅是一位著名的书法家，而且是一个治国之材，曹操早年在洛阳即与他相识，一直以老朋友相待，曹操让他暂时在尚书台协助荀彧工作，不久之后即将有重用。

在此之前，荀彧实际上类似于曹操身边的参谋长，为曹操的军事行动进行谋划，除荀彧之外，还有程昱和戏志才等人。

戏志才也是荀彧推荐给曹操的，但是前不久不幸病故，成为曹操的一大损失。而程昱在兖州发挥着别人无法替代的作用，一时半会儿没有办法把他调到身边来。

曹操急需像荀彧和戏志才这样的人在身边，他让荀彧再为自己推荐几个人。荀彧突然想到有一个人再合适不过了，于是向曹操进行了推荐。

这个人，就是郭嘉。

郭嘉字奉孝，豫州刺史部颍川郡阳翟县人，少年时代便常有不凡见解，看到天下即将大乱，20 岁左右便选择了一种“隐居”生活，不出来做官，也不与世俗交往，只秘密结交各地英杰，所以当时大多数人并不知道他的名字。

颍川郡有不少人在冀州的袁绍那里，希望跟着袁绍干一番事业，郭嘉也去了，但观察了一段时间，发现袁绍不足以成大事。

郭嘉对袁绍的谋士辛评、郭图说：“明智的人能审慎周到地评判他的主人，所以做什么都很周全，这样才能立功扬名。袁绍只想仿效周公礼贤下士，却不知道怎样才能用好人才，他这个人思虑过多而抓不住要领，多谋少决，想跟着他建一番大业实在是很难啊！”

袁绍出身名门，势力很大，表面上也能做到礼贤下士，但郭嘉仍不看好他，这一点与荀彧英雄所见略同。

郭嘉与荀彧不仅是同乡，而且早年即相识，荀彧当时也曾在袁绍这里，他后来投奔了曹操，而郭嘉回到了家乡。

郭嘉 27 岁这一年被征辟到司徒府任职，郭嘉生于汉灵帝建宁三年（170 年），古人习惯以虚岁计年龄，他 27 岁时正是建安元年（196 年）。

也就是说，郭嘉离开冀州后回到了家乡颍川郡的阳翟县，这里离许县很近，他在家赋闲了六年，汉献帝迁都于此，朝廷各部门都在招聘人才，郭嘉正是在这个时候被司徒赵温征辟的。

荀彧对这个小自己七岁的老乡很了解，让他在赵温手下抄抄写写太屈才了，于是推荐给曹操。

曹操找郭嘉来谈论天下大事，谈完之后更加高兴：“让我能成就大事的，必然是此人呀（使孤成大业者，必此人也）！”

这里曹操自称“孤”，这不是史书的错写，因为这是可以的。“孤”最早的意思是死了父亲，死了母亲称“哀子”，在父权社会里王、侯等爵位要继承必须等到父亲不在人世，所以王、侯就自称为“孤”，算是一种谦称。

至少在汉代，不仅皇帝和藩王可以称“孤”，受封有侯爵的人也可自称“孤”，在史书记载和一些文章里，曹操、刘备、孙权、诸葛亮等人都曾自称“孤”。不久前，曹操被汉献帝封为费亭侯，可以自称“孤”。

郭嘉也很高兴，在与曹操的谈话中他对曹操也有了进一步了解，深切感受到这是一个胸怀理想、想成就一番大事业的人，对时局的认识也很独到和深刻，是一个值得为之效命的人。

出来之后，郭嘉对人说：“这正是我要找的主人呀（真吾主也）！”

曹操打破常规，直接任命郭嘉为自己的参谋长（军谋祭酒）。

◎樊哙一样的猛将

除得到了郭嘉、荀攸两位奇才，在曹操主持下，还以朝廷的名义多方延揽人才，这一时期来到许县朝廷或曹操身边任职的络绎不绝，重要的有国渊、刘馥、杜袭、赵俨、孔融等人。

国渊字子尼，青州刺史部乐安郡盖县人，他是著名学者郑玄的学生，郑玄很赏识这个学生，曾经说过“国子尼是个人才，据我观察，他将来一定能成为国器”。国渊跟名士管宁、邴原等人避乱到辽东，经常在山中讲学，受到推崇，后来回到内地。朝廷迁都许县后，国渊前来报效，曹操发现他在经济工作方面有专长，就让他从事屯田管理方面的工作。

刘馥字元颖，是刘氏宗亲，豫州刺史部沛国相县人，他成功策反了袁术手下的戚寄、秦翊二人，率众投奔曹操，受到曹操的重用。以后协助曹操处理扬州事务，被曹操委以扬州刺史的重任。

杜袭、赵俨二人也都是北方人，他们跑到荆州避乱，因为看不上刘表，就跑到长沙郡一带闲住，听说汉献帝迁都到了许县，他们想办法回到中原，曹操任命他们为县长，日后他们都成为曹魏重要的地方官员。与他们关系很好的繁钦、裴潜等人，后来也投身到曹操阵营，成为曹魏重要的行政人才和经济人才。

有朝廷这块招牌，以后还有更多的名士前来效命，曹操手下一大批文士都是曹操在许县时期投奔而来的。

除了这些文士外，这一时期还有些军事人才也来投奔曹操，重要的有李通和许褚二位。

李通字文达，江夏郡平春县人，此时将近30岁。他是江南一带的游侠，和同郡人陈恭在汝南郡朗陵县起兵，吸引了很多人归附。后来，李通先后战胜了周直、陈恭、陈部等人，又生擒黄巾余部首领吴霸，势力大增。

李通爱护手下，很会带兵，在兴平年间的大饥荒中，他散尽家财，买糟糠和士卒同甘共苦，所以手下人特别肯为他卖命，势力发展得很大，周边的袁术、吕布、刘备等实力派不敢轻易动他。

郎陵县在汝南郡西部，汝南郡紧邻颍川郡，是许县的东部屏障。曹操的势力已深入该郡，但未能全部占领。李通的加盟，让曹操加强了对这里的控制，曹操拜李通为振威中郎将，让他继续驻守在朗陵县，控制汝南郡的西南部。

其后，在曹操与张绣和袁绍的对抗中，汝南郡成为双方争夺的要点，李通坚定地支持曹操，替曹操牢牢守住了许县的东大门，立下了大功。

许褚字仲康，他也是沛国谯县人，跟曹操是同一个县的老乡。许褚是一个有名的壮士，史书上说他个子很高、腰很粗（身高八尺，腰大十围），汉代一尺合今23.5厘米，许褚的身高约1.88米；汉代一围合当时的5寸，约合如今12厘米，许褚的腰围有120厘米，也就是4尺，买裤子实在有点困难。

许褚长得也很威武，武功超群（容貌雄毅，勇力绝人）。当时天下大乱，各地纷纷组织武装寻求自保，他聚合起本地的几千家人修筑壁坞抗拒外敌入侵。汝南郡葛陂一带的黄巾军有一万多人来攻打他们，许褚率众死战，箭射完了，就让人捡了好多大石块过来，待敌人近前时，许褚发力以飞石迎击，把敌人打得粉身碎骨，不敢再靠前。

壁坞内粮食快吃完了，许褚假意跟敌人谈判，拿牛换粮食，敌人来牵牛，结果有的牛又跑了回来，敌人上来抢，许褚趁势跑出营去跟他们对抢，他用一只手拽着牛尾巴硬是把牛拖行了100多步，把敌人看呆了，纷纷后退。

许褚的大名于是传遍沛国、陈国一带。许褚虽然是个武人，但考虑问题一向稳重谨慎（性谨慎奉法，质重少言），他感到这种占山为王的日子终不能长久，听说曹操迎汉献帝来许县，他就率所部投奔了曹操。

曹操见到这个老乡特别高兴，把他跟樊哙相提并论，以他带来的人为基础，组成一支近卫部队，任命许褚为旅长（都尉），在以后出征时担任总指挥部的警卫部队。

担任警卫工作的还有典韦所部，典韦此前也担任过旅长（都尉），后来升为师长（校尉），比许褚职务稍高一些。曹操现在出征，跟前就有了典韦、许褚两位猛将护卫，可谓万无一失。

大家愿意来投奔，与其说是冲着曹操来的，不如说朝廷的吸引力更大。朝廷来到许县，很多人正是抱着报效朝廷的想法才来到这里。还有的像李通和许褚这样，不想被人误认为是流寇，想得到一个朝廷颁布的正式名分，就投奔来了。

对曹操来说，这是“奉天子以令不臣”所收到的积极成效。但这仅是问题的一方面。朝廷大开进人之门，来到许县的也并非都是有用的人才，里面不免有几个让曹操头疼的人。

◎也有捣乱分子

在建都许县后，曹操可谓狂揽人才，除了有人主动投奔以外，曹操还以汉献帝的名义四处征召，只要有本事他都欢迎，一副来者不拒的架势，倒也吸引了不少人才，但这项工作也并非一帆风顺。

曹操曾征召避乱辽东的管宁，但受到公孙度的阻拦，管宁未能前来。他还以汉献帝的名义任命刘备的大舅哥兼主要助手麋竺为嬴郡太守，刘备不愿意放人，这件事也只好作罢。

有一个人名气更大，但一接到征召马上就来了，一点儿都不矜持一下，这个人就是孔融。

这些年来，孔融一直在徐州避难，跟陶谦、刘备处得都不错，但徐州政局不稳，主政的人走马灯似的换来换去，孔融又找了个机会，重新回到了青州。

孔融曾是青州刺史部北海国相，此次回去头上多了个青州刺史的头衔，一个说法是，这个刺史是刘备在主政徐州期间表奏给他的，但这个说法不一定可靠。

袁绍曾表奏臧洪为青州刺史，臧洪背叛袁绍，袁绍将其消灭，之后派长子袁谭为新的青州刺史，刘备主政徐州期间十分注意与袁绍处好关系，不可能支持孔融打回青州。

不管这个青州刺史是谁任命的，孔融都成了袁谭攻击的目标。袁谭率兵进攻孔融，打了好几个月，孔融手下只剩下了几百人，这位老兄仍然支个几案在那儿读书，谈笑如常（凭几安坐，读书议论自若）。

城池被攻破，孔融的妻子儿女全部被俘，孔融突围逃走。

孔融本想去徐州找老朋友刘备，但那一阵子刘备自己的日子也不好过，正被吕布算计得四处流浪，领着一帮子人差点儿到东海里当渔民。

孔融成了无家可归的人，正在这时听说朝廷征召他，自然顾不上客套，赶紧跑到许县。

曹操以天子的名义任命孔融为建设部部长（将作大匠）。

孔融这个人，总觉得别人都不如自己（自以当时豪俊皆不能及），其实他是个志大才疏的人，说到底，一是名门之后这顶帽子害了他，二是成名太早。

曹操接纳孔融，孔融应该领情，不仅因为曹操在他走投无路的时候给了他一条出路，而且因为曹操接纳孔融也是冒了一定风险的。

孔融跟袁谭刀兵相见，是袁绍的敌人，曹操作为袁绍阵营里的人，应该把孔融抓起来送到冀州才对，现在却让他当部长，孔融确实应该感激曹操。

孔融到了许县，不仅有了新工作，而且有了新的家庭。孔融逃出来的时候老婆孩子都丢在了袁谭那边。12 年后孔融被杀时，他的儿子 9 岁，女儿 7 岁，应该都是在许县出生的。

孔融似乎也认识到这一点，所以开始跟曹操合作得很好，在朝廷审议恢复肉刑以及是否操办已故太傅马日磾丧事等问题上积极发表意见，工作态度相当认真。

孔融还向曹操推荐了不少人才，著名的有谢该、盛宪和祢衡。

谢该是当世名儒，孔融以贤士上书推举，谢该被汉献帝拜为朝廷参事室参事（议郎）。

盛宪曾经当过吴郡太守，后来因病辞官，孔融与他关系很好，当时孙策占有江东，接连诛杀江东英豪，孔融害怕盛宪遇害，就给曹操写信大力推荐，曹操看在孔融的面子上，征盛宪为骑都尉，但是任命书还没有送到，盛宪就被杀了。

相比较而言，孔融推荐的祢衡在当时名气更大。

祢衡字正平，青州刺史部平原国人，少年时代就很有才，而且能言善辩，但他刚强高傲，不太懂得待人接物，属于愤青加愣头青，此前一直避乱在荆州。

朝廷迁到许县时祢衡 24 岁，他听说这里有机会，就跑到许县来游历，当时来许县报效朝廷的人很多，可祢衡架子大，不肯主动去应聘，老想有人哭着喊着来请自己，结果自然没人理他。

他怀里揣着一张名片，但好长时间过去了也没有机会拿出来用用，以至于名片上的字迹都模糊不清了（阴怀一刺，既而无所之适，至于刺字漫灭）。

所谓清高，有的时候是装的。

当时司马朗等人很出名，有人劝祢衡何不找找他们，祢衡十分不屑，他认为司马朗等人顶多是个饭店里跑堂的小伙计（沽酒儿），甚至荀彧他都看不上，认为他只不过是个专门哭丧吊孝的人（文若可借面吊丧）。

只有孔融和杨彪的儿子杨修两个人祢衡勉强看得上，称他们为“大儿孔文举，小儿杨德祖”。

看来这小子狂得够可以，虽然也算是个人才，但有一个超级坏脾气，傲慢而怪诞，还动不动骂人。

就是这样一个人，孔融却推崇倍至，他向曹操积极推荐祢衡，把祢衡吹得一塌糊涂，拿孔融自己的话说，简直就是当世的颜回（颜回不死）。

祢衡也吹捧孔融，称他为当世的孔子（仲尼复生）。

孔融说得多了，曹操还真有点儿好奇，想见见祢衡，可谁知祢衡还端上架子了。

当初的我你爱搭不理，现在的我你高攀不起！

对于这个20多岁的年轻人，曹操心里生出了不快。

一次，曹操大会宾客，故意把祢衡找来，让祢衡在席上当一回鼓吏，想羞辱他一下。

鼓吏击鼓时都会事先换上专门的服装以示庄重，轮到祢衡击鼓时，他击了一通《渔阳三挝》，声调激昂，感人至深。祢衡来到曹操面前停了下来，旁边有人问他为什么没换装，祢衡说那好吧，换就换。

于是，祢衡就在曹操的面前把衣服一件一件全脱光，然后把制服换上，态度从容，不急不慢，换完之后再去击鼓，又击了三遍，面不改色心不跳。

场面有些小尴尬，曹操笑着为自己解围道：“本想教训一下这小子，反倒让他把我羞辱了（本欲辱衡，衡反辱孤）！”

祢衡如此耍酷就连孔融也看不下去了，一边责备祢衡，一边跑到曹操那里打圆场，说祢衡有精神病（狂疾），事后也后悔了，希望当面向曹操谢罪。曹操答应了，孔融又去做祢衡的工作，最终祢衡也愿意见曹操。

谁知，祢衡又玩起了新花样。

祢衡穿着粗布衣服，手持三尺木棒，跑到曹操大营门口，坐在地上又哭又骂，曹操闻讯彻底生气了。

如果按照曹操的脾气，早就吩咐人把他拉出去剁了。

但是曹操明白，祢衡敢激怒他就不怕被杀头，如果真杀了他，反而成就了祢衡的名声。许县朝廷新立，正是四方之士前来投奔之时，祢衡纵然有再多毛病，但这小子已经把自己的知名度炒起来了，杀一个祢衡，别人不明就里，还以为自己不能容人呢，那将堵塞天下士人报效之路，曹操不会上当。

怎么处理祢衡？曹操想出了一招。

曹操给刘表写了封推荐信，把祢衡推荐给了刘表，祢衡于是到了刘表那里。

开始，刘表挺欣赏祢衡的才能，对他也很重视，但领导一赏识，祢衡蹬鼻子上脸的劲头又来了，不仅傲慢异常，就连刘表他也是想羞辱就羞辱。

刘表也动了气，本想杀了他，但想法跟曹操差不多，不想落个杀名士的罪名，干脆如法炮制，给自己的部下江夏郡太守黄祖写了封信，把祢衡推荐到黄祖那里。

黄祖见到祢衡，深为他的才学所吸引，让他当自己的秘书（为作书记），有什么事都跟他商量。黄祖那里可能人才太稀缺，祢衡给他当智囊，深得黄祖的赞赏。

黄祖经常拉着祢衡的手说："先生，你说的正合我意，和我心中要说的话一样啊！"

黄祖把祢衡当成了宝贝，惹得黄祖的老部下都不大高兴，黄祖的办公室主任（主簿）就是其中一位。

黄祖的长子黄射担任章陵郡太守，对祢衡也十分尊重。

一次，黄射宴请宾客，有人送给他一只鹦鹉。

黄射举着酒杯，对祢衡说："希望先生就鹦鹉作一篇赋，让嘉宾们高兴高兴（愿先生赋之，以娱嘉宾）！"

祢衡提笔就写，文不加点，一气呵成。

这篇《鹦鹉赋》写得寓意丰富、抒情含蓄、结构精巧，被誉为汉赋的顶级之作。

但是，狂士就是狂士，本性难移。

一次，黄祖在大船上宴请宾客，祢衡可能是喝多了，出言不逊，使黄祖很难堪，当面斥责了祢衡。

祢衡认真听完领导的训斥，却回骂了一句："你个死老头（死公）！"

黄祖闻听大怒，想打他。

祢衡更不干了，破口大骂，黄祖一气之下命人杀了祢衡。

黄祖的办公室主任（主薄）早就看祢衡不顺眼，接到领导的命令马上执行。他担心领导反悔，所以命人即刻动手。

黄射听说，来不及穿鞋，光着脚跑来营救，但祢衡的死刑命令已被执行。

祢衡死时 26 岁，他安葬的地方被后人称为鹦鹉洲。

祢衡这个人有点过于另类，他确实有才，否则刘表、黄祖也不会赏识他。但他的个性太强，甚至有些怪诞，那就不是什么好事了。

好在像祢衡这样的人属于极少数，顶多是曹操任贤用能的一个小插曲。

到许县来的大部分人都怀着一颗建功立业的心，不管是冲着朝廷而来，还是冲着曹操而来，曹操一概表示欢迎。

对曹操来说，现在没有什么比人才更珍贵的了。

◎袁绍的醋意

看到曹操把天子一行不仅顺利地弄到了许县，而且事情干得红红火火，天下有识之士争相投奔，有一个人心里贼不舒服，他就是袁绍。

袁绍自己不愿意做的事曹操做了，但袁绍又觉得曹操占了便宜，心里很不是滋味。

长期以来，袁绍一直没拿曹操当外人，在他眼里曹操就是自己的手下，没有他就没有曹操的一切，尤其在曹操几乎走投无路的时候，是他出手相救才化解了危机。自己腾不出手来去迎接天子，曹操去了应该算是自己派去的，曹操理应向自己汇报汇报情况吧。

袁绍在邺县等着曹操汇报工作，曹操没有来，也没有派个人来，却等来了汉献帝措辞严厉的一封诏书，把袁绍臭骂一顿，袁绍的肺都快气炸了。

在这份诏书里，汉献帝责备他虽然地广兵多，但只顾培植自己的势力，擅自征伐，不来勤王（不闻勤王之师而但擅相讨伐）。

诏书虽然是以汉献帝名义下达的，但幕后指使一定是曹操，这不是公然以下犯上吗？地广兵多的又不是我一个，有几个勤王去了？

你曹操自己不也到处讨伐别人吗，为什么只点名批评我呢？

袁绍实在想不通。

袁绍觉得既然是天子的诏书也不能不有所回应，他认真地给汉献帝上了一份书。这份文件挺长，一看就是下了不少功夫写的，可能出自大笔杆子陈琳之手。

这份上书的开头部分尤其精彩，袁绍写道：

“我以前听说有蒙冤的人上天会五月降霜，又听说悲声痛哭可以让城墙崩塌，每当看到这些我都认为是真的，但跟现在的情况一比，才知道那些都是假的！

“为何这么说？我为国家做了那么多事，搭上了整个家族的性命，一片忠心却换来了这么多的指责，怎不让人日夜哀叹，心肠裂断，眼里哭出血来（昼夜长吟，剖肝泣血）？但即使这样，也没有见城塌霜降来应验，可见原来那些传闻都是假的！”

中心意思就一个，我冤枉啊！

喊完冤，袁绍就从自己参加工作开始叙起，说他如何跟张让等宦官做斗争，在何进被杀后如何力挽狂澜，如何不畏董卓的强暴，后来如何在孟津休整兵马领导反董大业。

袁绍一再申明，自己对帝室一直忠贞不贰，一直以来都在做着匡扶汉室的努力，丝毫不敢懈怠。

这封至今仍全文保存的长篇上书是一份重要文献，因为里面除了袁绍不停地诉委屈外，还时不时透露出一些有趣的信息。

一个是说，曹操当初到兖州刺史部的活动是袁绍指派的，而且说曹操几次都快要死了，是袁绍救了他（曹操当死数矣，我辄救存之）。

这些或许是某种情绪的宣泄，但对照一下这几年发生的事，说得倒也基本符合事实。

另一个是说，袁绍跟袁术不合完全是由一个人引起的，这个人居然是朝廷特使马日磾。

按照袁绍的说法，当初朝廷派马日磾和赵岐出使关东，马日磾到了袁术那里，由于他处事不当、偏听偏信，所以使得袁氏兄弟成为仇敌。

马日磾刚刚去世了，袁绍说的这些都已无从查证，他和袁术矛盾的根源是利益之争，所谓“一山不容二虎”，马日磾既无能力，也无必要挑拨他们。

反正，袁绍想说的是，他很忠诚，很努力。

同时，也很正直，很无辜。

所以很委屈。

这份上书送到许县，袁绍心里的气还没有撒完。

这时又来了一件事把袁绍心头的怒火彻底挑逗了起来。

袁绍接到诏书，朝廷任命他为太尉。

太尉名列三公，以袁绍的年龄和资历能担任太尉一职无疑是件荣耀的事，数十年来，三公已经快要成了袁家的专利，从他父辈往上数一共四代人，出了五位三公，而他这辈人里还没有这个荣耀，如今能当上三公，且是朝廷正式任命而非自己表奏的，在家族的三公榜上再续一笔，那将是多么值得骄傲的事。

可是袁绍一打听，得知曹操担任的是大将军，高兴劲一下子没有了，袁绍认为，曹操既然是大将军，他这个太尉也就一钱不值了。

大将军位在三公之上，是文武百官的首领，在设大将军的情况下三公的地位就矮了一截。尤其是太尉，在三公里分管军事，与大将军的职权重叠，更是形同上下级关系。

如果接受太尉的任命，就承认曹操是自己的领导，这怎么可以？

袁绍的不满也有些道理，即使是现在，无论是袁绍还是其他人，都会认为曹操只不过是袁绍阵营中的一员。袁绍是上级，曹操是下级，现在居然调转过来了。

袁绍想，即使自己肯接受，手下这些人又会怎么想，这不是鼓励大家以下犯上吗？

袁绍立即上表天子，表示不接受这项任命。

袁绍还给汉献帝推荐了一个人，认为他是太尉的合适人选，此人就是陈群的父亲、刚被任命为外交部部长（大鸿胪）的陈纪。

这件事对曹操来说有些棘手，曹操这才发现，在处理这个问题时他考虑得有些不周。

原本他以为，袁绍无论担任什么职务都是名义上的，没有实质意义。对袁绍来说，太尉已经是很不错的安排了，没费一兵一卒就白得了这个职务，应该满意。没想到袁绍丝毫不领情，双方的隔阂反而因此进一步加深了。

曹操虽然明白他跟袁绍迟早会有一场决战，但不是现在。

不仅如此，袁绍还是他现阶段要利用的力量，跟袁绍过早摊牌是极不明智、极不划算的做法，曹操越想越后悔。曹操决定辞去大将军一职，让给袁绍，自己担任司空。

这是很伤威望的事，换成别人，宁可错下去也不会轻易低头，但曹操是个务实的人，他宁愿损失一些个人威望，也要把与袁绍的同盟关系继续维持下来。

这项任命很快以汉献帝诏书的形式下达，曹操辞去大将军，改任司空。

可是，袁绍那边却毫无反应，接到诏书后，如果接受应该立即上书谢恩；如果不接受，也应该有所表示呀。

曹操明白，袁绍在面子上还有些下不来。

过了年，曹操决定派个有分量的人到邺县走一趟，帮袁绍找回面子，让他消消气，把大将军的任命接下来。曹操想了想，觉得孔融最合适。

孔融的名气没有问题，目前担任部长级的将作大匠一职，地位也没有问题。曹操让孔融走一趟，还有一个原因，想通过这件事让他们缓和一下矛盾。

不久前孔融还是袁绍的敌人，他跟袁绍的长子袁谭曾经打了大半年的仗。孔融到了许县后心里常常不踏实，总怕曹操哪一天受袁绍之命找他的麻烦。

孔融刚一听说曹操让自己出这趟差,脊背上直冒凉气。但孔融是个极聪明的人，经过简单的分析他很快明白了曹操的用意，曹操想收拾他不会等到现在，曹操是想帮他的忙。

孔融很感激，尽管他以后成了反曹斗士，但在建安初年他跟曹操的合作还算不错。

孔融接受派遣，于建安二年（197 年）三月来到邺县。

汉献帝不仅拜袁绍为大将军，而且封他为邺侯，这是一个县侯，较袁绍此前的邟乡侯高一级。赐给袁绍天子的节钺，以及只有天子才能拥有的虎贲卫士百名。

这还不算，汉献帝还给了袁绍一个新的行政职务，督四州事。

这四个州指的是冀州、青州、幽州和并州。

汉献帝下达这项任命时一定没有查阅过近几年的皇家档案，也许皇家档案已经全丢在了逃亡的路上，总之这项任命很有问题，因为几年前汉献帝也曾颁发过同样的任命，就连所督的这四个州也丝毫不差，不过那是颁给另外一个人的，这个人是公孙瓒。

公孙瓒仍然健在，而且没有被免职，这边又重新任命了新人，如果不是技术性错误，那就只有一个解释，让旧人和新人斗。

这可能是曹操故意安排的,当年“三人小组”能想出来的主意曹操更不在话下，袁绍和公孙瓒已经势如水火，给他们加把柴，让火烧得更猛些。

其实，不当大将军对曹操来说并没有什么实质性损失，官位是死的，规定是活的，他担任了司空一职，同时代理全国武装部队副总司令（车骑将军）。曹操以天子的名义重新做出规定,司空在三公中地位最高,是朝官的首领（百官总己以听），照样把政权和军权牢牢掌握在手中。

有时候，看似很难的事其实很好办。

◎掀起大生产运动

解决了朝廷的人事安排问题，暂时平息了袁绍的不满，曹操还有一系列挑战需要面对，最突出的问题来自经济方面。

曹操离开兖州大本营，出于战略考虑将新首都定在许县，在后勤保障方面就要承担很大的压力。近两年来，曹操采纳毛玠等人的建议，在兖州一带积极发展生产，基本保障了自身的粮食供应问题，从而让自己处处居于主动。

但是，曹操在许县一带基础还不很扎实，许县以及周边的颍川郡、汝南郡虽然曾经是重要的农业区，但这些年来遭受战争的影响也最深，黄巾军在这里势力很大，有大量人口流失到了南面的荆州地区。

朝廷正常运转需要大量粮食、布匹等物资，军队也需要后勤保障，这些物资如果都依赖兖州供应，浪费会很大，兖州那边也难以为继。

军粮运输就是个很难解决的问题。从兖州运到这里来必须组织大量人力，还要考虑运输队伍途中的消耗，往往运一车粮食，至少还得再准备一车粮食供路上吃，沿途安全又难以保证，这个办法基本上不可行。

许县的粮食供应问题必须立足于就地解决。曾在东郡任东阿县令的枣祗和夏侯惇的副将韩浩同时向曹操建议，在许县周边一带进行屯田。

枣祗是颍川郡本地人，他是阳翟县的，跟郭嘉同县。曹操在东郡时，枣祗在东郡下面的东阿当县令，张邈、陈宫之叛，兖州近80个县里只有枣祗的东阿县等三个县没有叛变，为曹操反败为胜立下了大功。枣祗这时也随曹操来到许县，有的史料称他此时担任汉献帝近卫部队的指挥官（羽林监）。

韩浩一直担任夏侯惇的副手，当年夏侯惇被人劫持，韩浩临危不乱，将夏侯惇解救出来，曹操事后对他进行了表扬。

枣祗、韩浩建议曹操效仿汉初以来的经验，把流民组织起来，开展农业生产，这项措施也就是屯田。

屯田作为制度其起源可考的是汉文帝时期，当时的著名改革家晁错分析了秦朝守塞北失败的教训，认为单纯以戍卒守边的制度有很大毛病，必须实行“且屯且守”的制度，把屯田与戍边结合起来。

汉文帝前元十一年（前 169 年），朝廷下令在边郡屯田，这比汉武帝时经济专家桑弘羊建议屯田西域还要早得多。

但是，晁错和桑弘羊所推行的屯田都与国防建设有关，属于半军半民性质，许县的情况与那时有很大不同，能不能参照前人的办法推行，还存在着争论。

曹操要搞屯田，反对的人也不少，对于曹军收复的大量无主土地，有相当一部分人认为应该赏给有功之人，有人甚至提出恢复古代的井田制，大力推行土地私有化。而实行屯田实际上就是“国有化”，由于反对的人不少，曹操也不得不有所考虑。

曹操让枣祗找荀彧等人商议，荀彧支持屯田。在当时的特殊情况下，只有实行特殊的经济政策，才能渡过危机。

经过内部讨论并逐步统一了思想后，建安元年（196 年）曹操颁布《置屯田令》，从定国安邦的战略高度，充分肯定了秦皇汉武奖励耕战，实行屯田的历史经验，阐述了屯田积谷的重要意义，下令开始屯田，标志着这项“战时经济政策”正式实施。

从建安元年到魏元帝咸熙元年（264 年），这项制度推行了 70 年，可以说它伴随着曹魏帝国兴衰的始终，成为曹魏势力崛起的经济基础。

屯田首先在许县附近试点，具体做法是，把已经找不到主人的土地收归国有，然后把丧失土地的流民组织起来，由国家提供耕牛、农具、种子，获得的收成由国家和农民分成。

当时能集中起来的土地很多，流民也很多，土地资源和人力资源都不发愁，屯田很容易就搞了起来。

农业工作本应由九卿之一的大司农卿管理，为了加大推行的力度，曹操决定亲自抓这件事，在许县试点期间，他任命枣祇为屯田都尉，任命自己的堂妹夫任峻为典农中郎将，具体管理屯田事务，直接向自己负责。

也就是说，曹魏早期的屯田工作由司空府直接主导，由下面特设的屯田官来具体负责。这种体制一直保持了很多年。到曹魏时期，随着屯田规模越来越大，这项工作转到了尚书台管理，屯田官的职务和品级也逐渐固定下来，成为与地方行政官员并行的一个系列。

屯田刚开始推行的时候也遇到过一些波折，一开始，被组织起来的农民不太适应，他们经常逃亡。袁涣建议曹操，农民都有安土重迁的传统，不能一下子改变，必须因势利导，要让他自愿，不能搞强迫（宜顺其意，乐之乃取）。曹操采纳了他的建议，情况才有好转。

这么好的政策为什么农民不愿意接受呢？原因是租税太重。

过去农民给地主扛长活，交租的标准一般是收成的一半，即五五分成。曹魏搞屯田，收租也按这个比例，国家就变成了地主。如果连耕牛一块租，交租的比例更是提高到六成。

如此一来，大家积极性自然不高。

汉代农业税的比例大部分时候是三十税一，即百分之三点三，现在屯田农民的税务负担是此前朝廷标准的十来倍。在农业生产技术很落后、生产效率不高的情况下，这么重的税率农民生活之艰辛可想而知。

但不这样又不行，军事斗争每天都需要巨大的开支保障，曹魏所能聚集的财富十分有限，屯田这一块是相对有保障的，课以重税既是循前朝惯例，也有不得已之处。

不过，曹操还是尽可能予以改进，包括合理安置劳力、分配生产资料、取消屯田户的徭役等，保证屯田制的健康发展。对于屯田以外的普通农户，曹操下令重新清查户籍和财产，据此确定缴纳赋税的额度。

这有点像划分成分，又像是核定收入申报纳税。

这项工作在“曹统区”全面铺开，包括曹操本人在内都要评定“成分”，然后决定纳税标准。曹操家乡的谯县令给曹操、曹洪二人评为同一等级。

曹洪比曹操更富有，曹操说："我家哪里有子廉家富有呀！"

许县屯田开始试点后，次年就获得了好收成，积余粮达百万斛。取得这样的大丰收，除了新的农业政策发挥作用之外，还跟一种粮食品种的大面积推广分不开。

这不是新品种，它的名字叫"稗谷"，其实就是一种杂草，它不怕旱涝，容易生长。这种杂草也结穗，只是穗比较小，一般的作物出粮率在六七成之间，而这种作物只有三四成，而且吃起来味道也不怎么样。但是这种作物有一个明显优势，那就是产量特别高。

当时一般粮食作物亩产约为 7 斛，实得粮食大约 4 斛；种稗谷一亩可收获 20 多斛，即使出粮率低一些，实得粮食也可达到近 10 斛。

曹操下令种植这种作物，每 100 亩地可收获 2000 斛稗谷（顷收两千斛），即粮食单产大增。

这种粮食口味虽然不佳，但作为战马的饲料应该没有问题。种这种粮食，撒把种子在地里就能长，不用管浇水除虫的事，不耽误军事训练，确实不错。

曹魏屯田的规模很大，"曹统区"最兴盛的时候曾控制或部分控制了 12 个州，有 91 个郡国，大约 730 个县，而留下屯田记载的州就有 11 个，郡国有 28 个。当然，实际情况肯定比这个还要多。

除了早期的民屯，建安末年又发展出军屯，在"曹统区"的腹地以民屯为主，在与敌人接壤的地区大兴军屯，平时耕作，战时打仗，亦兵亦民，在发展经济、守土护边方面成效显著。

曹操实行优先发展农业的政策，也培养了一批"农业干部"，有许多曹魏名臣都曾在"农业系统"担任过各级领导职务，"伤残军人"夏侯惇也是这项工作的积极倡导者，多年后，他在淮南一带搞军屯，组织军民修水库，还亲自参加劳动，担土修坝。

◎南面来了员虎将

但是迁都许县也有不利之处，主要是其位置太靠近中央。

下围棋讲究守边和角，因为那里更容易成空，而正中间的位置虽然总括八方，但也是在战略上最不利的，容易受到各个方向的攻击。

许县的位置，恰在天下的中央，四面都是强敌：北面是袁绍，一个老大哥，表面是盟友实际是劲敌;东面是吕布和刘备，一个是宿敌，一个是不可等闲视之的新秀;东南面是袁术，一个老朋友，更是一个老对手；正南面是刘表，一个修炼得差不多了的老滑头，也是一个真正的实力派；西面是关中，此时已进入了“后董卓时代”，目前被一大群大大小小的割据势力所控制。

这还只是能直接照上面的，还有虽然照不上面，却同样强大的公孙瓒、公孙度、孙策、刘焉、张鲁等人。这些人都拥兵自重，不解决他们，许县的朝廷就只能是个摆设。

可是，先解决谁呢?

如果曹操和他的智囊们摊开地图去研究，一定会优先选择东面或西面，因为和袁绍摊牌的时机不成熟，和刘表此时去决战又太不明智。

如果解决了东面的吕布和刘备，就能把兖州刺史部、徐州刺史部以及豫州刺史部、司隶校尉部的大部分地区连成一片，先坐稳中央再说。

吕布是手下败将，刘备是吕布的败将，解决他们也相对容易一些。之后可徐图西进，解决关中问题，把八百里秦川作为自己的战略大后方。

可是，还没等曹操对东面和西面做出部署，南面先出了状况。

许县的南面是荆州刺史部，荆州刺史部最北边的郡是南阳郡，该郡治所在宛县，即今河南省南阳市，袁术曾经在这里盘踞过，后来受刘表挤轧转向扬州刺史部发展。

袁术走后这里实际上成了黄巾军余部的游击区，刘表也控制了一部分地区，但整个南阳郡的局势比较混乱，缺少统一领导，直到有一支人马进入这个地区，这种局面才发生了改变。

这支人马的首领是凉州军将领张济，凉州军中与昔日“三人小组”齐名的人，当初他也参加了迎奉汉献帝东归的行动，但中途改变了主意，倒向了反对汉献帝东迁的李傕、郭汜一方。

张济担任的最高职务是全国武装部队副总司令（骠骑将军），曹操把汉献帝接到许县后，这项任命应该被撤销了。

张济后来留在了关中与洛阳之间的弘农郡，经过一系列内战和自然灾害，这里的经济已完全崩溃，人口大量外流，张济面临着严重的生存危机，不得已，他率部离开弘农郡，转向荆州刺史部一带发展。

刘表听说凉州军悍将张济气势汹汹冲着自己来了，大吃一惊，赶紧下令在南阳郡、南郡一带的部队做好迎击敌人的准备。

张济率部进入南阳郡，一路烧杀抢掠，可能也真是饿急了，有点不择手段，加上凉州军素来以凶残著称，所以激起南阳郡人民的反抗。

在攻打穰城的战斗中，张济被乱箭射死。

张济死了，刘表的手下都来祝贺，但刘表却有自己的打算，他知道凉州军战斗力很强，张济虽死，余部尚在，尤其听说张济的侄子张绣勇猛和胆识都超过他的叔父，与其结成世仇，不如趁张济之死其手下仓皇无措之际进行招安，反助自己一臂之力。

张绣的确是一员猛将，早年在老家武威郡时就是出名的侠士，他当时在县里是一名县吏，有个叫麹胜的人造反，袭杀县长，张绣不久就找了个机会刺杀了麹胜，从而声名大振，张绣干脆聚合一帮年轻人，成为当地的豪杰。

张济战死，这支凉州军何去何从，张绣自己也没有主意，刘表的使者就是这时候找到的他。

张绣出于生存的考虑接受了刘表的建议，但不是投降，而是结盟，根据双方达成的协议，刘表支持张绣在南阳郡一带发展。

刘表之所以愿意支持张绣，看中的是凉州军的战斗力，刘表已经意识到距自己不远处安营扎寨的曹操将是一个可怕的对手，将来动起手，有人能替自己先抵挡一下是很有必要的。

刘表的这个想法很正确。

由于得到刘表的支持，张绣的势力大增，很快在南阳郡站住了脚，把大本营放在了宛县。

张绣觉得自己要成事，必须得到一个人的帮助，这个人就是贾诩。

作为凉州军中最有头脑的人，贾诩早已声名远播。

可是，此时的贾诩在哪里呢？

贾诩在段煨那里。

凉州军阀段煨驻守在华山脚下的华阴，汉献帝东归路过他的防区时，段煨曾出面给予保护，引起其他凉州军阀的不满。

长安大乱，贾诩没有跟汉献帝走，他留在了长安。之所以做出这样的选择，或许贾诩考虑到正是他的一个主意搅乱了时局吧。

后来贾诩发现长安也不能再待，于是到了段煨这里，段煨知道贾诩在凉州军里素来名望很高，担心被他夺了权（内恐其见夺），特别提防他，但表面上尊礼有加，这让贾诩觉得不自在。

这时，张绣悄悄派人来联络贾诩，希望他到南阳郡去，贾诩决定走。

有好朋友知道了，劝贾诩说："段将军待您不错，您怎么还要走？"

贾诩说出了原因："段煨生性多疑，对我比较猜忌，待我虽厚，却不能长久（礼虽厚，不可恃），我现在离开，他反而会高兴，同时他也希望我能结下外援，所以必然厚待我的妻子儿女。张绣现在没有出谋划策的人，是真心想要我去，如此我自己以及我的家室都能得以保全。"

贾诩一向料事如神，这次也一样。

他要去南阳郡，段煨果然没有阻挡，高高兴兴送他走，后来又厚待贾诩的妻子儿女。

贾诩到了张绣那里，立即受到了重用。

贾诩这时已经50岁了，张绣年龄不详，大概要小得多。作为自己叔父的同事，张绣把贾诩当作长辈看待（绣执子孙礼）。

段煨后来被曹操以朝廷的名义召去，任命为民族事务部部长（大鸿胪），于赤壁之战后的第二年故去。

张绣在南阳郡的快速崛起给曹操出了道难题。

◎曹操背上的冷汗

本来，曹操打算在许县稍加安顿之后便向东边的吕布、刘备发起进攻，但现在南面有了一个强大的敌人，好比在卧榻之侧来了只猛虎，这让他怎能安心劳师远征？

凉州军向来是不太好对付的敌人，曹操起事以来败得最惨的一仗就是跟凉州军打的，至今记忆犹新。张绣得到贾诩的辅佐，更是如虎添翼，背后又有刘表的支持，南阳郡的这只虎，可不是关在笼子里供人欣赏的，它是随时会吃人的。

如果曹操率主力东征，难保张绣、刘表不趁机袭取许县。在这种情况下，东征吕布之事只能先放下了，汉献帝建安二年（197年）新年刚过，曹操决定南征张绣。

人马准备好，按惯例曹操要到宫里向天子报告并辞行。

曹操进了宫，还没有见到汉献帝，却发生了一件事，让他吃惊不小。

按照礼制，曹操作为司空又代理全国武装部队副总司令（行车骑将军），朝见天子应该遵循以下礼仪：快见到天子时，要脱掉鞋子，解除佩带的武器，一路小跑着去见天子。

天子身边会站着一个司仪官，在一旁高喊："费亭侯、司空、行车骑将军曹操，参见皇上！"

曹操听到后就要跪下来高声说："吾皇万岁，万万岁！"

这一次，曹操大概刚把鞋子脱掉，突然过来两个持戟的武士，手里操持的铁戟不是演戏的道具，而都是真家伙，二话不说，咔嚓一下把戟就架在了曹操的脖子上。曹操没有防备，当时就傻了。

这二位就这样叉着曹操往前走，曹操没有选择，只好跟着，来到汉献帝面前，跪下跟汉献帝说话。

说了些什么曹操一定都记不得了，那一刻他的大脑估计全是空白。从汉献帝跟前出来，曹操脊背上的衣服都湿透了，那是紧张的。

其实，这是一套规范的宫廷礼仪，并不是汉献帝的发明。

汉代,为了防止权臣篡权,规定了许多制衡措施,比如“五大不在边”,就是外戚、三公等五类权臣不能到外面领兵。遇到特殊情况非领兵不可，那就执行刚才这一套程序，权臣在出兵前向天子辞行时由武士把戟交叉在颈项前而行（交戟叉颈而前）。

言下之意是要试试你心里是否有鬼，能经受考验的是好同志，有异心的就得掂量掂量还敢不敢来。

曹操大概不知道还有这一出，或者没有想到汉献帝会跟他玩真的，这一惊实在非同小可。

如果汉献帝向他下手，这就是个绝佳的机会。

何进当年是怎么死的？窦武、梁冀又是怎么死的？

别看你权倾天下，一个小小的细节疏忽就能让你灰飞烟灭！

曹操越想越后怕，以后就再没有朝见过汉献帝（自此不复朝见）。

经过了一个小插曲，曹操率兵南下。

大军很快到达淯水附近，淯水是汉水的一级支流，长江的二级支流，即如今河南省境内的白河，在襄阳附近注入汉水。

宛县就在淯水河畔，这条河上还有一个著名的地方叫新野。

听说曹操率军亲征，张绣很紧张，曹操的大名他早有所闻，袁术、陶谦、吕布这些天下英雄都不是他的对手，如今正势如中天，张绣觉得自己根本不是对手。

此前，张绣曾派贾诩到襄阳走了一趟，见了见刘表。

贾诩回来后对张绣说："刘表这个人，倒是有一些才能，和平年代做个三公应该称职（平世三公才也）。现在他看不到形势的变化，多疑少断，不会有什么大的作为。"

贾诩的襄阳之行打消了张绣依靠刘表抵抗曹操的想法，他决定投降曹操。

没有记载显示张绣的这项决定是不是贾诩的建议，但贾诩至少没有反对。

就这样，曹操原打算南下必有一场恶战，现在看来不存在了。

曹操很高兴，在淯水河畔扎下军营，设宴招待张绣及其手下。

酒席宴前，张绣等人看到有一个大汉站在曹操左右，威武异常，不禁暗暗吃惊，他们不认识，这个武士就是典韦。

在曹操行酒时，典韦手持大斧一直跟着，斧刃有一尺多，曹操走到谁跟前典韦不仅站在后面，而且使劲拿眼睛直盯着人家看（迫视），弄得客人根本没有心思吃好喝好。

直到酒宴终了，张绣及其部将都不敢仰视。

本来，这次南征就可以圆满收场了。

但是发生了意外，让形势陡转。

◎婶可忍，叔不可忍

张绣有个亲信将领叫胡车儿，勇冠三军，曹操对像典韦、许褚这样的猛士历来见一个喜欢一个，总想弄到自己手下。

这个胡车儿大概也是典韦那样的猛人，曹操看到胡车儿后特别喜欢，想笼络一下感情，于是亲自接见，并赠给他不少钱。

曹操此时应该没有通过胡车儿解决张绣的意思，因为此行目的已经达到，不需要把张绣彻底消灭，他拉拢胡车儿，最大的目的也只是想挖人。

但张绣知道了这件事却不这么想，他认为曹操此举用心不良，是要收买胡车儿谋害自己。

此前还发生了一件事，曹操看到张绣的婶娘、已故全国武装部队副总司令（骠骑将军）张济的遗孀长得很漂亮，就纳其为妾，这件事显然没有征得张绣的同意。

张绣觉得，即便自己的婶婶同意这件事，但已故的叔父如地下有知，一定会视为奇耻大辱。

婶可忍，叔不可忍！

而且，上面这两件事结合起来，张绣认为曹操肯定正在设计除掉自己，张绣决定先动手。

贾诩给张绣出了个主意，让他向曹操报告，说部队想移防到地势高一点的地方，中间要经过曹营。

张绣还特意对曹操说："车辆太少，士兵都得背负着很多物资，请求允许士兵们披甲而过（车少而重，乞得使兵各被甲）。"

曹操没多想，答应了。

结果，张绣趁自己人进到曹营之际突然发起攻击，打了曹军一个措手不及。

这场战斗发生在淯水河畔，曹军的狼狈样超过了当年的汴水之战和濮阳之战。

混战中，曹操所坐的马被乱箭射中面部和腿，曹操自己的右臂也中了箭。

曹操失去战马，十分危险。

史书记载，曹操骑的这匹马名叫绝影，是继白鹄之后曹操骑的又一匹名马。此刻光荣就义于淯水河畔。

危难之时，有个小伙子从马上下来，把自己的马让给曹操骑。

曹操一看，是自己的大儿子曹昂。

打仗亲兄弟，上阵父子兵，关键时刻能舍身相救的，还是自己家的父子兄弟。当年汴水之战，如果没有曹洪让马，曹操可能早就没命了，现在曹昂又把马让给了曹操。

但曹昂没有曹洪那样幸运，他战死在乱军之中，死时20岁。

曹操的正妻是丁氏，没有生育，在娶卞氏前曹操还娶了刘氏，曹昂是刘氏所生，刘氏死得早，曹昂一直由丁氏抚养，母子感情很深。

这一仗对曹操而言不仅丢了面子，而且损失相当惨重，长子曹昂、侄子曹安民、近卫部队指挥官典韦一同战死。

典韦死得极为悲壮。

当时曹操率轻骑逃走，典韦为了掩护曹操撤退，留下来在营门口与敌兵激战。

由于典韦勇猛异常，敌人无法前进，但他们分散从其他地方进入曹营。

这时，典韦周围只有十来个人，这些人都是曹操精挑细选出来的勇士，平时主要职责就是保护中军的安全，现在无不以一当十，殊死恶战。但是，敌兵越来越多，他们渐渐不支，陷入重围。

典韦手持长戟，左冲右突，一戟刺过去，敌兵十多支长矛都被折断（一叉入，辄十余矛摧）。

最后，典韦的左右全部阵亡，他本人也受数十处伤，但仍然与敌兵近距离格斗。典韦一把抓过两个敌兵，徒手就把他们给杀了，其余敌兵吃惊不小，都不敢再靠近。

典韦又上前冲杀，杀了几个敌人，然而伤势严重，失血过多，最后怒目大骂而死。

敌兵确信典韦已死，才胆战心惊地上前把他的头割下，互相传看，想观察一下这个奇人到底为什么如此生猛。

曹军从淯水河边一路惨败，一口气退到了宛县以东百里之外的舞阴。曹军各部听说后，都想抄小道先赶到曹操那里救驾，一路上拥挤无序，狼狈不堪。

时任旅长（平虏校尉）的于禁率数百人主动断后，他们且战且退，迟滞了敌人的进攻。敌人见无法继续扩大战果，慢慢退去。

于禁下令整顿人马，敲着战鼓回营。走在半道上，遇到十几个伤兵，一个个赤身裸体，惨不忍睹。

于禁问他们怎么了，这些人说被青州兵趁乱打劫，于禁大怒。

这个青州兵，就是曹操当年打败青州黄巾军后收编的部队，这支部队作战勇猛，是精锐之师，但军纪一向很差。曹操对他们平时颇为关照，反而让他们更认为自己不得了，这次趁败军之际，公然抢劫到自己人头上。

于禁下令追讨青州兵，把他们收拾了一顿。之后，指挥所部安下营垒，防备敌军再来。

这时，手下人劝他先不忙安营扎寨的事，应该先到曹公那里报告情况，防备青州兵恶人先告状。

于禁不以为然："现在敌人在后，很快就会追到这里来，不做好准备，何以对敌？曹公明察秋毫，不必申辩！"

青州兵果然抢先跑到曹操那里告状，曹操也果然没听信他们。

见到于禁，听了于禁的汇报，曹操高兴地对于禁说："淯水之难，我方危急，将军能乱而不乱，整治所部，惩治暴行，高筑坚垒，实在有不可撼动之节，虽古代的名将，也难以超过你呀！"

于是，依据于禁前后立下的功劳，曹操上表天子封于禁为益寿亭侯。

在舞阴，曹操没有祭奠爱子和侄子，却为典韦盛大发丧。

曹操命人设法找回了典韦的遗体，送回老家襄邑安葬，在仪式上流下了眼泪。曹操后来拜典韦的儿子典满为郎中，作为自己的近侍。以后他每次经过陈留郡一带时，都要绕道襄邑祭祀典韦。

之后，曹操从舞阴退回到许县，留下曹洪驻防于南阳郡境内，与张绣对峙。张绣在刘表支持下，把曹军曾经占领过的舞阴等地重新收回，曹洪被压缩到南阳郡最北面的叶县一带，处境十分艰难。

第七章 配角退场

◎袁术另立朝廷

曹操正准备整顿人马支援南阳的曹洪，突然发生了一件大事。

汉献帝建安二年（197 年）春天，就在曹操转战南阳郡的同时，身在扬州的袁术突然心血来潮，自称皇帝，此事震撼了全国。

早在两年前，汉献帝败于曹阳之时，天下盛传汉献帝已经遇难了，举国哀伤，但袁术心里却暗自高兴，因为他脑子里一直都有个可怕的念头：自己当皇帝。

说实话，袁术此时的实力很一般，离开南阳郡后本来想到兖州一带发展，但打不过曹操，逃到了扬州。他杀了扬州刺史陈温，在寿春建立起基地，也曾有过兴盛的时候，那时手下有孙策、郭贡、张勋、桥蕤等人，势力也曾发展到周边的豫州、徐州一带。

后来，孙策离开了袁术到江东独立发展，使袁术集团的力量大减，袁术手下再也没有特别能打的大将，说是占领了扬州，其实只是扬州六郡里的两个郡而已。

但袁术此人有个最大的特点，就是一向自我感觉良好。

之前说过，得到汉献帝遇难的消息时袁术就迫不及待地召集过会议，暗示手下拥戴他称帝，但手下反应冷淡，只好作罢。

可是，袁术想当皇帝的瘾一旦被勾起来，不达目的他吃饭不香，睡觉不踏实。他整天都在想着要当皇帝的事。后来证实，汉献帝遇难于曹阳纯属误传，但即便如此，袁术仍然没有死心。

当时社会上流行着许多神秘预言，基本上都是一些不知所云的东西或者是别有用心之人编出来的无稽之谈，但有很多人相信，有人还深信不疑，袁术就是其中的一位。在这些神秘预言里，有一句话很知名，叫“代汉者当涂高”。

这一句话的前四个字好理解，就是接续汉朝国祚的人，灭亡汉朝的人。后两个字却十分费解，“涂高”是什么，谁也说不清楚。

但袁术认为这很好理解，这个“涂高”就是指他自己。袁术字公路，“术”是城邑内的道路，“公路”指的也是路，而“涂”被他理解为“途”，也是路的意思。这种理解很牵强，但袁术认为一定是这样的。

而且，根据“五行终始论”，汉朝属于火德，取代汉朝的一定属于土德，袁姓就属于土德，是有资格取代刘汉统治的姓氏。这一条又成为上一条的佐证。

这时候河内郡人张炯又帮袁术弄出来一个符命，以兆袁术的天子之应，袁术更觉得皇帝非他莫属了。

张炯的这个符命，史书均有提及，但都不知道具体为何物，估计跟河里挖出个写字的石头、鱼肚子里发现一条写字的绸子这些事差不多。

有了这些理论基础，袁术觉得自己再不出来当皇帝都有点对不起上天的眷顾了。他听说孙坚当年在洛阳宫里得到了传国玉玺，就把孙策的妻子软禁起来，逼她交出玉玺。孙策这时已经到江东开辟根据地去了，无奈之下，孙夫人只好把玉玺给了袁术。

汉献帝建安二年（197 年）春，袁术不顾众人的反对，在寿春正式称帝，但他这个皇帝很奇怪,既没有宣布国号,也没有下诏改元,他也不自称天子,而称“仲家”。

后世有人认为，“仲家”就是袁术新王朝的国号或年号，也有把袁术称为“仲家皇帝”的。但这些都是推测，“仲家”并不像个国号，更没有“仲家”作为年号的记载。

两年后，袁术走投无路之际，曾对自己称帝的行为进行过辩解，说他当时看到天下大乱，已经到了周朝末年七国分势的局面，自己出于一片责任心，出来替汉室管管事，自称“仲家”，仲是第二的意思，在他心里还是把刘氏当老大，并没有真的想当皇帝。

一般认为这是袁术给自己的辩解，但对照实际情况看一下，也许并不完全是虚言，袁术想当皇帝是确定无疑的，但他也知道自己实力有限，于是留了条后路，从而弄出个不伦不类的东西来。

但是，除了国号、年号这些以外，其他一切方面袁术都按照真皇帝的样子做了。他改九江太守为淮南尹，类似于西汉的京兆尹和东汉的河南尹，寿春自然成了“京师”，他在这里任命公卿，建皇宫，设祠庙、明堂。

袁术在寿春大封百官，但大家似乎都不太给面子，并没有积极踊跃地来应聘。袁术有点犯愁，心想无论如何得找几位天下名士来撑撑门面，不能三公九卿尽是阿猫阿狗之辈。他想到了两个人，一个是陈珪，一个是金尚。袁术想请他们来当自己的“三公”。

陈珪是陈登的父亲，他本人也是高干子弟，他的父亲陈球当过太尉，袁术和陈珪年轻时在洛阳就是哥们，此时陈珪在徐州的吕布那里，吕布是袁术的盟友，跟他要个人应该没问题，袁术给陈珪写了封信，但陈珪却没有来。不是吕布不放人，而是陈珪压根不愿意。

陈珪不仅没来，还给袁术写了封措辞严厉的信，把袁术批评了一通。陈珪说，让我去阿附你干那些非正义的事，就是死我也不能去（欲吾营私阿附，有犯死不能也）。

看了陈珪的信，袁术气得牙痛。

金尚是个老党人，有一定名望，当年被朝廷任命为兖州刺史，而兖州那时已被曹操控制，金尚兴冲冲跑到兖州上任，结果连兖州地界都没有进就让曹操一路打了回来。金尚没有地方待，跑来依附袁术。

袁术任命金尚为太尉，但金尚死活也不干，并且准备逃跑，袁术把他抓住，一怒之下把他杀了。

袁术是个典型的小事看不上、大事做不来的人。

一般来说，对小事不感兴趣的人，常常会对大事发生错误的兴趣，这也许是他执意称帝的内在原因。

还有一个原因，袁术是个高傲且敏感的人。一般来说，高傲使人脆弱，敏感使人自卑，袁术想称帝，大概就是纠缠在脆弱和自卑的情结里无法自拔，才走出了这匪夷所思的一步。

◎趁机瓦解对手

袁术称帝，别人只是震惊，曹操却必须出手去管一管。

因为袁术的称帝行为不仅是叛逆，更是对曹操权威的挑战。曹操费尽千辛万苦，好不容易把朝廷弄到许县，刚刚安顿下来，运转还不到一年，东边就突然冒出个新朝廷。如果不给予迎头痛击，今后势必还会有更多的伪朝廷冒出来。

在曹操的战略规划里解决袁术本来不是优先选项，他现在最需要解决的是南阳郡问题，其次是吕布和刘备，然后是关中的凉州军阀，但现在袁术自己跳了出来，那就得先解决他了。

曹操还没有动手，袁术的两个盟友先表态了。

首先是孙策。名义上他还算袁术的部下，但现在在江东发展得很快，听说袁术称帝，孙策毫不含糊地给予反对。

袁术的僭越之举没有得到一个外部支持，就连他的老部下孙策也发来了措辞强烈的抗议信，反对其僭号，并趁机向天下宣告断绝与袁术的一切关系（以书责而绝之）。

孙策在信里细数袁术九大罪状，说他连董卓都不如，以董卓的狂狡，在废主自立之事上仍然不敢擅为，而袁术竟然干出这种大逆不道之事。

这时候的孙策已经在江南渐成气候，实力不输于袁术，跟袁术翻脸是迟早的事。袁术称帝无疑给了孙策一个最合适的翻脸理由，此前袁术为得到传国玉玺而扣押了孙策的夫人，新账旧账一起算了。

孙策还派高承为使者前往许县，向朝廷进贡，再一次表明自己的政治态度。

孙策的行为举动获得朝廷的肯定。曹操以汉献帝的名义，立即派议郎王诵为特使前往江东，对孙策进行表彰，并拜孙策为骑都尉，封吴侯。

孙策的势力已跨有数郡，骑都尉充其量是个太守一级的官员，孙策向王诵暗示自己想要个将军名号，王诵在来不及请示的情况下当机立断，自己做了回主，重新拜孙策为明汉将军。

当时，袁术手下的陈瑀屯驻在长江以北的海西一带。曹操让孙策讨伐这股敌人。孙策领命，准备率军渡江作战。孙策刚要出动，陈瑀那边先下了手，派人悄悄来到江东，结交祖郎、焦已以及严白虎等割据势力，准备趁孙策主力渡江之际从背后下手。

这件事幸亏被孙策察觉，他派吕范、徐逸攻打海西的陈瑀，自己留在江东对付敌人。陈瑀最后被打败，只身一人逃走，跑到了袁绍那里。

吕范、徐逸大败陈瑀，俘获包括陈瑀老婆、孩子在内的4000多人。孙策与袁术自此算是彻底闹翻了。

相对于孙策，袁术的另一个盟友吕布一开始却有些犹豫。

从内心深处说，袁术看不上吕布，吕布也比较讨厌袁术。自郝萌叛乱发生后，吕布一直把袁术当成潜在的敌人加以防范，但在明面上二人并没有撕破脸。

对吕布来说，这年头还能拉上朋友关系的人已经不多了，袁术好歹算是合作过一场的人。

袁术称帝后，派韩胤为特使，专程到徐州给吕布报信，并且提出了一个要求，想与吕布和亲，娶吕布的女儿为儿媳。对于袁术结亲的要求，吕布开始倾向于答应，他甚至把女儿交给了韩胤，让他带走。

但是，对于这项决定，吕布手下有一个人特别紧张，他想到如果真是那样，无论于国于己都要坏事，所以赶紧来劝吕布。

这个人就是陈珪，他拒绝袁术的征召，还把袁术谴责了一番。吕布跟袁术如果站到一块，将来对自己很不利。这倒是其次，问题是扬州、徐州一旦结成一体，这个伪朝廷势力就更不得了，天下就要受难了（徐杨合从，为难未已）。

陈珪急忙来劝阻吕布，他说：“曹公奉迎天子，辅助国政，将军您应当同他合作，共图大计。现在反而与袁术结亲，必受不义之名，将来恐怕会大祸临头啊（有累卵之危矣）！”

陈珪认为袁术失败是必然的，既然如此为何还要往火坑里跳？现在是表明自己态度的重要关头，千万不能犹豫，也不能抱有幻想，如果真的和袁术结亲，那就彻底跟袁术捆在一起了。

吕布想了想，认为陈珪说得有道理。

本来就对袁术有意见，经过陈珪一番劝说，吕布决定跟袁术划清界限。

此时，韩胤已带着吕布女儿上路了。

陈珪劝吕布赶紧把人追回来：“既然拒绝袁术已经把他惹了，不如索性做得更彻底些。”

吕布平时对陈珪的话还是尊重的，就问：“先生有何妙计？”

陈珪给吕布出了个主意：“袁术特使的人头正好向朝廷和曹操表明心迹！”

吕布又想了想，一咬牙：“那就依先生所说！”

吕布派人追上韩胤，把女儿接了回来，并把韩胤抓了起来。

陈珪的儿子陈登主动请缨，愿意押着韩胤去朝廷一趟，吕布于是向汉献帝写了一道奏疏，详细报告了袁术试图拉拢他的情况，表明自己的态度。

吕布还给曹操另外写了封信，进一步向曹操表达善意。

陈登去了许县，很快便完成使命回来，不仅带来了汉献帝就此事对吕布嘉许的诏书，还带回来曹操亲笔写给吕布的一封信。曹操在信中态度友好，向吕布表达了关切和慰问之情，鼓励他按照天子的诏书追捕公孙瓒、袁术等人。

接到曹操的信吕布很高兴，但他不知道的是，陈登一到许县就出卖了自己。陈珪、陈登父子虽然屈身事奉吕布，但一直心存不满，所以陈登见到曹操后，力劝曹操除掉吕布。

曹操当然很高兴，能在吕布身边安插个卧底是他求之不得的事，曹操于是拜陈登为广陵郡太守。

临别之时，曹操又拉住陈登的手说："东方之事，全都托付给你了！"

这些情况吕布一无所知，陈登回来后劝他不妨趁热打铁，再给皇上上一道奏疏，表明将遵照诏令尽臣子应尽的本分，同时再给曹操写一封信，进一步表明立场。

吕布同意，让陈登替他草拟诏书和信。

陈登很快拟好了，吕布拿过来一看，只见给天子奏疏里写道："臣本应奉迎大驾，但知道曹公忠孝，迎接陛下迁都许县。臣之前与曹公交兵，现在曹公保辅陛下，臣为外将，如果引兵前来，恐怕引起误会（欲以兵自随，恐有嫌疑），所以就以带罪之身驻守在徐州，是进是退不敢自己妄加决定。"

这些话主要为了解释当初为何不去迎驾，写得还不错，但给曹操的信写得却不够分量，虽然表达了愿意听从调遣的意思，却不够真切。

吕布想了想，又在信中加了几句："我吕布是个有罪的人，按道理应当死罪（布，获罪之人，分为诛首），您亲自书写教命加以慰勉，对我加以厚待褒奖，我一定按照诏书的指示追捕袁术等人，一定以命为效！"

奏疏和信派人送出之后，没过多久即迎来了朝廷的特使奉车都尉王则，诏书继续对吕布进行嘉勉，同时升吕布为左将军。

吕布在长安时只是奋威将军，汉献帝东归后升他为平东将军，现在进一步升为四方将军中的左将军。

当初汉献帝派人给吕布送平东将军的印绶，不巧的是在半路上丢了，曹操心很细，就连这件事他也记着。

曹操专门给吕布又写了封信，信中说："当初在山阳郡丢失了拜封将军的诏书和印绶，现在朝廷没有成色好的金子，我取自己家里存的好金给你制印（孤自取家好金更相为作印），朝廷没有紫色绶带，我就取自己的绶带给你以表达我的心意。现在袁术要称天子，将军应当阻止他。朝廷信任将军，将军也应该表明自己的忠诚。"

看到曹操的信，吕布大为感动，他再次派陈登去许县奉章谢恩，并让陈登给曹操捎去一条最好的绶带。

看到此情此景，谁又能想到就在不久之前他们二人还是势不两立的对手？但其实，对于这个化干戈为玉帛的神奇转变，他们二人的头脑一直都很清醒。

他们都知道，这不是友谊，更没有亲情，这就是所谓的政治。

吕布虽然算不上是位政治家，但知道怎么说话。

◎袁术淮水受辱

吕布的做法让袁术不能容忍。盛怒之下，袁术分七路大军来进攻徐州，总兵力多达十几万。

这大概是袁术全部的家当了。七路大军中最重要的有四路：张勋、桥蕤、韩暹和杨奉。

张勋和桥蕤是袁术手下的大将，韩暹之前说过，跟李乐、胡才一样都是白波军的首领。汉献帝在河东郡遇难，他们出过大力，韩暹被封为大将军。

杨奉也是白波军首领，与韩暹不同的是，他很早便投靠了李傕，成为李傕手下的部将。李傕与郭汜内讧，杨奉和宋果等人密谋欲杀李傕，但事情败露，杨奉领兵叛走。后张济出面护驾东行，张济当时联合的就是杨奉部。

杨奉一路护驾东归，其间打败了追上来的郭汜，汉献帝曹阳遇险，韩暹、李乐、胡才等白波军首领就是杨奉召来的。汉献帝回到洛阳，杨奉因功获授车骑将军，曹操接管朝廷后，与杨奉发生矛盾，曹操进攻杨奉，杨奉转投袁术。

韩暹后来的境况和杨奉差不多，率残部四处流浪，被杨奉召来，名义上都听袁术调遣。

白波军虽然战斗力不强，但号召力很厉害，每逢哪里有大仗，他们一声号集，总能马上聚集起很多人马，乌乌泱泱，遮天蔽日，不明就里的人一看那场面都得被吓住。

吕布手中充其量有三万多人，把刘备的几千人马算上，都凑不够人家的一半多，吕布知道这下子麻烦来了。

吕布一面积极备战，一面给曹操写信，告诉他这边的情况，请他派兵增援，最好再联络袁术背后的孙策，一块行动。

但吕布知道，大难将至，远水解不了近渴，而且远道来的水，是福水还是祸水往往搞不清。

还得靠自己，不能在此坐等曹操派来援军，必须想办法用自己的力量把敌人打败。

吕布召集大家商议，众人也一筹莫展。

当初有人反对与袁术翻脸，因为袁术也不是好惹的，这下子算是应验了。曹操那边就别指望了，听说南阳郡张绣把他折腾了几回，他已连吃败仗，自己的事都还没处理好呢，不会发兵来救咱们。退一步说，即使曹操有这个能力，他也不会来救，起码不会立即来救，借袁术之手消灭吕布，这买卖对曹操来说简直太划算了。

有这种想法的人，大概眼睛都在斜视着陈珪和陈登，那意思像是说：这都是你们父子出的好主意！

陈珪见众人在看他，出来道："其实也没什么，敌人来势虽然凶猛，但只不过是袁术仓促之间集合起来的乌合之众罢了，不用担心，也不必大动干戈，我自有破敌妙计。"

众人退去，吕布把陈珪和陈登留下，问他们有何破敌之策。

陈珪这才说出了自己的办法："袁术人马号称十多万，最能打的也就是张勋、桥蕤这两部，还有韩暹和杨奉，如果真的拼起命来也还行，其他各部人马只是来凑凑热闹，袁术不敢把所有的人马都压到徐州来，他还得防曹操和孙策，所以，敌人气势虽然很足，但抓住要害，破之也不难。如果能让韩暹和杨奉反戈一击，去进攻张勋、桥蕤，不用我们出手，敌兵可自破。"

吕布听了，并不激动："道理是这样的，可韩暹和杨奉都听袁术召唤，他们怎能无端去打张勋、桥蕤呢？”

陈珪不着急，他接着说：“韩暹和杨奉都是变民出身，他们虽然曾归顺朝廷，但在朝廷和众人眼里仍然是流寇。他们甘愿效命于袁术，也是被曹操攻打之下的权宜之计。这些人只看眼前利益，立场随时会变。只要派人去游说他们，许他们以重金，我敢保证他们会马上掉转枪头去帮我们打袁术。”

吕布从来没见过陈珪说话如此口气大，但看他一副胸有成竹的样子，也想试试。吕布问谁可以担任这个艰巨的任务，陈珪推荐他的儿子陈登。

吕布于是给韩暹、杨奉写了一封信，信中写道：“二位将军大驾东来，你们都曾有大功于国，当书勋竹帛，万世不朽。现在袁术造逆，天下共诛讨，你们为何与贼臣一起伐我吕布？我吕布有杀董卓之功，与二位将军俱为功臣，可以在此共同讨伐袁术，为天下再立新功（可因今共击破术，建功于天下），现在正是机不可失的时候啊！”

陈登去后不久即回，报告说事情成了。

吕布将信将疑，不敢确信。不过，很快便从前面传来消息，说不知发生了什么事，韩暹和杨奉突然掉转头，反向张勋和桥蕤进攻。

吕布既惊且喜，决定抓住战机，立即集合全力向张勋和桥蕤发起进攻。张勋、桥蕤猝不及防，迅速败下阵来。

吕布下令追击，为了给袁术一个深刻教训，吕布觉得这次一定要追得狠一点儿，打得疼一点，让这小子吃点苦头，多长长记性。

韩暹和杨奉表现得也不错，按说他们的任务已完成，可以坐等收钱了，但他们一直和吕布配合，紧追敌人不放。袁军败得一塌糊涂，吕布很快攻到了淮水边上，进入扬州刺史部辖区。

吕布这才发现韩暹和杨奉为什么愿意跟着追了，他们不叫追，应该叫抢，吕布率军在前面攻，这二位名义上在后面配合，其实是一路抢，所到之处被他们抢得十室九空。

也许这正是陈登能轻易说服他们二人的原因。这拨白波军兄弟积极性高涨，可怜袁术辛辛苦苦积攒下来的不少好东西都被他们抢去了。

一口气过了淮水，拿下了袁术淮水南岸的重镇钟离，此地离寿春不远了。

袁术急了，亲率大军前来迎战。

吕布看看也差不多了，袁术虽败但实力犹存，这根又臭又硬的骨头还是留给曹操啃吧，于是下令大军返回淮水北岸。

袁术率领的大军到达淮水南岸，双方隔河相望。

为了再挫袁术的锐气，吕布下令先不走，在北岸列阵。

吕布给袁术写了封信，让人送过河去，信里写道："足下常吹嘘自己的人马多么强盛，吕布我虽然无勇，但虎步淮南，一时之间，足下鼠窜寿春，不敢露头，你的猛将武士都在哪里？足下一向喜欢说大话，用以欺骗天下，可天下之人又怎么那样容易被欺骗？古者交兵都是有原因的，现在首先挑事的不是我（造策者非布先唱也），咱们现在相去不远，你有什么说的可随时答复。"

吕布告诉袁术，你干的这事实在天怒人怨，我即使不出头讨伐你，也有人来收拾你，你好自为之吧。吕布让人把这封信誊抄两份送到许县，一份上报天子，一份呈给曹操。

吕布就这样在北岸一连待了几日，袁术既不敢过河，也不敢撤兵，弄得很难受。

吕布这边的将士在北岸还大声嘲笑袁术，十分痛快。

曹操看到袁术被他的两个小兄弟折腾得够呛，于是抓住时机亲自东征，时间是汉献帝建安二年（197 年）九月。

袁术跟曹操交过手，知道曹操的厉害，听说老朋友亲自来了，倒也干脆，留下部将桥蕤、李丰、梁纲、乐就等人驻守蕲阳阻挡曹操，自己先溜了。曹操指挥于禁等部进击，把桥蕤等四人包围在苦县，全部斩杀。

袁术跑到了淮河以南，彻底不敢迎战。

曹操此时无意对袁术穷追不舍，因为南阳郡的问题还没有解决，曹洪被张绣压得喘不过气来，他得尽快回师，再战南阳郡。

曹操于是撤兵，回到许县，准备第二次征讨张绣。出师前，曹操让有关部门对前太尉杨彪进行立案追究。

杨彪是前任三公，此时已被免职，曹操之所以突然想起他，是因为他跟袁术有姻亲关系，曹操接到举报，说袁术称帝杨彪也有份（欲图废立），于是把杨彪下狱。

建设部部长（将作大匠）孔融听说，来不及穿上朝服，跑过去见曹操。

孔副为杨彪求情："杨家四世清德，为海内景仰。《周书》上说父子兄弟罪不相及，怎么能以袁术之罪归于杨彪呢？"

但曹操没有让步的意思，让许县县令满宠负责审理此案。

许县县令好比当年的洛阳令，品秩不高但权力很大，尤其是对京师地区有司法管辖权，可以审理朝廷官员及家属，何况杨彪已不担任公职，形同普通百姓，所以归许县县令审理。

孔融和荀彧都私下里找到满宠，让他不要对杨彪用刑（勿加考掠），谁知满宠一上手就对杨彪来了个大刑伺候，把孔融和荀彧气坏了。

满宠把杨彪打得死去活来，几天后来向曹操汇报："快把杨彪打死了，他也没有什么可招的。此人海内知名，如果没有证据就治罪（罪不明白），必然大失民望。"

曹操想了想，第二天就赦免杨彪出狱，这时孔融和荀彧才明白，满宠打杨彪正是为了救他。

曹操突然拿杨彪说事，表面上是他与袁术有瓜葛，其实是因为杨彪出身于世家，代表了某种政治势力，虽然他已经下台，但影响力仍不同一般。

新朝廷刚建立，曹操经常在外面征战，必须内外都树立起绝对权威。拿杨彪开刀有杀一儆百之意，为的是树立自己的绝对威信，袁术的事只是为他提供了一个借口而已。

杨彪受惊一场，被放出来后，他看到汉室衰微，许县都是曹氏的天下，于是对外称自己脚有病（脚挛），不再出门，避免惹祸。

◎安众突围的秘密

曹操没有继续攻击袁术，因为南阳郡的问题还没有解决。

相对于较远一些的袁术，眼皮子底下的张绣所造成的威胁更为直接，所以曹操无心在淮南方向扩大战果，而是下令迅速回师许县。

汉献帝建安二年（197 年）十一月，曹操率军再征南阳郡，首先抵达南阳郡最北边的叶县，与驻守在这里的曹洪会合。

如果曹操再不来，曹洪可能真守不住了，张绣的部队以凉州军为老底子，战斗力很强，刘表又派邓济等人支援张绣，南阳郡呈现一边倒的态势。

曹操首先进军湖阳，那里是刘表的人马驻守，曹军攻克湖阳，生擒了刘表的部将邓济。之后，曹军转攻舞阴，将其攻克。

在肃清了宛县这些外围后，曹操率军攻打张绣的大本营宛县，进军到淯水河畔。这里是曹操的伤心之地，去年，他的长子曹昂、侄子曹安民以及心爱的部下典韦都战死在这里。

曹操在淯水河畔再次举行仪式，祭奠阵亡将士。曹操亲自参加祭奠，唏嘘流涕，将士们都深受感动。

但是，建安二年年底的这次军事行动却突然中断了一段时间。曹军在宛县一带过的年，之后又回师许县，没有记载显示是张绣、刘表联军打退了曹军的进攻，曹军是自己撤回去的。

还有一种可能，曹军没有回师，仅是曹操带少数人回到了许县。曹操离开主力回到后方，一定是有重大事情需要处理，但具体何事不得而知。

后一种可能性更大，因为曹操在许县仅停留了一个多月，就又回到了南阳郡前线，这次他还带上荀攸一同前往。

不过，荀攸劝曹操暂时不要在南面用兵："张绣与刘表相恃为强，然而张绣只是一股游军，处处要仰仗刘表的接济，刘表一旦不给他提供资助，二人势必分离。不如暂时缓兵，让他们自动分开（可诱而致也）；如果我们攻得急，刘表对张绣肯定不能不管，要全力相救。”

事后证明，荀攸的这个分析是有远见的，但曹操考虑到南面的事不能拖下去，必须尽快解决，好让自己无后顾之忧，从而可以腾出手来对付东面的吕布和刘备。所以他没有采纳荀攸的建议，继续进兵。

在曹军的强大攻势下，张绣的主力离开宛县南撤，退到距宛县 100 多里外的穰县。

曹军进攻穰县，与张绣军展开激战，张绣顶不住，急忙向刘表求援。果然如荀攸分析的那样，张绣之于刘表，就是一面坚固的盾牌，张绣在前面顶不住，刘表不能不管。

刘表派兵驰援张绣，刘表派了多少人马前来不得而知，但这一次他一定是动了老本，因为他派来的人不仅有驰援穰县的，还悄悄分出一支人马占领了一处战略要地，要给曹军来个前后夹击，让曹军有去无回。

这个地方名叫安众，接下来将让曹军大吃苦头。

穰县城里的张绣迎来了刘表的援军，士气大振，曹操攻城遇阻。张绣在城里做着长期守城的准备，但他突然接到了报告，说曹军主动撤退了。

张绣有些不解，从目前的形势来看，曹军仍然占有优势，何以无缘无故撤退呢？张绣害怕曹操使诈，下令先不要贸然去追。

曹军撤得很迅速，一路向北而去，张绣看看不像有诈，于是大着胆子追了上来。

张绣有所不知，曹操下令回师并非使计，而是真的，因为许县大后方出了问题。原来，听说曹军主力南下，田丰劝袁绍趁机袭击许县，将汉献帝抢到自己这里来。袁绍手下有人叛逃到曹营，提供了上述情报。曹操接报后，认为事关重大，不敢丝毫迟疑，即刻挥师北撤。

这件事很蹊跷，要么田丰真有此议，而袁绍确实准备发兵袭取许县；要么是袁绍造的谣，目的是不让曹操太顺手。还有一种可能，是贾诩的计策，为了解穰县之围，故意制造谣言，给曹操提供了假情报。

不过，曹操在做出回师决定时一定是有充分依据的，如果这样看，第一种可能性应该最大。

曹军回师许县，最快速的推进方式是走南方大道。

东汉的南方大道跟东方大道、东北方大道一样，是全国交通网里的骨干线路，它起自洛阳，连接鲁阳、宛县、穰县、襄阳以及南郡的治所江陵、武陵郡的治所汉寿，走这条道就好比上了高速公路，直线距离最短，路也最平坦宽阔。

曹操现在只想火速回师以解许县之危，因此想都没有想，指挥人马沿着南方大道向北疾行。谁知，这条行军路线差点让他们全军覆没。

穰县以北是一片山地，地势很险要，南方大道穿山而过，在此形成了一处要塞，此地就是安众。

曹操包围穰县时，没有想过这么快就会撤军，所以忽视了背后的这处要点。刘表的援军恰恰发现了这里很重要，于是分重兵占领，实际上断了曹军的后路。

刘表的人马进入安众要塞后，立即整修防御工事，以南方大道为轴线，以山地为依托，很快建成了一条东西连绵数十里的防线。

曹操率军抵达安众，突然发现过不去了，如果绕道而行，无论是向西还是向东都是山区，道路不畅，费时费力不说，敌军依托有利地形更容易袭击自己。安众防线就像一条铁链，牢牢地缚住了急于回师的曹军。

张绣也指挥穰县的人马从后面杀来，曹军面临前后被夹击的不利处境。双方陷入僵持状态，情况对曹军很不利。虽然人数占优势，但在有限的区域内兵力难以全部展开，在这种情况下，守着有利地形的一方更占优势，曹军陷入了所谓的死地。

在此关键时刻，曹操发挥了他在军事上的天才想象力，指挥人马神不知鬼不觉地突破了看似牢不可破的安众防线，并且基本上没有什么损失。

曹操是怎么做到平安突围的呢？史书没有详细记载。

史书只是说，曹操先是给荀彧写了封信，说只要到了安众，必然能打败张绣，后来果然就把张绣打败了。

回到许县后，荀彧也曾向曹操讨教破敌的原因，曹操说:“兵法说‘归师勿遏’，而敌人非要阻挡我们的归师，并且跟我们争夺死地，我所以知道他们必败（虏遏吾归师，而与吾死地战，吾是以知胜矣）。”

曹操的这番话等于没说，不是所有的归师都能打胜仗，也不是在所有的死地里都能起死回生。

曹军之所以化险为夷，是因为他们采取了敌人想象不出的作战方式：地道战。

曹操白天与敌人对阵，晚上悄悄在最险要的地段挖掘地道（夜凿险为地道），这项巨大工程估计颇费了些时日，绝不是一夜之间可成的。根据史书记载，曹军到达安众时是五月，回师到许县荀彧向曹操讨教破敌秘密的时候已经是七月了，也从侧面印证了安众地道挖掘工程量的巨大。

最后，曹军的工兵部队以顽强的毅力挖通了安众防线，曹操指挥人马趁夜遁去。

数万曹军一夕而遁，天亮后张绣才发现这个情况。

张绣心有不甘，下令追击。

贾诩认为现在不能追，他劝张绣:“现在不能再追，追击必然会失败（不可追也，追必败）！”

张绣觉得曹军已成败寇，此时追击正可以扩大战果，为什么不追呢？张绣没有听从贾诩的建议，指挥所部人马以及刘表的参战部队全军压上，沿着曹军撤退路线追击（悉军来追）。

果然，他们吃了败仗。

张绣率部还没有追上撤退的曹军，却先后迎面遇上了曹军新投入战场的两支生力军，这两支人马不约而同挡住张绣、刘表联军，上来一顿猛打，把张绣、刘表联军打得大败而回。这是曹仁、李通率领的两支人马，他们倒不是商量好的统一行动，而是碰巧遇到了一起。

曹仁没有随曹军主力行动，曹操派他肃清宛县附近几个县的残敌，而李通驻守在南阳郡以东的汝南郡，是曹军距此最近的部队。这两个人都是得知曹军主力被阻于安众防线而前来解围的。赶到时，正好遇着曹操率大队人马从地道里钻出来仓促北撤。

曹操看到他们来得正是时候，就自己带着从安众突围出来的人马继续北上，而让他们这两支生力军在此打阻击。

张绣损失不小，后悔没听贾诩的劝告。

哪知，贾诩这时又出来劝张绣追击。

贾诩对张绣说："现在马上去追，再战必然能取胜（促更追之，更战必胜）。"张绣以为听错了,对贾诩说:"当初没听您的话,结果打了败仗(不用公言,以至于此),现在都这样了，为什么还要追？"

贾诩向张绣说出了追击的理由："现在敌情出现了新变化，去追一定能取胜。"

张绣抱着将信将疑的想法派人追击，这一次竟然打了胜仗。

事后张绣请教贾诩胜败的原因，贾诩说：

"曹军开始退却，曹操必定会派精兵断后，我们追击必然失败。打败了我们的追击，他们又会轻军前进，没有料到我们会再来，所以我们就能取胜。"

张绣听了，深表佩服。

回到许县，曹操进行了反思，他对荀攸说："没有听先生的话，才造成今天的结果呀（不用君言至是）！"

从实力对比上看，曹操的实力远远强于张绣，但张绣以一支弱旅反而打得曹操十分狼狈，在曹操的军事生涯中，这是绝无仅有的事。

◎领导也需要鼓励

在南阳郡遭遇一连串失败，不仅让曹操懊丧，也滋长了袁绍的骄傲情绪。

你连一个名不见经传的张绣都打不过，岂是我的对手？

受这种情绪的支配，袁绍对曹操也越来越不客气，他直接给曹操写了一封信，以许县地理位置偏僻、地势低湿为由，要求曹操把汉献帝迁到兖州刺史部的鄄城。

鄄城曾是曹操在兖州期间的大本营，这里虽然还属于“曹统区”，但距袁绍的控制区只隔一条黄河，袁绍的用心很明显，曹操当然拒绝了袁绍的提议。

但袁绍不依不饶，多次来信催问，信中流露出对曹操的骄傲和不尊重（其辞悖慢），曹操看了大怒，但又不知如何回击，因而行为都有些失常（出入动静变于常）。

这些情况大家当然不知道，还以为是因征讨张绣失利造成的。

钟繇就此向荀彧询问情况，荀彧说：“曹公是一个深谋远虑的人，对于既往之事不会过于放在心上，现在必然是因为别的事。”

荀彧来见曹操，询问缘由，曹操出示了袁绍的来信，并且说：“我真想讨伐这个不义的人，但是力量不够，你说该怎么办（今将讨不义，而力不敌，何如）？”

针对曹操提出的问题，荀彧其实早有考虑。

荀彧觉得曹操也需要得到鼓励，于是说了一段很长的话：

“古往今来面对成败得失，对于确实有才能的人，即使暂时弱小，以后也必然会强大；如果他不是这块料（苟非其人），即使暂时强大，将来也必然会被淘汰。刘邦、项羽的事，正好说明这一点。

“如今能与您争夺天下的，只有袁绍罢了。袁绍这个人，外表宽和，但内心里猜忌心很强（貌外宽而内忌），做不到用人不疑；而您明达不拘，只要有才能就大胆使用，这是在度量上胜过袁绍。袁绍遇事优柔寡断，总是把握不住机会；而您能明断大事，应变有方，这是谋略上胜过袁绍。袁绍治军宽缓，法令不立，士卒虽然多但实在难以为用；而您法令既明，赏罚必行，士卒虽少，都争相效命，这是在武力上胜过袁绍。袁绍凭着世家的出身，经常装模作样以显示自己的智慧（从容饰智），喜欢沽名钓誉，所以那些没有真本事但喜欢虚名的人愿意投奔他；而您待人真诚，推诚相见，从不华而不实，严格要求自己，对自己很勤俭，而奖赏有功之人从来不吝惜，所以天下忠勇之士都愿意追随您，这是德行上胜过袁绍。”

荀彧最后总结说："以上这四胜，凭借它们辅佐天子，匡扶正义，讨伐叛逆，谁敢不从？袁绍再强大又有什么用！"

听了荀彧的"四胜论"，曹操心里特别高兴。因为荀彧所说并非虚言，绝不是为让自己舒服编出来的奉承话。荀彧在袁绍身边待过，对袁绍的分析还是比较准确的，曹操心里的阴云散去了大半。

与此同时，郭嘉也看出曹操的心事，在另一个场合也向曹操说出过相似的话。

郭嘉的分析更为全面，把"四胜论"扩展为"十胜论"：

"当初刘邦不敌项羽，情况大家都清楚，所以刘邦只能智取，不能力敌，而最终项羽被刘邦打败。据我看来，袁绍有十败，您有十胜。

"袁绍虽然强大，但他没有什么作为，繁礼多仪；而您做事自然，没有形式主义，这是道胜。

"袁绍逆潮流而动，而您顺天而行，这是义胜。

"桓、灵以来，政治失于宽怠，袁绍以宽治宽，手段不够强硬；而您纠之以严，使上下法令顺利施行，这是治胜。

"袁绍外宽内忌，用人而疑之，所重用的人都是亲戚子弟；而您外易简而内机明，用人不疑，唯才是用，不问远近，这是度胜。

"袁绍多谋少决，抓不住机遇；而您有了计划就大力推行，应变无穷，这是谋胜。

"袁绍是世家后代，喜欢沽名钓誉，喜欢说好话和奉承自己的人；而您待人以诚，不为虚美，忠正之士、有才之人都愿意为您所用，这是德胜。

"袁绍看见有人饥寒，也能给予体恤，马上进行接济，但对于看不到的，他也就想不到了；而您对小事有可能忽略，但大事都考虑得周到细致，恩之所加，都超过他们自己的期望，即使看不到的，也都有考虑，这是仁胜。

"袁绍手下大臣争权，谗言惑乱；而您对下属治理有方（御下以道），谗言不能通行，这是明胜。

“袁绍是非不清，而您对待正确的事以礼相待，对待坏事都以法正之，这是文胜。

“袁绍好虚张声势，不了解打仗的要领（不知兵要）；而您善于以少克众，用兵如神，军队依仗，可使敌兵害怕，这是武胜。”

可以说，荀彧和郭嘉对袁、曹优劣的分析都一针见血，做出上述判断虽然不乏一定的主观因素，但基本上说的都是实话。

对于部下的溢美之词，曹操听得有点儿不好意思，笑着说：“怎么可能像你们所说的那样，我有何德何能可以胜任呀（如卿所言，孤何德以堪之也）！”

落实到具体对策上，荀彧和郭嘉的意见非常一致，他们都认为应当把南阳郡的事放一放，先取吕布。

荀彧认为如果不先取吕布，那么以后要解决袁绍会相当困难。

郭嘉认为袁绍正北击公孙瓒，可以趁着他主力远征时东取吕布。如果失去这个机会，等到袁绍发起进攻时以吕布为外援，那就太危险了（若绍为寇，布为之援，此深害也）。

曹操同意他们的看法，但心里有一些顾虑：“我比较担忧关中方面，如果关中处理不好，羌人、胡人加上南面的益州就会与袁绍、吕布等人联合起来，到那时我们将四面都是敌人，虽然据有兖、豫二州，却也顶多只占天下的六分之一而已呀！”

就此，荀彧有自己的看法：“关中地区目前大的割据势力有十几支，彼此互相不服，其中韩遂和马超最强。他们看见关内相争，必然各自拥兵自保。现在如果主动联合他们，示以恩德，和平的局面虽然不能维持太久，但也可以坚持到整个关东地区平定之后。”

荀彧的分析正切中要害，很有说服力，让曹操心中顿时亮堂起来。

荀彧推荐钟繇出镇关中，曹操同意，于是辞去自己的司隶校尉一职，让钟繇以侍中的身份兼任司隶校尉，持节督关中各军，授予钟繇遇到有些问题可以先处理再上报的权力（特使不拘科制）。

钟繇是当代最有成就的书法家之一，他与后世的王羲之并称“钟王”，他的字在当时就得到了同是书法家的曹操的喜爱，但此时钟繇在曹操眼绝不是一个书法家协会主席的角色，他是曹营的重臣。

钟繇处事开达理干，意思是说通达事理、具备卓越的行政能力和才干。钟繇属于实干型人才，也是专家型领导干部，他有胆有识，沉着勇毅，派他到关中总理那边的各项事务，曹操十分放心。

之前曹操派朝廷机要局副局长（谒者仆射）裴茂到关中，目的也是联络关中诸将，裴茂到关中后，首先联络凉州军中倾向于朝廷的段煨一派的支持，段煨协助裴茂讨伐了李傕，夷灭其三族。

斐茂把李傕的人头送往许县，对这个杀害了朝廷多名重臣的刽子手，从汉献帝到百官无不痛恨，汉献帝下诏将李傕的人头高悬示众，同时下诏拜段煨为安南将军，封为乡侯。

钟繇到达关中时裴茂在这里已打下了一定基础，当时活跃在关中一带的割据势力除段煨、李傕外还有很多股，其中马腾、韩遂的势力最为强大，钟繇给他们写信，表明利害（为陈祸福），劝他们忠于朝廷。

经过对形势的分析，马腾、韩遂选择了向许县朝廷靠拢，他们各送一名儿子到许县作为人质，以表明自己的忠心。

钟繇、裴茂开始着手经营关中，他们积极发展经济，稳定地方局势，争取各派力量的支持，取得了丰硕成果。

西边的事安顿好了，在征讨吕布之前对南边的事也得做出安排，防备刘表、张绣趁机偷袭。

曹操仍然留下曹洪负责守卫南阳郡北部的曹军占领区，交给他的任务是坚守不出，绝对保证许县南线的安全。

曹操还启用了几个从荆州北归的人，把他们派到敌占区开展工作，深入敌后，发展根据地，对曹洪给予策应。

在这些人里，杜袭、赵俨成绩最大。

杜袭字子绪，也是颍川郡人，他的曾祖父杜安很有名气，杜袭曾在荆州避难，与繁钦是好朋友，刘表待杜袭也不错，但杜袭发现刘表难成大事，于是跑到长沙郡躲了起来，后来听说天子来到许县，那里正是杜袭的老家，他于是辗转回到了许县。

曹操任命杜袭为南阳郡西鄂县长，这个县离张绣的大本营宛县很近，基本上是顶在敌人鼻尖上的一把刺刀，在那么恶劣的情况下，杜袭很不简单，不仅站住了脚，而且还发动军民一边防卫一边开展生产。

有一次，张绣联合刘表的人马上万人来攻打鄂县，杜袭召集身边的骨干共50多人，跟他们集体盟誓，共同率领西鄂县的军民拼死抵抗。

杜袭亲自战斗在最前线（身执矢石），让士气受到鼓舞，大家个个拼死抵抗，斩杀数百名敌人，而守城的这边仅死了30多人。但是，敌人过于强大，最终杀进城中，杜袭率军民突围，伤亡惨重。突围出去后，杜袭没有逃到曹洪那边求救，而是收拢散民，转战到摩陂。这是一个当时很著名的水库，位于今河南省郏县东南。杜袭领导军民坚持敌后游击战，大家听说后纷纷赶来向他汇拢，杜袭重新组织起一支力量，不断抗击张绣的进攻。

赵俨字伯然，也是颍川郡人，在避乱荆州期间跟杜袭、繁钦很要好，他们三家像一家人一样生活（通财同计），他后来也回到了故乡，被曹操任命为朗陵县长。

朗陵县虽然属于汝南郡，但这里紧邻着南阳郡，属于敌我双方开展拉锯战的地方，由于它位置靠南，贴在南阳郡的腰眼位置，战略地位也相当重要。

朗陵县有很多黑恶势力（多豪猾），一向无所畏忌，赵俨到任后从打击黑恶势力入手，一下子抓了不少人，全部判处死刑，由此树立了威望。

在曹操南征张绣行动中立下大功的李通长期驻守在汝南郡，他利用自己的影响不断巩固实力，有力地策应了许县以南的安全，曹操根据李通前后立功的情况，升任他为副军长（裨将）。

李通和赵俨在汝南郡共事，建立了良好的关系。李通妻子的伯父是朗陵县人，因为什么事犯了法，被赵县长抓了起来。李通的妻子哭着向李通求情，希望李通去疏通一下，但李通说："现在大家都全力以赴为曹公效力，不可因私废公！"最后，李通妻子的伯父被砍了头。

李通反而称赞赵俨执法严格，跟他成为好朋友。

南面有曹洪留守，又有李通、杜袭、赵俨这样的军政人才，曹操可以放下心来，专心考虑东面的事。

◎吕布很闹心

就在曹操准备向吕布动手时，吕布那边的形势也发生了变化。

近一段时间来，吕布碰上了好几件事，件件都不顺。

先是跟臧霸等人闹翻，差点儿动起手来。

这件事由琅琊国引起，琅琊国是徐州刺史部下面的一个郡国，该国国相萧建最早是陶谦任命的，陶谦死后徐州陷入一片乱局，萧建慢慢与州府这边断绝了往来，以莒县为中心成为一个独立王国。

但萧建不是臧霸的泰山帮成员，他平时不敢得罪臧霸，表面上向臧霸臣服。吕布早就看着泰山帮不顺眼，就想通过萧建来敲打敲打泰山帮。吕布派人通知萧建，让他归服于自己，否则将率大军讨伐他。

吕布给萧建写了封信，信中写道：

"天下举兵，本以诛杀董卓为目标。我杀了董卓，来到关东，欲兴兵西迎大驾，光复洛阳，但诸将各自相攻，莫肯念国。我吕布是五原人，家乡在天的西北角，离徐州数千里，我不会来与大家争夺天的东南角（不来共争天东南之地）。莒县与下邳相去不远，应当共通。你如果按照随心所欲的想法，认为可以郡郡做帝、县县自王，那就错了。

“当年乐毅攻伐齐国，一口气打下齐国70多座城池，只有莒县、即墨二城不下，之所以如此，是因为有名将田单啊，我虽然不是乐毅，但你也未必是田单，你可以拿着我写给你的这封信与有识之士一块认真商量商量（可取布书与智者详共议之）。”

信送出后，很快就收到了效果，萧建派人来到下邳，呈上愿意听从调遣的信件，并送来大批礼物，其中有五匹上等好马。

但此举引来臧霸的严重不满，他认为吕布插手到他的势力范围，于是兴兵讨伐萧建，占领了莒县，萧建向吕布紧急救援。

接到萧建求援的报告，吕布即刻点齐一万精兵前往莒县。

高顺建议吕布不要亲自去：“将军您亲手杀了董卓，威震华夏，环顾四方，敌人无不望风臣服，如今征讨一个臧霸，万一出师不利，岂不有损威名（如或不捷，损名非小）？”

高顺愿意替吕布率兵前往，但吕布不同意。

可是，莒县虽小，臧霸却很顽强，吕布进攻接连受阻。

就在吕布进退两难之际，臧霸突然派人前来请罪，表示今后愿意听从吕布的调遣。

吕布大喜，马上给臧霸回了信，告诉他只要今后听从召唤，过往之事一笔勾销。

吕布随后撤军，一场仗没打起来，但吕布心里很清楚，泰山帮并没有受到损失，今后他们仍然是自己的心腹大患。

办完这件事，吕布想起有件事需要办，就把陈登找来。

之前吕布从刘备手里得了个徐州刺史的头衔，但这还没有经过朝廷的正式任命，虽然朝廷已拜他为左将军，品秩远在刺史之上，但行政职务不能少，否则管理地方事务多有不便。

而且，吕布认为以自己的资历和对朝廷的贡献，刺史有点太低，应该给个州牧，吕布让陈登再跑一趟许县，办办这件事。

陈登从许县回来，吕布问他事情办得怎么样，陈登为难地说，虽然见到曹操了，但州牧的事曹操没有答应，只是以朝廷名义正式授吕布为徐州刺史。

吕布有些失望，陈登见状说道：“我见到了曹公，他让我向您解释，袁术征徐州之时，他那边正在处理南阳郡张绣的事，也很紧张，抽不开身，故而未曾来得及出兵相助。等到能腾出手来的时候，这边战局已出现转折，袁术大败，他也就没有再出兵。”

吕布不关心这个，他继续追问：“那州牧这样的小事曹操为何也不答应？”

陈登似乎早有准备，他回答说：“我向曹公转达了您的请求，曹公说州牧确实是区区小事，但别人能给，唯独吕奉先不能给。我对曹公说，奉先将军是一只虎，只有让他吃饱肉，他才能为己所用，如果吃不饱，就会去咬人。曹公说，非也，吕奉先不是一只虎，他是一只苍鹰，养鹰的人都有经验，饿着它才能为己所用，如果吃饱了，就会远翅高飞（譬如养鹰，饥则为用，饱则扬去）。”

这种话，显然是糊弄小孩的，但吕布很吃这一套（布意乃解）。

这些都让吕布心烦，不过最让他烦恼的还是刘备。

刘备自从到了小沛，好像就无声无息了，除了上次纪灵进攻时他曾向吕布求援之外，这么长时间里小沛方向一直风平浪静。

刘备不是个甘于寂寞的人，越是沉寂越说明有问题。

吕布派人到小沛悄悄了解刘备的动向，经过一段时间的侦察，大体了解了刘备的动向。刘备趁着别人都在忙活的时候，自己一直在悄悄埋头扩充势力，对外一直宣称自己只有几千人马，其实现在最少也在万人。

这还不是最让吕布担心的，据情报说刘备不太跟吕布联络，私下里却跟袁绍和曹操来往密切。汉献帝东归以来，袁绍和曹操的关系由微妙转为紧张，二人有大打出手之势，但刘备跟他们都保持着来往，他给袁绍秘密写信，又派人到许县向曹操拉关系。

看来刘备是想撇开自己独立发展了，这让吕布极为不快。

但仅就这一点还不能跟他翻脸，因为跟他为此事翻脸就等于给曹操难看，吕布现在需要曹操的支持，只是对刘备的情况必须严加监控才行。

这件事刚过，又传来更让人不爽的事。

韩暹、杨奉二位自恃讨伐袁术有功，事情办完就待在了徐州一带，吕布暗示想把他们收编了，但这二位一直不给明确答复。这二人手下都是白波军出身，他们一向没有纪律观念，走到哪儿抢到哪儿，各郡县频频来告状，让吕布头疼不已。

这些人就是土匪，留在身边始终是个麻烦，但是放弃不要又有点可惜，毕竟他们人数众多，号召力很强，一旦有事，不指望他们能出大力，在一旁造个势还是可以的。

吕布觉得不能跟韩暹、杨奉闹翻，他们毕竟在打袁术时出过大力，不要让人议论自己是过河拆桥，可以让他们向豫州、兖州和青州方向发展，打下的地盘都归他们，只要他们有事时愿意听从调遣，其他一概不问。找韩暹、杨奉一说，他们也乐意。

就这样，算是把这二位礼送出了境，可没有想到，刚一去就出事了。

这二位离开徐州地界一路连杀带抢，自然激起了不少民愤，他们不管，仍然到处抢粮食、抢地盘，打的都是吕布的旗号，说是根据吕布的命令行事。

吕布算是又背了一次黑锅，说也说不清，干脆就由他们去了。

谁知这二位抢急了眼，抢到刘备的地盘上去了。

刘备近来也悄悄把手伸得很长，不仅沛国北部几乎尽归其所有，还伸向了相邻其他几个县，韩暹和杨奉大概没有打听清楚，或者明知是刘备，但没把他放在眼里，所以带着手下人也在刘备的地盘上抢。

别人不知道韩暹、杨奉是谁的人，刘备应该清楚，纵然韩暹、杨奉上门来找事，也可以找吕布出面调解，但刘备不管，直接下手。

刘备没有来硬的，而是假意约杨奉相见，杨奉还以为人家请他喝酒，结果就去了，到了就让刘备给抓了起来。

刘备开始没杀杨奉，用他做人质很快瓦解了杨奉的人马，韩暹失去杨奉的支援成为孤军，他想带着残余武装回并州老家，结果走到一个叫杼秋的地方，被当地一个叫张宣的屯帅所杀。

有组织有纪律，才能叫团队。

有组织没纪律，只能叫团伙。

韩暹、杨奉这帮人，不仅没纪律，组织性也很差，叫团伙都算恭维，真刀真枪干起来，当然不堪一击。

刘备没费太大损失就解决了韩暹和杨奉，得了很大便宜，除了得到大批俘虏和二人这些年抢来的金银财宝外，还得到许多上乘战马。别看韩暹、杨奉战斗力不强，但二人多年来四处转战，深知战马的重要性，所部配备有大量出自塞外的好马，刘备悉数归于自己。

解决掉韩暹和杨奉，刘备写了一封信给吕布，说白波贼头领韩、杨奉二人流窜至豫州，沿途烧杀抢掠，民愤极大。更为可气的是，他们干了那么多坏事，还打着您的旗号，说是您让他们干的，这是公然对您的造谣污蔑，为此，我就把他们收拾了，既为民除害，又帮您洗刷了清白。

事做了，便宜得了，又跑过来气你，这个刘备，简直不像话。

但除了生回闷气也没办法。谁让韩暹、杨奉名声太差，刘备毕竟干了件老百姓拥护的事，要因此跟他计较，反而帮了刘备的忙。

至于从韩暹、杨奉二人那里得到的那些好马，刘备在信中只字不提，显然是独吞了。

◎杀，还是不杀

这件事让吕布耿耿于怀，一直想找个机会教训一下刘备。

吕布还没出手，更可气的事情来了。

这几年来，吕布的战马损耗很大，但补充渠道有限，吕布急需战马，尤其是好马。兖州、徐州包括豫州一带不产良马，无法在当地补充。过去在并州或长安，这个问题好解决，派人到塞外或凉州去买就行，或者从那些马贩子手里收购，可现在就困难重重，这些地方离徐州远隔千山万水，别说马贩子不肯来，就是派人专程去买马，也大部分无法成功。

可战马一刻都不能少，尤其是好马。

汉献帝建安三年（198 年）春天，吕布派人出去买马，开始进展都顺利，马也买了，要带回下邳，中间路过刘备的地盘，结果这批战马被人抢了。

在刘备地盘上敢抢吕布战马的人，不用动脑子就知道是谁干的，大家一致认为，幕后指使肯定是刘备。

吕布决定对刘备进行惩罚。

上次高顺建议吕布不必事事亲征，吕布认为他说的也有道理，考虑到刘备已今非昔比，小沛未必能立即攻克，吕布命张辽和高顺带队出征，自己留在下邳做后援。

鉴于刘备已有上万人马，此次攻打刘备，吕布拨出了三万人，务求全胜而归，但是战事却不顺利，刘备拒不认错和投降，坚城固守，小沛一时难以攻克。

吕布知道刘备是在做固守待援的打算，还指望曹操来救他。

为此，吕布也写了封信给曹操，向他讲述征讨刘备的原因，吕布告诉曹操，据他得到的情报显示，刘备一直跟袁术来往密切，有秘密接受袁术伪朝廷任命的可能，刘备受袁术的指使一直在他的北面制造麻烦，劫掠他的战马，又擅自进攻韩暹、杨奉，制造摩擦和混乱，为了阻止刘备和袁术进一步联合，他才决定对刘备给予打击。

吕布也知道，曹操未必会相信他的说法，但这总也是一个说法，救与不救刘备，曹操总得想一阵子吧。

吕布则抓紧时间，亲自率一万大军增援张辽和高顺。

吕布率军到达后，攻城部队士气有所回升，吕布抓住机会对小沛发起猛攻，城内的刘备渐渐有点吃不消。

这时，刘备已顽强固守了近三个月，而曹操的援军并没有来，再这样下去，刘备想必也有所动摇了。

就在小沛即将被攻克之时，突然传来一支曹军向这里行进的消息，吕布立即感到有些紧张，难道曹操想好要救刘备了吗？

仔细打探才得知，曹操并没有亲自来，率兵的是吕布的老对手“独目将军”夏侯惇，有数千人。闻此，吕布稍稍松口气。吕布命高顺在半道伏击夏侯惇，夏侯惇战败，退回。

刘备彻底失望，趁夜突围，小沛被吕布攻克。

刘备逃得很狼狈，只带着关羽、张飞以及糜竺等人，刘备的两位妻子甘氏、糜氏都没来得及带上。吕布命人不得骚扰她们，好好照顾。

对于刘备的求援，曹操还是很重视的。在曹操的对手榜里排在首位的是袁绍，吕布不是第二名也是第三，而刘备是帮助他对付吕布的有力武器。

在曹操的心里，与吕布在兖州的恩怨还没有完，尽管前一阵二人好得有些肉麻，但那都是作戏，曹操的目标还是消灭吕布。

所以当刘备求援时曹操还是派夏侯惇前往救援，之所以来得有些迟缓，那都是可以理解的算计，实施救援的人总希望前面的双方多打上一阵，消耗得差不多了再出场，由此收到的效果将是多方面的。

没想到的是，吕布仍然生猛，夏侯惇根本不是对手。

汉献帝建安三年（198 年）十月，曹操亲自率大军向徐州方向进发，走到与沛国西面相邻的梁国时遇到了逃出小沛的刘备一行。

有一部史书曾提到，在汉灵帝末年，也就是何进、袁绍等人谋诛宦官的时候，刘备曾随曹操赴沛国募兵，但这件事不见诸其他史书，所以历来受到怀疑。

如果没有这回事，那现在曹操和刘备就是第一次相见。

这一年，曹操 45 岁，刘备 37 岁。

刘备一见到曹操，就力劝他一鼓作气杀往徐州，把吕某人彻底消灭。曹操既然出动，也不会空手而归，他在南阳郡连输了两次，需要来一场胜利提振士气。

但是，如何处理刘备，曹操有些犹豫，手下劝他借机杀了刘备的大有人在。

负责兖州刺史部事务的大胡子将军程昱劝曹操："刘备此人有雄才，而且很会赢得民心，终究不会甘居人下，应该早点儿消灭他（宜早图之）。"

曹操想了想，没同意："方今正是收天下英雄之时，杀一个人而失天下英雄之心，不能这样做呀（杀一人而失天下之心，不可）！"

曹操不仅接纳了刘备，还以汉献帝的名义正式任命刘备为豫州刺史。对刘备而言这项任命来得太迟了，因为他已先后两次就任该职，但对朝廷而言，做出这项任命已经算破例了。

汉献帝东归以来，对这些年各地自行任命的官职一直采取不承认态度，当初曹操握有整个兖州，朝廷可以承认他的实力，拜他为镇东将军，但对于他希望得到的兖州牧一职，朝廷拖了很久才给。

曹操虽然跟刘备没有打过交道，但承认刘备是个英雄，也不否认日后刘备会发展为一个可怕对手，但现在却不能杀他，不是不想杀，而是担心让天下英雄寒心。

程昱的想法是基于战术上的考虑，而曹操的想法是建立在战略层面上。从以后情况发展看，程昱的建议有一定道理，刘备确实成为曹操最重要的对手。

但曹操的想法也不错，不久后张绣、臧霸、张杨、张燕等实力派纷纷投降曹操，在袁曹决战中坚定地站在曹操一边，如果现在把刘备杀了，这些人是否还会选择投降，很不好说。

对曹操来说，收留刘备固然是一项风险投资，但也许会有超额的回报。

◎吕布是"妻管严"

从梁国一直往东就是小沛，但目前再去小沛意义已不大。

曹操进攻的重点是吕布的大本营下邳，所以他指挥大军向东南方向的彭城开进。听说曹操亲自来了，吕布多少有点儿意外。

在战术方面吕布一向感觉很准，他知道敌人摆出的阵势哪里最薄弱，也知道如何在最短的时间里完成一次突击，但在战略方面，吕布却经常找不着北。

所谓战略，就是能分清谁是敌人谁是朋友，尽可能增加朋友，减少敌人，而吕布一会儿跟人称兄道弟、亲密无间，一会儿又翻脸不认人、大打出手，几乎所有人都跟他合作过，又都动过手，他的战略是混乱的。

到徐州后的这段时间，吕布联手过刘备，也联手过曹操、袁术，结果跟刘备至少打了两仗，跟袁术打了一仗，现在曹操又亲自来找他打仗，四面都是敌人，看不到一个朋友。混到这地步，已不是战术、战略问题了，应该在人品上找原因。

吕布长于短线操作，只重眼前利益而无长远打算。如果决定联合袁术，就应该坚定不移地走下去，把自己和袁术牢牢地绑在一起，没准也能搞出点儿什么名堂，历史的格局也许会重写。

现在说什么都没用。吕布赶紧让高顺、张辽从小沛撤回，把主力部署到彭城一线，依托彭城周围的低矮山丘以及泧水、济水、泗水等河流，构筑保卫徐州的第一道防线。吕布亲临前线，誓死守住彭城。

但是，曹操是他的老对手，对他相当熟悉，在以往与曹操的交手中他败多胜少，这一次也没出意外。

面对吕布，曹军在心理上占有优势，加上对彭城这个地方也很熟悉，几年前在这里他们曾与陶谦的军队交锋，所以打起来很顺手。

汉献帝建安三年（198 年）十月，曹军很快取得了胜利，俘虏了吕布任命的彭城相侯楷，攻克彭城，吕布率军退到下邳国境内，构筑第二道防线。

有部史书说，曹军攻克彭城后又搞了一回屠城（冬十月，屠彭城）。这是曹操对彭城军民的第二次大屠杀，当年南征陶谦，曹操曾在此搞过一次屠城。实在不太清楚曹操为何对彭城这么仇恨，如果说上一次的解释是父亲及一家几十口人被陶谦杀害而报仇的话，这一次就有些费解了。

打江山就是占地盘，但地盘其实是不值钱的，值钱的是地盘上的人和物，尤其是现在，人口锐减，生产凋零，无论是发展兵源还是组织生产，人口都是最重要也是最稀缺的资源。

屠城这种手段只有在一种情况下可以理解，那就是打下的地盘守不住，地盘上的人也带不走，不想留给敌人，于是消灭。根据目前的形势来看，曹操再屠彭城已毫无理由。

况且，曹操现在的身份相当于全国武装部队副总司令（车骑将军），同时又是三公之一的司空，主持朝廷的日常工作（录尚书事），搞屠城这种严重的犯罪行为，就是知法犯法了。

曹军攻克彭城后继续进军，直抵下邳城外。

下邳城有泗水为依托，城池相对坚固。

这时，陈宫向吕布提出一个建议："咱们不能这样固守挨打，应该主动出击，以逸待劳，一定能打败敌人（宜逆击之，以逸击劳，无不克也）。"

虽然吕布想彻底扳回这局很难了，但陈宫的这个建议在战术上还是正确的，趁曹军尚未渡过泗水主动出击，把敌人拒于泗水河西岸，这个打法比较主动。

可吕布好像正在研究兵法，更对兵法上说的"半渡可击"深信不疑，觉得如果趁曹军正渡河时发起进攻更为有利（不如待其来攻，蹙著泗水中）。

吕布可能不知道，曹操才是研究兵法的大家，是公认的研究《孙子兵法》的鼻祖和权威，那时候《孙子兵法》的知名度还不是很高，曹操发现了这部兵书，爱不释手，为了给手下将领们当教材，他最近一边研究，一边进行批注，连吕布这个兵法爱好者都能想到的事，曹操肯定早有准备，所以曹军渡过的动作异常迅捷，没有给吕布留下发动突然袭击的机会。

曹操率大军推进到下邳城下，没有急于攻城，而是给吕布写了封劝降信（遗布书，为陈祸福）。

吕布接到信以后有所犹豫，现在投降他还有点儿不甘心，投降以后曹操会不会来个秋后算账，他也吃不准。

这时更闹心的事传来，吕布属下的广陵郡太守陈登临阵起义，打乱了吕布的布防。

作为曹操安插的卧底，陈登随时等待着这一天。

上次出使许县，陈登被朝廷任命为广陵郡太守，陈珪后来也应朝廷之召去了许县。没有负担，才好反叛，吕布如果认真想一想，对陈登就该防一手。

曹军围攻下邳，陈登立即率人马从广陵郡来了，说是支持吕布，到阵前才亮明卧底的身份，回马一枪，吕布损失很大。

吕布恨得牙疼，盛怒之下，亲率人马冒险出城，寻找陈登的踪迹，想将他抓住。但陈登很狡猾，逃得比泥鳅还快，转眼到了曹军的背后。

吕布一番苦战，才勉强脱身回到城内。

陈登的三弟还在城中，吕布把他抓了起来，想以此为条件与陈登谈判，遭到陈登的断然拒绝，攻城反而更急。

困守孤城，吕布手下一些人信心被动摇，情报处处长（刺奸）张弘也在给自己找出路，陈登的三弟掌握在他的手里，张弘趁夜将其护送出城，交给陈登。

吕布只有依托下邳城坚固的城防进行抵抗。

吕布打定主意，不再主动出击了，曹操愿意攻城就让他攻去，下邳至少是个雍丘吧，自己再不济也比张超强，守个一年半载，曹操，看谁能耗过谁！

但是曹操的大军围住了下邳城，却没有发起进攻。

曹操给吕布写了封信射进城内，信里是劝他投降的，吕布接到信之后有些动摇，陷入沉思。

吕布还真想投降，再打下去一定输，不划算，投降之后曹操让自己带兵则带，不让带兵就告老还乡，回五原当个平民百姓。

所以，吕布还真有点想投降了。

一天，吕布带着陈宫到城墙上观察敌情，见城外曹军连营密集，阵形整齐，敌兵士气正旺，心中投降的念头更强了。

吕布冲着城外的曹军喊道:“曹公的信我已收到,请转告曹公,我将向他自首(卿曹无相困,我当自首明公)!”

话音未落,一旁的陈宫急了,厉声道:“只有逆贼曹操,哪来的什么曹公(逆贼曹操,何等明公)!”

陈宫苦劝吕布千万不能投降,现在敌人声势虽猛,但时间有利于我们,曹操不敢在下邳城外多停留,就在不久前,以张绣区区一个南阳郡,一两万人马而已,面对曹操一攻再攻,他们仍拼力死战,两次将曹操打败。

战,尚有一生;降,则必死无疑。

陈宫劝吕布丢掉幻想,还是回到如何加强防守上来,把敌人挡在下邳城下。经陈宫一说,吕布又犹豫了,心想守几个月肯定不是大问题,干吗把命运交由别人摆布呢?

于是吕布不再提投降的事,专心守城。

应该说,这是吕布最后的一次机会。

吕布这时如果肯投降,曹操杀他的可能性较小,但吕布忽略了陈宫竭力反对投降的真实原因。在曹操眼中,陈宫跟吕布不一样,吕布投降了只是降将,而陈宫则是叛徒,曹操一向爱才,对于降将他很少杀害,而对于叛徒,他必杀无疑。

所以,吕布此时如果还有九分活路的话,陈宫仅有一分。陈宫坚决反对投降,为的是保他的命,可惜吕布没有想到这些,还认为陈宫说得对。

为了提高士气,陈宫提出了一个反败为胜的计划,他建议派兵出城偷袭曹军的粮道。曹军远途作战,粮食供应很困难,一旦粮食被劫,军心必乱。吕布认为有道理,事先已得知曹军的粮食主要经泗水河道运输,距此100多里外的彭城国吕县是其后勤基地,如果一举将其捣毁,把他的粮食全部烧掉,曹军撤退的速度就更快了。

现在最有战斗力的无疑是高顺的陷阵营,他们人数虽不多,但战斗力最强,行动迅速,来去如疾风闪电,让他们执行这次任务再合适不过。陈宫认为胜败在此一举，建议吕布亲自率队前往，吕布想了想，同意了这个建议。

吕布让陷阵营做好准备，准备当天夜里就突击至城外。

安排完，吕布回到府中，想跟妻子再交代一下。毕竟要出城，随时面临危险，也许此去就回不来了。

吕布的妻子虽然不是貂蝉，但很有主见：“我对行军打仗是外行，在此危难之时，将军决定出城攻击敌人想必也是深思熟虑之举，自当全力支持。只是，将军这个时候亲自出城，我深感不安啊！”

吕布问她为什么，她说：“我听说陈宫与众将不合，除张辽勉强容他以外，其他众将对他都有意见，陈宫给将军出主意，未必都是为了将军，有些主意是替他自己着想。谁都知道陈宫与曹操誓不两立，曹操对他恨之入骨。大家都在议论说陈宫为了自己非把将军以及众人都绑架在一起，要与曹操对抗到底。”

吕布不同意这些话，既已决定不降，就应该统一大家的意志，鼓舞斗志，增强信心。现在敌人大军压境，出奇才能制胜，陈宫对局势的见解远在众将之上，现在需要这样的人。

可妻子并不认同，她问吕布：“陈宫此人是否可信？郝萌叛乱之事就那样不了了之，如果追查下去，想必他摆脱不了干系，为了自己的荣华富贵他可以背叛将军，此人断不可信。如果将军出城，他发动叛乱引曹军入城，这种结果将军可曾想过？”

一番话，让吕布产生了动摇之心。

陈宫力劝自己亲自出城，难道真有阴谋？一般情况下，陈宫是不会主动投降曹操的，因为他与曹操之间的积怨太深。但是，当此关头，如果他以下邳城为献礼投降曹操的话，就是另一回事了。

而且，除了曹操之外陈宫还可以投降袁术，他打开城门，带着他能鼓动的一帮人去寿春投奔袁术，这也是有可能的。

吕布决定放弃出城袭取曹军粮道的打算，还是专心防守。

陈宫听说吕布放弃了他的作战计划，很失望。但陈宫没再坚持，而是重新提出了另一个计划。

陈宫建议，孤守下邳城不是上策，可以将人马分出一半出城，在城外寻一立足之处，不断向曹军发起袭扰，与城内形成配合。敌人原来对付的是一个目标，可以倾全力来围城，如果目标变成两个，他们不得不分兵来攻，攻城的力量也就减少了一半。敌人如果弃城外部队不顾，那他就会不断受到袭扰。

这当然是上策，一半人马出城，还可以减轻城中的粮草压力，是目前打破僵局的一着好棋。

吕布又同意了，但仍然回家先给妻子道个别。

吕布的妻子当然继续反对，她的理由是："陈宫是怎样的人将军可以再细想一下，当初曹操待陈宫那么好（昔曹氏待公台如赤子），事事听他的，对他十分器重，可陈宫仍然背弃曹操。将军想想看，现在将军待陈宫有没有曹操那样好？陈宫在这里的前途有没有比在曹操那里更远大？如果想清楚了，也就知道该不该冒险了。将军把守城的大任托付于他，孤军远出，一旦情况有变，我岂能再为将军之妻呢？"

吕布听完心里更乱，陈宫的新计划暂时也不再提了。

◎谁是救命稻草

曹操见劝降不成，就继续攻城。

曹军在攻城方面还是有一套的，他们打过雍丘那样艰巨的攻城战，所以攻势一上来就很猛，四门同时猛攻，城里的守军一点儿都不敢怠慢。

好在下邳城很坚固，城里准备的弓弩等守城器具很充足，曹军一时不能得手。但吕布也不想坐以待毙，好歹也得去找找援兵。

现在有可能给予支援的有两个人，一个是袁术，一个是张杨。

吕布的老朋友张杨现在仍活动于河东郡、河内郡一带，他们与黑山军、白波军相互呼应，因为迎请汉献帝东归有功，张杨有顶大司马的头衔，说起来这可是一项极其崇高的职务，属于上公，比袁绍的大将军和曹操司空地位都高。

张杨的实力虽然有限，但若能出兵来救，至少能提振吕布的士气。吕布于是给他写了封信，派人潜出城去，送往河内郡。

对于袁术，吕布跟此人矛盾太多，不久前又拒绝了人家和亲的请求，还扣留了他的特使，目前已是仇人。但是，曹操是吕布的敌人，也是袁术的敌人，敌人的敌人其实是朋友，根据这个说法，联络袁术并非不可能。

也没有更好的办法了，吕布决定试试。

入夜，吕布率一支人马突然自城中杀出，曹军猝不及防，仓促上来迎战，双方乱杀一阵。杀了一会儿，吕布下令撤回城中。

有几人就这样趁乱出了城，其中有许汜和王楷。他们都是吕布的谋士，吕布派他们冒死去寿春向袁术求援。

下邳去寿春有数百里路，中间隔山隔水，还有重重敌兵，情况很复杂。许汜和王楷都是文人，他们能顺利到达寿春吗？吕布也不知道。

但除了派他们去再没有合适的人，因为此去不仅仅是给袁术送封信那么简单，还要想办法说服袁术，让他赶紧出兵来救，这是武将们不擅长的。

然而，一去多日，音信全无。

曹军攻城一月有余，攻势不减反增，看来不达目的誓不罢休，还能不能坚守半年，吕布心里没了底。

吕布没辙了，想出最后一招，他要亲自送女儿出城前往寿春，给袁术送去当儿媳妇，以此换取袁术发兵相助。

吕布的女儿此时年龄不详，吕布找了副软甲给她穿上，戴上头盔，准备让她跟自己同骑一匹马出城。

吕布令陷阵营与围上来的敌兵展开激战。过了一会儿，见他们激战正酣，吕布下令再次悄悄打开东门，率十余骑贴着城墙向南疾驰。

开始还顺利，曹军忙着与陷阵营厮杀，没有注意到这支小分队，小分队绕过了敌人的第一重防线。

眼看突出了重围，突然前面出现了一支曹军人马，吕布一行被发现。大队敌兵向他们扑来。不能再前进了，要想不被围住吃掉，唯一的办法是原路返回。

吕布退回城中，送女儿出城的计划没能成功。

城里陷入一片低迷气氛中。

吕布手下原本是一支能征惯战的队伍，但此时被困在下邳城内，擅长的战法施展不出来，粮草一天天快速消耗着，外面没有援兵的消息，弄得人心惶惶。

慢慢地，城里断绝了消息来源，越是这样越让人觉得恐怖。

曹操那边也真是奇怪，三个多月过去了，攻城的劲头还是那么足。

其实攻城的一方也不顺利，下邳城久攻不下曹操也很头痛，大军长期滞留在徐州一带，南阳郡的张绣，荆州的刘表，冀州的袁绍，关中的韩遂、马腾，这些人此刻都在盯着徐州的战局，会不会趁乱打劫，真的很难说。

如果出现那样的情况，自己仓促回军，岂不是兴平元年兖州之叛的重演？曹操人在徐州，心里一直惦记着许县。

这时，传来情报说张杨在东市起兵，打出支援吕布的旗号，向下邳杀了过来，这加重了曹操的担忧。

曹操不怕张杨杀过来，他怕张杨杀到许县去，以张杨现在的实力虽然构不成致命的威胁，但他带头一闹，四周的实力派们更要蠢蠢欲动了。

张杨起兵的东市不知为何地，应该在河内郡，有人认为是下邳城的东市，那肯定是不对的，张杨此刻应该距这里还很远。

曹操想撤军，这时郭嘉和荀攸都来劝他，到了这个节骨眼上一定不能松气，如果让吕布缓过这口气，日后再解决他就更困难了。

郭嘉对曹操分析说："当年项籍有 70 多座城池，从来没有打过败仗，但一朝失势导致身死国亡，这是他恃勇无谋造成的。现在吕布每战必败，已经气衰力尽，内外皆困（今布每战辄破，气衰力尽，内外失守）。吕布的势力比项籍差得远，而现在的情况比项籍还不如，如果乘势攻之，一定可以将其擒获！”

郭嘉的建议得到荀攸的支持，荀攸也说：“吕布自彭城以来，连战皆败，锐气已衰。对三军来说，将领是其核心，将领衰弱军队就丧失了斗志（三军以将为主，主衰则军无奋意）。陈宫虽然有些智谋，但现在他的计谋还来不及施展，趁着这股劲猛攻，一定可以拿下吕布。”

正副参谋长都不主张退兵，这坚定了曹操打下去的意志。

为了有所突破，荀攸、郭嘉给曹操出了个大水灌城的主意。

如今下邳城所在的江苏省睢宁县一带没有太大的水系，但在汉末，附近的泗水是黄河故道的一部分，这里水系很发达。

水不缺，也可以用来灌城，但如果实施呢？现在要修个引水工程，花费巨资不说，还旷日持久，因为土方量一般都非常巨大，时间短了根本不行。

而且，城里的人还得让你灌才行，如果他们不同意，你在城下搞“水利工程”，人家在城头弓箭、滚木、擂石不停点儿地招呼，你也干不成啊。

但曹军似乎很快就完成了灌城的任务，下邳城内很快成为一片汪洋。守军叫苦不迭。

曹军是怎么做到的呢？这与下邳城特殊的城池结构有关。

那时，下邳城外河道纵横，下邳城的一段城墙就沿着城外的一条河流修筑。这段天然的河道也成为下邳城护城河的一部分。

这样做一来省工，二来天然河流水量更丰富，水面也更宽阔，但也有不利的地方，那就是容易受水攻，同时也更容易引发洪水。据考古发掘，汉末的下邳城已埋在如今五米以下的泥土里，其消失的主要原因就是发生在清朝康熙年间的一场大洪水。

现在，曹军只要在紧邻下邳城的这条河流的下游修起一座大坝，把河水堵住，就会形成一个堰塞湖，水量到达一定程度，就能轻松把水引到城里去。

那时的城墙很少有砖石结构的，大多是夯土墙，用水一泡，时间长了就得垮塌。

在袁术方面，吕布派的人还算不错，到了寿春，见到了袁术，但袁术还在生吕布的气。

袁术不准备施以援手，对许汜和王楷说："吕布不愿意和亲，失败是必然的，干吗还要来告诉我（何为复来相闻邪）？"

许汜和王楷毕竟是谋士，能言善辩，他们劝袁术："明上现在不救吕将军，自己最后也得失败。吕将军不在了，曹操的下一个目标就是明上。"

袁术大概也想到了唇亡齿寒的道理，所以最终决定出兵。

袁术的救兵出发了，并且是由他亲自率领的。不过人马少得可怜，袁术只带来了1000多名骑兵（术自将千余骑出战），分明不是来打仗的，是个战场观察团而已。

结果可想而知，曹军稍一出动，袁术就退了回去，不敢再出来。袁术这么做大概有两种可能，一是救吕布的意志并不坚决，率兵增援，只是做做样子；二是他想再等等，等到吕布消耗得差不多，曹操那边也付出更大代价时自己再出手，所以没动真格的。

张杨那边更不顺利，刚一起兵就被手下将领杨丑杀了，杨丑转而投降曹操。但没过多久，张杨手下另一个将领眭固又把杨丑杀了，率部投降了袁绍。

救星是指望不上了，想要解围只有靠自己。

◎相见白门楼上

现在城里到处是水，吕布的心情烦闷到极点。

这天，吕布回到府中，下人们呈上的饭菜较往日有点儿丰盛，不仅有肉，还有酒，吕布有些纳闷，问这些东西是哪里来的。

下人们回答说，这些是侯成将军派人送来的，吕布一听大怒，因为他刚刚颁了禁酒令，现在又是肉又是酒，不是公然抗命吗？

吕布命人把侯成唤来，当面训责。

侯成毫无思想准备，赶紧解释道：“我部前日有15匹好马被人偷走，有人想趁夜打开城门叛逃。事情被我侦知，把这几个人抓起来杀了，马也没有丢，诸将要来为我庆贺一下，我就拿出自家之前酿的酒，又杀了几口猪。我一向敬重您，这些酒和肉我没敢先吃，特地奉上聊表寸心（自酿少酒，猎得猪，未敢饮食，先奉上微意）。”

虽然如此，吕布仍然不饶：“城里被围，粮食匮乏，我正在禁酒，你难道不知道吗？这么点儿事连个小胜仗都算不上，哪用得着庆贺，这点儿道理难道都不懂？”

吕布大概近来心情很坏，所以越说越离谱：“你们又吃又喝，称兄道弟，想结伙谋杀我吗（诸将共饮食作兄弟，共谋杀布邪）？”

侯成一听害怕了，赶紧跪倒在地赔罪求饶。吕布的怒气这才稍稍消解一些，但还是责备了侯成几句，要他下不为例。

侯成回到家，把诸将送的礼都退了，把酒和肉都扔了，心里仍然惴惴不安。

这件事寒了侯成的心，最终侯成决定投降曹操。不仅是他，吕布的部将宋宪、魏续等人也有了反水的想法。

城外，在攻城战异常激烈之时，刘备的部将关羽私下里来见曹操。关羽跟随刘备来投靠曹操后，曹操对他很器重，对于特别能打的猛将，曹操一向很赏识。

有曹操另眼相看，关羽自认为也能在领导跟前说上话了，于是向曹操提了一个私人请求。

关羽请求曹操如果城破之后，想娶吕布部将秦宜禄的妻子杜氏（关羽启公，布使秦宜禄行求救，乞娶其妻），请曹操成全。曹操想这也不是啥大事，就一口答应了。

可关羽说了一次还不够，就在城池将要攻破前又多次向曹操请求（又屡启于公），害怕曹操把这档事给忘了，这反而勾起了曹操的好奇心。

下邳城还是被攻破了，不是曹军强攻进了城，而是宋宪、魏续等人把陈宫抓了起来，打开城门，投降了曹操。

城破前，吕布带着一部分手下登上最后一处据点白门楼，也就是下邳城南门的城门楼。吕布看到回天无力，于是走下城楼投降（兵围急，乃下降）。吕布投降后，被人捆了起来。

曹操携刘备等人随后进城，由于城里大多数地方仍泡在水里，所以曹操干脆把临时指挥所设在白门楼上，手下把吕布等人带了上来。

吕布被五花大绑，曹操被人簇拥着上了楼，身旁不少武将和谋士，众星捧月，气场十足。

曹操身边的人吕布基本上都不认识，但有一个人他很熟，那就是刘备，不过刘备现在是座上客，他是阶下囚。

见了面，曹操还未说话，吕布笑着先跟他打招呼："曹公，绑得太紧了，能不能松松？"

曹操走到吕布跟前，也笑着说："捆猛虎不得不捆紧点儿啊（缚虎不得不急也）！"

吕布盯着曹操看了看，故意说："您好像瘦了，为什么啊（明公何瘦）？"

曹操听了有点惊讶："咱们以前见过面吗？"

吕布提醒曹操："当年在洛阳，我曾在温氏园中见过您。"

曹操很认真地想了想："有可能，我全忘了。现在是有点瘦了，那是因为一直抓不到你呀！"

谈话气氛出人意料的有些轻松，曹操与吕布又探讨起他失败的原因。

吕布对此还没有清醒的认识，他说："我待诸将不薄，但他们都叛我而去，这是失败的原因。"

哪知曹操根本不留情面，当面揭吕布的老底："你背着老婆，霸占手下将领的太太，这怎么叫厚道（卿背妻，爱诸将妇，何以为厚）？"

这也许是真的，因为吕布听后默然无语。

这时，有人把陈宫押了上来。

见到老熟人，曹操很直接，问陈宫想不想让老母亲和女儿活命。陈宫的母亲

和女儿都在下邳，看来已在曹操手中。

陈宫慷慨激昂地说道："我听说以孝治天下的人不会绝别人之亲，以仁义施于四海的人不会断绝别人家的祭祀。老母亲能不能活命，取决于曹公，不取决于陈宫！"

曹操又问："公台，你平生计谋过人，现在怎会这样？"

陈宫看了看旁边的吕布："都是这个人不听我的，才至于此。"

陈宫自请一死，态度很坚决，他直接往外走，拉都拉不住。

曹操无奈，命人把他杀了。

但吕布还一心求生，他想做最后的努力，对曹操说："当初齐桓公舍射钩，用管仲为相；现在我愿意效股肱之力，甘为前驱，可以吗？"

吕布一边说，一边把目光投向刘备，对他说："玄德，你现在是座上客，我是阶下囚，能不能帮忙说句话，给我松松绑（不能一言以相宽乎）？"

刘备还没有说话，曹操道："干吗不跟我说，还求玄德呢（何不相语，而诉明使君乎）？"

曹操准备给吕布松绑，这时他手下的办公室主任（主簿）王必上前劝道："吕布可是个强大的敌人（勍虏也），他还有不少部下在外头，不能宽恕他。"

曹操停了下来，无奈地对吕布说："本来想从轻发落，但王主任不同意（主簿复不听），怎么办呢？"

在曹魏阵营，王必不是特别有名的人物，但他是曹操的心腹近臣，类似家臣，很早便追随曹操，对曹操的各种心理和意图领会得最快最准。

刘备此时心里很紧张，他还真怕曹操一时心软放了吕布，那样一来，吕布还是自己的麻烦。

看到曹操有些犹豫，刘备上前说："明公难道忘了吕布曾经事奉过丁原和董卓吗（明公不见吕布之事丁建阳及董太师乎）？"

曹操闻言，点头称是（太祖领之）。

吕布听了，气得破口大骂："你这个小子让人最不能相信（是儿最叵信者）！"

曹操下令把吕布杀了。

叱咤风云的一代飞将，就这样谢幕了，死时才40岁左右。

曹操难道真的动过不杀吕布之心？这也许有可能。

曹操很爱才，吕布作为将才在同时代几乎无人能匹敌。他虽然不是一个帅才，却是一把攻击敌人的利器。当年张燕很难打，袁绍一筹莫展，吕布出马就能迅速搞定。

曹操也不会过于在意那些过往的经历，从给曹操造成的伤害看，吕布似乎比不过张绣，后来张绣投降曹操，曹操也欣然接纳。

曹操顾忌的是吕布能否被驯服，最终为己所用。正如刘备所言，吕布这个人诚信度较低，缺少政治伦理，凡与他合作过的，丁原、董卓也罢，袁绍、袁术、刘备也罢，都吃过他的亏，这一点才是曹操所要考虑的。

所以，杀吕布是曹操早就想好的，他爱才，但不会干养虎为患的事。至于王必的相劝，有可能是事先安排好的双簧戏。领导经常会有些想法不能明说，或者经常说些跟心里想法刚好相反的话，需要有人勇敢地站出来背黑锅，王必就是替曹操背黑锅的。

这也就是荀攸不来劝，郭嘉也不来劝，而是从未在重大场合出谋划策过的王必出面相劝的原因。

至于刘备相劝，那正中曹操的下怀。

曹操做出动作要解吕布绑绳的时候，一定在拿眼睛瞟着刘备，他估计刘备肯定要急。刘备一急，他就顺势将这把火烧给了刘备。

刘备肯定不希望吕布有东山再起的机会，他或许也意识到曹操在把祸水往自己身上引，但他没有别的选择。

总之，吕布就这样死了，而且死得很窝囊，是被勒死的（绞杀）。

随吕布一同被杀的，还有高顺。

高顺一生跟随吕布，他为人清白有威严，不饮酒，不受贿，训练出一个数百人的陷阵营，攻无不克、战无不胜。但吕布更信任魏续等人，经常把高顺调教好的兵交给魏续带，让高顺带魏续的兵，即使如此，高顺仍然毫无怨言。

像高顺这样品才皆优的将领实在难找，吕布被杀后，曹操不应该再杀高顺，但最终还是杀了，一定是因为高顺执意要陪吕布一死，曹操没有办法。高顺的死法跟吕布一样。

至此，吕布集团彻底灰飞烟灭。

吕布自追随丁原起兵以来，先后依附过董卓、袁术、张杨、袁绍、刘备等人，除了张杨对他自始至终以兄弟相待外，其他的人要么死在他的手里，要么对他恨之入骨。

吕布是一员骁将，纵横中原、虎步天下，如果只论冲锋陷阵，估计很少能找到对手。但他谋略有限，眼界也窄，善于短线操作，不做长远谋划，导致一生起起落落，没能成就出太大的功业，英年早逝。

吕布虽然也有一些个人魅力，但成大事者仅靠魅力是不够的，还要有一定的手段，懂得用人笼心之道，在这方面吕布与曹操、袁绍、刘备甚至袁术都有明显差距。

吕布死后，他的首级被砍下，送往许县示众。

◎张辽和关羽

杀了吕布、陈宫和高顺，剩下的人就该奖赏或重用了。

此次消灭吕布，最大的功臣是陈登，正是他临阵倒戈给了致命一击，吕布才死得这么快。

曹操任命陈登为军长（伏波将军），让他继续以广陵郡太守的身份主持徐州一带的军政事务，陈登此后便在江淮地区与袁术周旋，不断拓展势力，成为曹操在华东地区的重要支柱。

曹操在下邳还见到了滞留在吕布军中的陈纪和陈群，作为颍川郡陈氏家族的重要成员，曹操一定早就听荀彧等人讲过他们的事，所以见到陈氏父子特别高兴。

陈氏父子见到曹操时，都行叩拜之礼，曹操以汉献帝的名义征陈纪为朝廷的部长（九卿），任命陈群为自己司空府人事处副处长（司空西曹掾属）。

陈群从此进入曹魏阵营，一开始主要从事人事工作，他是一个称职的人事干部。曹操后来想提拔王模、周逵两个人，任职文件都拟好了，到了陈群这里，陈群知道这两个人品德很差（秽德），于是将文件退了回去（封还教）。但曹操还是坚持用了这两个人，后来他们都犯了严重错误，为此曹操还专门向陈群道歉。

陈群真正大放光彩是在文帝曹丕和明帝曹叡时代，他由人事工作先后转向军事参谋以及监察工作，后来被曹丕赋予军权，和司马懿一起成为在曹魏阵营里统兵的世家大族，是文帝、明帝时期的著名人物。

在陈氏父子给曹操下拜时有个人也在场，但他站着不动，只是稍稍作了个揖（高揖不为礼），这个人名叫袁涣。

袁涣字曜卿，陈郡人，在郡里当过基层官吏，后被举为朝廷的侍御史。天下大乱后回到豫州，当过曹操老家谯县的县令。刘备担任豫州刺史期间举袁涣为茂才，后来袁涣又辗转到袁术那里，最后被吕布扣留。

吕布和刘备翻脸后，命令袁涣写信辱骂刘备，袁涣因为刘备曾举他为茂才，不愿意写这样的信。

吕布大怒，拿刀架在他的脖子上（以兵胁涣）："写了就让你活命，不写就让你死！"

袁涣脸色都不带变的，笑着对吕布说："我以前事奉刘将军，就像现在事奉将军您一样，如果今后离开您，就开始骂您，可以吗？"

吕布听了很惭愧，不再勉强他。

曹操听说了袁涣的事，很欣赏这样的人，就让他去搞屯田。袁涣后来担任了梁国相，是曹操在豫州刺史部重要的行政官员。

吕布手下最有名的将领是张辽，论资历一点儿都不比吕布差，曹操提拔张辽为师长（中郎将），把吕布集团保留下来的力量经过整编后交由张辽来统率。

这支队伍在张辽手里继续保持了很强的战斗力，在其后的历次大战中均有出色表现，张辽逐渐成长为曹魏阵营里的一流大将。

现在曹操手下至少有两位著名的降将，一个是徐晃，一个是张辽，曹操对他们很信任，他们也很忠于曹操，这得益于曹操不同一般的识人智慧和用人胆略。曹操善于发现人才，善于辨别人才的品行和节操，一旦认定就用人不疑，让各种人才发挥最大的潜能。

张辽和关羽一见如故，成为好朋友。

攻入下邳城后，关羽最关心的人是杜氏，但他怎么都找不着，因为曹操已先他一步，命人把杜氏带到了自己这里。

关羽的一再请求勾起了曹操的好奇心，他要看看杜氏到底长得多漂亮（公疑其有异色，先遣迎看）。一见面，曹操就看上了，没有给关羽，自己留下了（因自留之）。这件事多少对关羽的内心有一定影响，关羽心里很不自在（羽心不自安）。

在对待女人的问题上，曹操一向积极而开放，他一生有 25 个儿子，女儿数量不详，想必妻妾不少，在杜氏之前，除了发妻丁氏、已故的刘氏和最宠爱的卞氏，曹操的夫人里至少还有环氏、孙氏和尹氏等人。

其中尹氏的身份最不平常，她有个前夫叫何咸，是已故大将军何进的儿子。何家落难后尹氏流落民间，曹操收留了这个老上级的儿媳妇，尹氏当时还带着一个孩子名叫何晏，是何进的孙子。

何晏随母亲到曹家时才 7 岁，是一个天才美少年。曹操很喜欢他，一度想让他改姓曹，可何晏不干。何晏后来在哲学上有重大贡献，是魏晋玄学的开创者之一。

杜氏也有一个儿子名叫秦朗，他随母亲到了曹家，像何晏一样，曹操也很喜欢他，出席一些公开活动时经常把他带在身边，曹操还指着秦朗对大家说："天下有没有像我这样喜欢继子的（世有人爱假子如孤者乎）？”

如何安排刘备？曹操有点踌躇。

刘备在下邳城又见到了自己的夫人甘氏和糜氏。糜氏还不太适应，甘氏已对这种当俘虏的日子习以为常了。对她们来说，这种临阵被抛弃的事不是第一次，也不是最后一次，这种当俘虏的日子今后至少还有两次。

其实，刘备现在是朝廷正式任命的豫州刺史，还是镇东将军，豫州刺史部现在大部分已在曹操控制之下，治所是曹操的老家谯县，今安徽省亳州市，按照制度的话，让刘备到那里上任就行了。

但曹操不会这么做，豫州刺史连颍川郡和许县都管，相当于昔日的司隶校尉，也就是清代的直隶总督，这么重要的职务怎能交给刘备？同样的道理，徐州也不能给刘备，刘备这样的人，论危险指数比吕布差不了多少，只能待在自己的身边，待在自己能看见的地方。

曹操任命的徐州刺史是一个叫车胄的人，史书基本上没有关于他的其他记载，要么他在曹操阵营里的地位不高，要么因为后来死得早，事迹失传了。

最后，曹操以汉献帝的名义拜刘备为左将军，这是所谓的四方将军之一，比镇东将军还要高一级。此前，袁术担任过左将军，那是董卓主持朝廷时任命的，曹操主持朝政后又曾把左将军给过吕布，吕布刚死，曹操又把它给了刘备。

张飞和关羽也都升了职，他们原来一直是团长（司马），曹操提拔他们为师长（中郎将）。

曹操攻克下邳，杀掉了吕布，但并不意味着徐州乃至整个东方的局势可以传檄而定，其实当时的局势还相当严峻。

徐州的南面是袁术，袁术的背后是正在快速崛起的孙策，他们都有向北扩张的冲动；徐州的北面虽然是相对稳定的“曹统区”兖州，但已经越来越强烈地感受到来自袁绍的压力；徐州的东北面是青州，袁绍和公孙瓒长期在那里经营，曹操基本上还没有什么影响力。

攻克下邳后，曹操也可以乘胜追击，继续巩固在徐州的基础，进而夺取青州。但那样一来他必须冒着张绣反攻、袁绍南下袭击许县以及关中诸将趁机作乱的风险。曹军的主力不能长期滞留在徐州一带，他得尽快回师。

但曹操知道，回去之前他必须找到一个人，不管多难找，也得把他找出来，不见着他，曹操回去心里便不会踏实。

曹操要找的这个人就是臧霸，下邳城破后，臧霸躲了起来（自匿），曹操悬赏搜寻（募索），竟然把他找到了。

曹操见到臧霸特别高兴（见而悦之），说服臧霸归顺了自己，并通过臧霸找来了昌豨、吴敦、尹礼、孙观以及孙观的哥哥孙康等人。

曹操任命臧霸为琅琊国相，昌豨为东海郡太守，吴敦为利城郡太守，孙礼为东莞郡太守，孙观为北海国相，孙康为城阳郡太守。这些地方处于徐州、青州交界地带，他们以臧霸为核心，泰山帮更加紧密了。

但曹操不担心这样的帮派，只要他们服从自己就行。曹操的战略是，以陈登在南线牵制袁术，以臧霸等人在北线牵制袁绍和公孙瓒，这样他就可以腾出手来，优先解决南面之敌。

臧霸从此据守于徐州、青州一带，这里成为曹魏势力的“边缘地带”，虽然他们服从于曹操的领导，在后面的战事中，尤其在官渡之战中他们坚定地站在了曹操的一边，但他们也保持了相当的独立性。

臧霸等人不具备与曹操分庭抗礼的实力，但曹操也不能以武力解决他们，因为这里不是曹操的主战场，以和平收编的方式处理这些泰山帮无疑是明智的。

但是，随着形势的发展，曹操战胜了袁绍，统一了整个北方，解决泰山问题就提到了议事日程。曹操多次动过彻底解决该问题的想法，但后来他遭遇了赤壁之败，曹操敌人的名单依然很长，在这个名单上臧霸一直排在后面。

直到曹操去世，臧霸和泰山帮问题都没有解决。作为具有独立性的非嫡系武装集团，它一直是曹魏帝国的软肋。直到曹丕继位，才下决心解决了这个问题。

◎公孙瓒的末日

汉献帝建安四年（199 年）春天，曹操由徐州班师回许县。

路上曹操又做了一件事——把眭固斩杀。

眭固和杨丑都是张杨的部将，张杨死后，杨丑掌握了他的队伍，杨丑投降了曹操，意味着曹操不费力气白得了一块地盘。这块地盘还相当重要，是张杨长期经营的河内郡。它处在曹操目前的大本营许县与袁绍大本营邺县之间，在黄河岸边，曹操如果控制此地，日后与袁绍决战就抢占了先机。

但是，后来眭固杀了杨丑，率张杨旧部投奔袁绍，这块地盘又成袁绍的了。袁绍命眭固驻扎在黄河北岸的射犬。

眭固字白兔，他杀了杨丑，又屯驻于射犬，有个术士劝他："将军字兔而此城名犬，兔子遇到见犬，一定会被吓着（兔见犬，其势必惊），应该赶紧离开！"

眭固不信这个邪。

这一年四月，曹操率军来到黄河岸边，命曹仁率部渡河攻击眭固，双方交战于犬城，将眭固斩杀，应了术士之言。

曹操随后围住射犬，守城的是眭固的秘书长（长史）薛洪和袁绍任命的河内郡太守缪尚。董昭这时已由洛阳令升任河南尹，当年他曾在袁绍和张杨手下都待过，跟薛洪、缪尚有交往。

董昭单身入城，劝说薛洪和缪尚率众投降。

之后曹操还军敖仓，任命董昭为冀州牧，任命魏种为河内郡太守。

这一仗意义重大，因为这是曹操与袁绍之间首次直接动手，标志着"袁曹联盟"彻底不存在了。曹操占有了河内郡的一部分，把势力伸到了黄河北岸，袁绍得知后一定气急败坏。

做完这些，曹操回到了许县。

同行的还有刘备、关羽、张飞等人，曹操对刘备给予了充分礼遇，出去就坐一辆车，进屋就坐在一张席上（出则同舆，坐则同席）。

但其实，刘备等人被曹操软禁在了许县。

回到许县，曹操遇到了袁绍派来的人，袁绍不是为眭固被杀讨说法来的，而是给曹操送来一份礼物。

这份礼物盛放在一只木匣内，曹操让人打开木匣凑近一看，竟然是一个人的首级，把曹操吓了一跳。

当曹操听说这是谁的首级时，更感到了窒息和不安，以至于突然有些眩晕，看东西都模糊起来（自视忽然耳）。

这个首级，是公孙瓒的！

公孙瓒杀了刘虞，势力一下子增强了不少。

但是此人打仗有一套，搞地方治理却不怎么行，尤其在用人上很失败。在公孙瓒手下，世家大族出身的人都没有发展的机会，无论多么有才，都进步缓慢，不少人死于穷苦之地。

有人问公孙瓒为什么不用世家大族子弟，公孙瓒的回答是："对衣冠子弟以及品格高尚的人，你给他富贵他认为这是应该的，而不会感激你（皆自以为职当得之，不谢人善也）。"

看来公孙瓒的心态有点问题，像个小市民。

而公孙瓒确实喜欢小市民，他所宠信的大多是平庸之辈，其中尤其以算命先生刘纬台、布贩子李移子、商人乐何当三个人最受宠，公孙瓒跟他们还结成了异姓兄弟。

公孙瓒字伯圭，据说他原来的字不是这个，这个字是他后来改的。一家如果有四个兄弟，他们的字里应该分别有伯、仲、叔、季这几个字，公孙瓒为了表示跟刘纬台等几个异姓兄弟很亲，所以自己把字改成伯圭，其他几个人则分别改为仲、叔、季（与之定兄弟之誓，自号为伯，三人者为仲、叔、季）。

有公孙瓒撑腰，这些人很快富了起来，都成了亿万富翁（富皆巨亿）。公孙瓒还跟他们结成儿女亲家，常把他们比作汉初的开国功臣曲周侯郦商、颍阴侯灌婴。

用人不拘一格是对的，但过了头就是另类，靠这帮人给他出谋划策能有多高的水平？

有件事就很雷人，是其他割据军阀做不出来的。

公孙瓒手下如果有部将被敌人围困向他求援，公孙瓒一般不会出兵相救。他的理由是，如果救了这一个，以后将领们再遇到类似情况就有了依赖心理，就不会力战了，如果不救，以后大家肯定会奋力自救（今不救此，后将当念在自勉）。

这个说法貌似有理却不实用，因为人都有求生的本能，在生死考验面前，有人选择玉石俱焚，也有人会选择投降以求活命，公孙瓒的想法未免理想化了。

面对敌人的大军压境，公孙瓒手下的将领肯定会想，守是守不住，又没有救兵，干脆投降算了。

公孙瓒的这个愚蠢决定不知道是他自己的创意还是刘纬台、李移子们的建议，但公孙瓒手下如果有荀彧、贾诩、程昱这样的智囊，绝不会让他干这种傻事。

公孙瓒还重用了太原郡人关靖。此人一贯严刑峻法、虐待百姓，在公孙瓒面前一味逢迎拍马，却没有什么才能。

公孙瓒不识人，因而身边没有真正有水平的人才，即便有，也最终纷纷离他而去。刘备、关羽、张飞、赵云等人都曾在他手下待过，但他们都很聪明，早早脱离公孙瓒自立门户去了。

一流的人才，思想才是一流的；一流的思想，才能开创一流的事业；庸人不可能提出一流的规划。群雄相争，人才是最稀缺的资源。大家都在拼命抢人才，对优秀的人才心驰神往。公孙瓒靠一己之勇起家，也开创了不小的局面，发展到一定阶段时，应该把人才战略放在最突出的位置，但他偏偏不重视人才，也不会识才、用才和留才，身边缺少顶尖人才，这是他最终失败的主要原因。

就在曹操对吕布大打出手的同时，袁绍也对公孙瓒发起了最后的猛攻，只不过他付出的代价更惨重。

陶谦死了,刘备走了,袁术自身难保,公孙瓒没有了盟友。在袁绍的强大攻势下,他干脆待在易京防线里不出来。这条东西绵延数百里的立体防御网巧妙地利用河流以及人工壕、人造土丘为依托，在强大的后援保障系统支持下，通过交叉配合，足以将任何来犯之敌消灭在城下。

袁绍攻了几次，收效不大，只得改打持久战。

袁绍拉来了两股势力为自己助阵，一股是忠于刘虞的鲜于辅、阎柔等人，另一股是乌桓首领蹋顿。

刘虞死后，他的旧部鲜于辅、齐周、鲜于银继续坚持反抗公孙瓒的敌后斗争。鲜于辅共同推举阎柔为乌桓司马，领导幽州西北部一带反抗公孙瓒的各路势力。

阎柔是个汉人，小的时候被乌桓、鲜卑人俘虏，在少数民族中长大，熟悉这些民族的语言和风俗，所以得到了这些部族首领的信任。担任乌桓司马后，他率领反公孙瓒的武装活跃于代郡、广阳郡、上谷郡、右北平郡等地，攻杀公孙瓒任命的官员。

阎柔、鲜于辅还联合刘虞的儿子刘和，利用刘虞的号召力不断打击公孙瓒。袁绍派人找到阎柔、鲜于辅，和他们结成同盟，并派麹义支援他们，双方联合作战，曾取得潞河之战的胜利，斩杀了公孙瓒的部将邹丹以下4000多人。

在袁绍与公孙瓒交战时，乌桓首令蹋顿经过观察，发现袁绍更有前途，于是主动联络，请求和亲，帮助袁绍进攻公孙瓒。

袁绍在袁氏家族中选了一个女子，认作自己的女儿，把她嫁给了蹋顿（以家人子为己女，妻焉),同时矫诏拜蹋顿等乌桓首领为单于,让他们从北面进攻公孙瓒。

得到北部少数部族首领的支持，又有阎柔等汉人武装做呼应，袁绍对公孙瓒形成了南北夹击之势。

袁绍采取迂回的办法一点点蚕食公孙瓒的势力，最终把公孙瓒压缩到易水河边的几座高大堡垒里。

当时唯一可能被公孙瓒引为外援的是黑山军首领张燕，公孙瓒派儿子公孙续去联络张燕，没想到张燕相当痛快，立即表示站在公孙瓒的一边。

汉献帝建安四年（199 年）年初，就在曹操准备从下邳回师时，张燕集合所部人马，号称有十万人，兵分三路来救公孙瓒。

援兵快到时公孙瓒做了个梦，梦见昔日的大本营蓟县城门崩塌，这是一个大凶之兆。公孙瓒感到最后的时刻到了，必须绝地反击，于是给公孙续写了封信，让他赶紧通知张燕，大军到后在北面燃起烽火（到者当起烽火于北），他看到烽火，就从堡垒里面杀出来。

公孙瓒好像对儿子也不够放心，信中还有这样几句话："现在必须奋力一搏了，不然的话，我死之后，天下虽大，你要想安身立命，恐怕也难以做到！"

要命的是，这封重要的信竟然落到了袁绍侦察兵（候者）的手里。袁绍看到信，让人如期在北边燃起烽火，公孙瓒以为救兵到了，于是从堡垒里杀出，结果中了埋伏。

公孙瓒大败，赶紧退回堡垒，依靠坚固的城防继续苦守。

即便大败，易京仍固若金汤，袁军居然奈何不了。

袁绍的智囊们最后想出了一个笨办法，一边正面佯攻，一边让人往城堡下面挖地道（分部攻者掘地为道）。

地道一直挖到公孙瓒住的超级堡垒易京的正下方，在没有任何先进仪器指引的情况下，施工的技术难度可想而知。

袁绍的工兵一面向前掘进，一面用木头支撑巷道，跟现在开挖平峒式小煤窑的工序差不多。经过测算，估计挖到易京的下方时，他们停了下来，尽可能扩大掘进面，在公孙瓒的屁股底下掏出个大洞来，不断用木头加固，差不多后，开始放火，人员撤离。

支撑的木头被烧坏，支架坍塌，不可一世的易京终于倒了。在易京倒掉的同时，公孙瓒知道大势已去，杀死老婆孩子，然后自杀。

吕布被杀仅三个月后公孙瓒就死了，虽然只是巧合，却预示着群雄兼并步伐的加快。

袁绍特意把公孙瓒的人头送往许县，一来公孙瓒杀过大司马刘虞，是朝廷的罪人，袁绍把他杀了归案；二来袁绍借机向曹操炫耀和示威。

曹操擒杀吕布威震中原，袁绍杀公孙瓒也足以威震华夏。

从此以后，北方的幽州、冀州全部以及并州、青州、司隶校尉部的一部分尽入袁绍的掌握中。

◎袁术吐血而亡

继吕布、公孙瓒之后，袁术也死了。

这个伪皇帝的日子一点儿都不比公孙瓒强，到哪里都被声讨。

1000多年后也有个姓袁的军阀，势头比袁术还猛，也想过把皇帝瘾，结果也称了帝，这就是袁世凯。他们的祖籍地也相同，有人考证说他们是同宗。

袁世凯跟袁术差不多，没当皇帝时还是个人物，一宣布当皇帝就迅速走向灭亡。袁世凯当了80多天的皇帝，袁术比他强一点，好歹当了一年多。

官职可以表奏，皇帝却不是谁都能自封的，现在有好多人想打架正愁找不着对手，你当了皇帝，就给人家送上一个揍你的理由。

大家一哄而上，这些人里既有曹操那样本来就想打的人，也有孙策那样的聪明人，同时也有吕布那样心里本不想打但也不得不跟着打的人。

当皇帝不仅要有政治资本、军事资本，还要有经济实力。皇宫、百官、后宫嫔妃、羽林卫队，光是备齐这些家当也得有相当实力才行。袁术的地盘并不大，核心区域仅是扬州刺史部六郡里的江北两个郡，再加上豫州刺史部的一些游击区而已，以这点实力，别说别人打上门来，就是自己关起门来过日子都难。

袁术这个反面教材无疑给袁绍、曹操、刘备这些人上了生动的一课，袁绍也动过当皇帝的念头，试探了一下就不敢往下进行了。曹操终其一生都坚决反对称帝，并且一再声明谁敢称帝就收拾谁。

曹操从徐州撤退前，起用陈登主持徐州南部以及扬州一带的军务，陈登很有两下子，在江淮一带干得有声有色，整天扬言说不用曹公亲自来他就能打下寿春（有吞灭江南之志）。

袁术待不下去了，下令一把火烧了寿春的宫室，前往大别山区的潜山，投靠他的部将陈简、雷薄。皇帝当到这个份上，简直生不如死。更不幸的是，陈简、雷薄二人翻脸，拒绝接纳老领导率领的流亡伪朝廷。

袁术很愤怒，但又无奈，身边的人看到此情此景，有些干脆溜之大吉。袁术又恨又忧，不知道下一步如何办（忧懑不知所为）。

实在不知道该往哪里去，袁术想到了哥哥袁绍。

虽然是势不两立的敌人，虽然这些年中原一带的乱仗大多数都与他们兄弟俩有关，但毕竟是同胞兄弟，别人都不管他，自家亲人不能不管吧？

袁术给袁绍写了一封信，表示愿意将帝号让给他："汉之失天下很久了，现在是政在家门、豪雄角逐、分裂疆宇之时，和周朝末年诸国分势没有什么不同，都是强者兼并弱者。我们袁氏应当接受天命称帝，各种符瑞都兆示了这一点（袁氏受命当王，符瑞炳然）。现如今您拥有四州，民户百万，论势力无比强大，论德行无人比高，曹操即使想扶衰拯弱，怎么能延续快绝命的王朝来与我们抗衡呢？"

袁术摸准了袁绍的脉，知道这个老兄当皇帝的瘾一点都不比自己小，于是专从这方面下手。他现在虽然没落了，但手里还有两大法宝，一是他建立的新王朝，一是传国玉玺。有这两样东西，称帝路上的障碍会小得多，对于既要面子又要里子的袁绍来说，这两样东西都相当有价值。

果然，袁绍接到这封信，动心了（阴然之）。

事情就是这样，看别人往火坑里跳都会觉得人家太傻，可轮到自己站在火坑边上的时候脑子又常常犯迷糊。

袁绍立即派长子袁谭从青州刺史部动身来迎接袁术。袁术自己已没有能力一路打到黄河以北，只能等侄子来接。

袁谭南下，必须经过已是“曹统区”的兖州刺史部和徐州刺史部。曹操已和老袁公开翻脸，自然不会放小袁过去，他命朱灵、刘备率兵拦截，袁谭南下受阻。

袁术还想冒险试试，可到了徐州刺史部境内就再也过不去了，只得折返回来，又来到了寿春。

寿春城里的皇宫已被袁术自己烧得一塌糊涂，这里也待不下去了。袁术只得继续往南，走了80来里，于汉献帝建安四年（199年）六月到达一个叫江亭的地方。

寿春往南有淝水，连通著名的水利工程芍陂，这个江亭应该是淝水上的一个渡口。

此时，袁术身边已经没有多少人了，粮食也吃完了。袁术问他的“御厨”还有多少吃的，回答说只有30斛麦屑。这些本来是喂马的，袁术怎能咽下去?

这时正是盛夏，天气闷热，袁术身体有些不舒服，想喝点蜜浆，手下人说找不到蜂蜜。

英雄一世的袁公路，就这样穷困潦倒地坐在江亭边的草席上回顾着自己的一生。想刚出道时的前途无量，刚起兵反董卓时的叱咤风云，当了皇帝以后的锦衣玉食，想想这些，看看眼前，袁术不禁老泪纵横。

袁术一生都颇为自负，他也是个有血性的人，他大叫道：“我袁术怎么混到了这个地步（袁术至于此乎）！”

喊罢，瘫倒在草席上，呕血不止，足足吐了一斗多。

袁术就这样死了。

袁术死时只有堂弟袁胤在身边，袁术的后事便由袁胤来料理。

袁胤害怕曹操，不敢回寿春，就率领剩下没有走的人护送着袁术的老婆、儿女投奔袁术的旧部庐江郡太守刘勋。

袁胤不清楚情况，这个刘勋虽然是袁术任命的，但跟曹操关系相当亲密，推测起来他们应该在年轻时便相识。那时候刘勋似乎也认识袁术,袁术待刘勋也不错，不惜得罪孙策，让刘勋当上了庐江郡太守。

袁术的另外一批旧部，在杨弘、张勋等人的带领下准备渡江投奔孙策，随身还带着袁术积攒下来的大量珍宝。刘勋得知，在半道上对他们进行了伏击，把他们全部俘虏，缴获了许多珍宝。

孙策大怒，密谋除掉刘勋。他假装与刘勋结好，并且向刘勋提供情报，说豫章郡有一块地盘，与庐江郡隔江相望，有当地土著居民结伙聚守，孙策表示刘勋如果能打下来，这里就归他。

刘勋刚刚兼并了袁术不少旧部，人马骤增，正要干一番大事业，没有看出来孙策动机不纯，还以为他是个好人呢，于是按照孙策提供的情报渡江作战。

孙策待刘勋到了江南，亲率一支快速机动部队（轻军）趁夜来到江北，到达刘勋的大本营庐江郡治所皖城。

孙策没怎么费劲就打下了皖城，刘勋的部下全部投降。刘勋这才发现上当了，但无计可施，身边只有几百人，在庐江郡一带无法立足，只好跑到许县投奔老朋友曹操去了。

袁术的老婆孩子此时也在皖城，孙策把袁术的女儿许给了自己的弟弟孙权。而袁术的儿子袁曜后来入仕吴国，担任过郎中等职。

但是，袁术逼吴夫人交出的传国玉玺却没能找着，这件被袁术夺去的东西后来辗转到了誓死不当袁术上公的徐璆手上，具体过程不详。

徐璆后来也辗转来到了许县，献上玉玺，使这件本该属于汉室的东西重新回到主人手里。徐璆成为九卿之一，在履行新职务前他把此前在汝南郡、东海国任职的印绶一并交还有关部门，司徒赵温感叹道：“你连遭大难，还保存着这些东西呀？”

徐璆恭敬地回答说:“当初苏武困于匈奴，不坠七尺之节，况且这方寸之印呢？”

至此，袁术集团也灰飞烟灭了。

汉末三国，袁术是个重量级人物，他出身高贵，志向也很高，自恃能力很强，从来不愿意居于人后。但他奢侈、荒淫、放纵，使事业在还没有死的时候就终结了，这实在是咎由自取。

曹操手下名臣何夔曾经评论说："上天相助才会顺利，有众人相助才拥有信用（天之所助者顺，人之所助者信），袁术无信、无顺，还希望天人相助，怎能得志于天下？"

袁术不具备当皇帝的素质和实力，但一味迷信权力，妄窥神器，又被周围的邪佞之徒包围，结果自入歧途。西晋的司马伦、十六国时期的石虎、金朝的海陵王完颜亮等也都是这样的人，他们一门心思在乱世夺权，也不看看自己有没有那个斤两，贸然宣布荣登大位，结果落得个被人唾弃、被历史嘲笑的结局。

袁术的自信从心理学上分析是"优越感过盛"，心理学家认为有些人有狂妄的优越感，这种人经常不加掩饰地表现出他们的优越感目标，他们希望成为整个世界注意的中心，成为四面八方景仰膜拜的对象，成为掌握有超自然力量的主宰，并且能预言未来，能以无线电和整个世界联络并聆听他人所有的对话。

心理学家还认为，人类无时无刻不在面临自卑的压力与挑战，为了消除这种压力，个人会发展出各种补偿机制来战胜自卑感，而其过分补偿有可能导致优越感过剩，具体表现为自我感觉良好、自以为是、自命不凡，表现为目中无人、虚荣心强、不能反省自己、漠视他人。

对照袁术的一生，他刚好符合心理学揭示的这一切。

他就是一个自信心和优越感过盛的人，一个狂妄的自大者，一个集矫情与骄傲于一身的人。他不自量力，无法正确分析现在、把握未来，他的虚荣心极强，总想炫耀自己的门第出身，但又总显得外强中干。

优越感过剩就会产生寡恩刻薄、嫉贤妒能、相互拆台的情况，袁术的性格也如此，包括自己的哥哥袁绍在内，为了达到相互拆台的目的无所不用其极，对于孙坚、孙策这些为他的事业立下大功的人，他表现得寡恩而冷酷，对自己做出的承诺一变再变，让人寒心。

不管怎么说，袁术也像陶谦、公孙瓒、吕布一样，先一步退出了历史舞台。

相对于曹操、刘备等人，他们只能算历史的配角。

至于袁绍，虽然他仍然活跃在舞台之上，虽然他气势如虹，势头如日中天，但他也是配角。

下一步，退出历史舞台的就是他。

第八章　决战前夜

◎暗夜里的密谋

不到一年时间，吕布、公孙瓒、袁术相继死了。

加上之前的陶谦，作为配角，他们都先一步退了场。

相对于他们，刘备的结局还算好，他跟着曹操来到许县，除了担任左将军，曹操还以汉献帝的名义给了他一个豫州牧的头衔，但此时的豫州刺史部，大部分为曹操所控制，这个职务与左将军一样，只是个荣誉。

但不管怎么说，刘备是曹操的客人，所以刘备在许县的生活表面上还是风光的。早期追随刘备的一些人，如关羽、张飞、简雍、糜竺、糜芳、刘琰、陈到等人都随刘备同行，在许县期间唯一的新人是孙乾。

孙乾是青州刺史部北海国人，一代宗师郑玄的学生，郑玄和刘备的老师卢植是同学，说起来孙乾和刘备还有同门之谊。孙乾被郑玄推荐到州里任职，刘备在徐州时，任命他为州政府官员（从事），从此孙乾跟随刘备。

除关羽、张飞外，其他人此时职务不详，一种可能是在刘备的左将军府或豫州牧府里任职，但这种可能性似乎又不大，刘备的这两项职务虽然显赫，曹操却不大会让他真的开府治事，尤其是在戒备森严的许县。

另一种可能是，他们这些人被分散在各官署中任职，关羽和张飞以师长（中郎将）的身份领兵，除了他们以及陈到，其他人大多担任着文职。

许县是个是非之地，一切都在曹操的严密控制下。刘备知道自己目前的处境，所以来到许县就闭门不出。刘备的老朋友孔融也在许县，刘备连他都不见，避免曹操对自己怀疑。

刘备在自家院子里指挥人种菜，种的是一种叫芜青的菜。曹操派的密探来了，从门缝往里看（窥门），想知道刘备在家干什么。刘备很老到，发现门外有人，但装着没察觉，该干什么干什么。

密探走后，刘备对张飞和关羽说："我岂是干种菜这种活的人？曹操必然会生疑，这里不能再待了（曹公必有疑意，不可复留）。"

当天夜里，他们打开后门悄悄逃出许县，临走前，把汉献帝和曹操所赐予、赠送的衣物等全部整理好留下。

刘备一行逃出许县，直接前往小沛，这里是他多年经营的根据地。在此地，他重新聚合旧部，打出反曹的旗号。

还有的史书记载，曹操派手下人偷偷监视刘备，发现刘备在园子里整理葱（见其方披葱），刘备指挥仆役干活，仆役干得不好，刘备生气，拿着棍杖打那个仆役。

有人报告曹操，曹操说："看来这个大耳朵家伙还没有察觉（大耳翁未之觉也）。"

这也是刘备在演戏，他已发现有人监视，所以故意做给监视的人看，监视的人一走，刘备感觉不妙，连夜出走了。

其实，刘备之所以急于离开许县，还不完全是因为曹操对他的监视，而是他牵涉进一桩大案，在事情没有暴露前必须赶紧脱身。

这是一场预谋中的政变，发起人是董承。

之前说过，董承是汉献帝的岳父，此时的职务是全国武装部队副总司令（车骑将军）。董承还有另外一个特殊身份，他是汉献帝的父亲汉灵帝刘宏的生母董太后的侄子，算起来是汉献帝的表舅，是货真价实的"董皇舅"。

一开始，董承对曹操充满了好感，在别人都往后退缩的情况下曹操挺身而出，使朝廷不至于陷入困顿或离散。但随后，曹操大权独揽的做法让汉献帝产生了反感。汉献帝此时虽然不到20岁，但经受过的磨难已经很多了，他是个有远大志向的皇帝，从地狱般的长安逃出来，在他的心中越来越强烈地渴望刘汉江山能在他手中重新振兴。

如此一来，曹操和汉献帝之间不可避免地产生了矛盾，就在不久前，还在曹操从徐州回师的途中汉献帝突然发布了一项人事任命，将董承由卫将军擢升为车骑将军。曹操把大将军让给袁绍后，自己一直代理车骑将军的职务，汉献帝把车骑将军正式授给自己的老丈人，意味着曹操兼任的这个职务被免除了。

曹操通过司空抓行政权，通过车骑将军抓军权，还有一个算兼职的录尚书事，抓朝廷的日常事务。车骑将军的职务对曹操来说并不是摆设，没有这个职务曹操直接指挥军队就有点儿名不正言不顺了。

所以，汉献帝的这项决定肯定出于自己的想法，没有跟曹操商量过。他这样做，可能是跟曹操置气，对曹操独揽大权不满，也可能另有打算。

从这件事可以看出，汉献帝与曹操之间的关系正在发生微妙的变化，而董承是汉献帝最寄予厚望的人。

还有一点十分关键，那就是董承是武将出身，而且有一支自己的武装。当初护驾东归的几个人中，张杨、杨奉、李暹等人先后谢幕了，而董承一直都在。

董承秘密筹划着一场针对曹操的政变，他需要发展一批同志，而刘备是董承的重点发展对象。

印象中，刘备与汉献帝刘协关系密切，几乎所有人都知道，刘备是“刘皇叔”，也就是汉献帝的叔叔。

根据这个说法，刘备来到许县，见到汉献帝，把自己的家世一说，大家都是一个大家族的，汉献帝马上跟刘备叙了叙家谱。

双方共同的谱系可以从汉景帝开始算起，刘备于是跟汉献帝一辈一辈往下叙，他们几乎把每一代人的名字都提了一下，最后发现刘备比汉献帝长一辈，汉献帝很高兴，立即认下了这个皇叔，并郑重地行了叔侄之礼（帝排世谱，则玄德乃帝之叔也。帝大喜，请入偏殿叙叔侄之礼）。

但这其实是小说虚构的，真实的情况是，如果从汉景帝开始往下数，汉献帝刘协是他的第 14 世孙，而刘备是汉景帝的第 19 世孙，刘备比汉献帝低了 5 辈，所以任何一部严肃史书都不敢说刘备是当世“皇叔”。

在当时的政治氛围下，刘备是不敢主动向汉献帝表示亲近的，即便曹操给了他许多这样的机会，刘备也会谨慎从事。

还有一个说法，说刘备在许县期间参加了一场汉献帝举行的狩猎活动，曹操携刘备、关羽、张飞等人也参加了，狩猎过程中曹操轻慢汉献帝，惹恼关羽，关羽要杀曹操，被刘备拦住。

这件事也是小说虚构的，推测一下不可能发生，因为刘备在许县只待了三四个月，正面临着各方面巨大压力的曹操没有时间更没有心情去打猎，陪汉献帝去打猎也不可能。

而且，刘备来许县是春末夏初，离开时夏天还没有结束，狩猎一般在秋天进行，没有大夏天出去打猎的。

即使有这么一场狩猎活动，刘备和关羽等人也参加了，在戒备森严的环境里，仅凭关羽一己之勇就想当场诛杀曹操，那也是开玩笑。

虽然刘备与汉献帝的关系并没有想象中的那么亲密，虽然刘备反抗曹操的意志也没有想象中的那么坚定和明显，但董承仍认为刘备值得发展。

因为刘备也姓刘，是汉室的宗亲，而从刘备与曹操的关系也不难看出，他与曹操其实并不是一条心。

在董承看来，刘备手里尚有一定实力，他的人马虽在小沛被打散，但收拾残卒手下还有一些人马，目前应该在关羽、张飞、陈到等人的指挥下，曹操想必对这些人马看得很紧，也可能被分编于各部，可一旦有事，把这些人发动起来，就是一股力量。

所以，董承找到了刘备，策动他秘密除掉曹操，为了增加刘备的信任和信心，董承还拿出一份汉献帝亲笔写的密诏，在这份密诏里，汉献帝直接表明让刘备去诛杀曹操（汉献帝舅车骑将军董承辞受帝衣带中密诏，当诛曹公）。

对刘备来说，这其实是一件棘手的事。

◎青梅煮酒论英雄

经过多年来的摔打磨炼，刘备成长得很快，他已不是意气用事的小青年，他已经成长为一名成熟的政治家。

以刘备的眼光，不难看出董承的密谋胜算很小，许县是个小地方，上上下下、里里外外都是曹操的人，周边都是曹操的嫡系重兵，曹操的情报工作做得很细，可谓无孔不入，一旦泄密，参与的人都将万劫难逃。

刘备此时也可以选择向曹操告密，以换取曹操对自己的信任。但刘备实在做不出来，一来他对曹操并无好感，如果能除掉曹操他也乐意为之；二来选择告密就等于和汉献帝作对，如果曹操一怒之下来个废帝弑君，之后顺势把“功劳”往自己身上一推，那刘备可就成了千古罪人遗臭万年了，这个刘备也不能做。

所以，刘备选择了暂时不动（先主未发）。

可以理解为，刘备答应了董承，但没有任何行动，既没有去告发，也没有再去联络他人，这大概也是刘备唯一能做的。

这样可以拖一拖，但也拖不了太久，刘备不行动，董承还会联络其他人，一旦败露，曹操会追查下去，结果还是一样，为了这件事刘备恐怕每天都有如坐针毡的感觉。

刘备不行动，董承却等不及了。

董承不断发展新同志，他至少又成功发展了三个人：种辑，是个师长（越骑校尉）；王子服，是个副军长（偏将）；吴硕，此时担任朝廷参事室参事（议郎）。

这几个人的背景史书中没有详细交代，从职务上看，种辑和王子服手里大概也有一点儿兵权，而吴硕能经常接触到曹操，别看他们名气不大，但如果给他们机会的话，确实也能干出惊天动地的大事来。

在动员王子服的时候，董承说："郭汜当年只有几百人，打败了李傕的几万人，现在就看你我敢不敢干了。过去吕不韦有了子楚之后得以富贵，现在我和你正是这样（昔吕不韦之门，须子楚而后高，今吾与子由是也）。"

董承这里提到的子楚，就是秦始皇嬴政的父亲秦庄襄王，他曾在赵国做人质，后来在吕不韦帮助下成为秦国国君，秦始皇统一天下，追封其为太上皇。

但是，王子服听完仍比较犹豫："这事非同小可，而且咱们的兵力也不够啊！"

董承继续给他打气："如果能杀死曹操，就能得到他的人马，怎么不够（举事讫，得曹公成兵，顾不足邪）？"

董承的计划是给曹操来个斩首行动，曹操伏诛，他手里人马再多也群龙无首，汉献帝出面征调曹操的人马，完全可行。

董承敢这么想，并不是他的脑子进了水，东汉后期发生过多次政变，有宦官发起的，有外戚发起的，也有皇帝本人亲自发起的，经常是以弱胜强，以不可能打败可能，只要出其不意，再强大再坚不可摧的堡垒，瞬间也会轰然垮掉。

王子服已经有些心动了，又问："在京师还有其他人参与吗？"

董承直言不讳地告诉他："长水校尉种辑、议郎吴硕都是咱的人。"

王子服最终被董承说服，双方定下密谋。

在这里董承没有提到刘备，也许觉得身为左将军的刘备与种辑、吴硕等人不同，身份更重要，所以先予以保密，也许是刘备长时间没有动静，董承已对他不抱太大希望。

对刘备来说，这段时间的心情想必比王子服等人紧张多了。许县已经不能久留，尽快脱身是他唯一的出路。

正在刘备忐忑不安时机会来了，给刘备提供这个机会的，竟然是袁术。

当时袁术还没有死，但在寿春这个"国都"里实在待不住了，只好一把火烧了寿春的“皇宫”，之后前往大别山区的潜山投奔部下，却被部下拒绝，走投无路之际袁术想到了袁绍，想去投奔。

袁绍派长子袁谭从青州动身南下迎接袁术，从大别山区北上青州，必须经过已是“曹统区”的徐州和兖州，曹操得到情报，决定派一支人马前去截住袁术，不让他北上。

刘备知道这个信息后，果断向曹操提出，由他率兵执行这一任务。

按理说，曹操是不会答应的。

然而曹操答应了，还给刘备摆酒送行。

这是历史上的一场著名饭局，虽然只有两个人参加，但一样非常有名。席间，几杯酒下肚后，曹操突然意气风发起来。

曹操对刘备说了一番很有名的话：“当今天下的英雄，依我看只有玄德你和我曹操罢了（今天下英雄，唯使君与操耳）。袁绍那些人，根本排不上号！”

这是夸人的话，刘备听了却心惊胆战，手不由得一抖，勺子、筷子掉到了地上（先主方食，失匕箸）。

刘备是个聪明人，知道曹操最不放心什么样的人。

笨不怕，傻不怕，怕的是聪明过了头，被曹操视为英雄的，危险系数显然比傻子大得多。刘备到许县后一直低调做人，遇事装傻，种瓜种菜，目的就是不引起曹操的怀疑和防范。

刘备的失常行为曹操看在眼里，好在这时，外面响起了震雷，刘备打圆场道：“圣人说‘迅雷风烈必变’，看来确实如此呀，一震之威，居然这么厉害啊！”

这场酒桌上论英雄的片段，在史书里确实有记载，只不过是不是以青梅煮酒已不得而知，经过小说的演绎，“青梅煮酒论英雄”的故事在后世流传甚广。

◎刺客在行动

刘备最终如愿地领到了任务，率部在袁术北上的路上展开阻击，随他前往的有关羽、张飞、陈到等率领的人马，这些都是多年追随刘备的旧部。

曹操对刘备并不完全放心，所以又派了一支人马跟着刘备前往，由朱灵和路招率领。朱灵是袁绍的旧部，曹操在兖州期间朱灵曾奉袁绍之命率兵支援过曹操，一来二去就留在了曹营，路招的情况不清楚。此次行动由刘备统一指挥（曹公遣先主督朱灵、路招邀击术），这是因为刘备的职务已经是左将军，比朱灵、路招高得多。

程昱、董昭等人听说曹操派刘备去下邳执行任务，赶紧跑来劝曹操收回命令，或者干脆把刘备杀了。

程昱分析认为，放刘备走是个冒险之举："主公前面没有解决刘备，考虑得很正确也很全面，是我们不能及的。但现在再让他拥有兵权，他必然会生出异心（今借之以兵，必有异心）。"

新任冀州牧的董昭也同意这样的看法："刘备有大志，又有关羽、张飞为羽翼，他心里到底怎么想的很难说（备之心未可得论也）！"

曹操没有采纳他们的建议，而是说："可是我已经答应他了（吾已许之矣）。"

听口气，曹操没觉得这是件大事。

阻击袁术这个任务是刘备主动争取来的，他向曹操提出这个请求，说明他认为有把握让曹操同意。

曹操同意，考虑的应该有以下几点。

一是刘备对徐州、豫州一带的情况最熟悉，对袁术也熟悉，去执行这项任务，是最合适的人选。

二是目前曹操的人手比较紧张，此时已到了建安四年（199年）夏天，袁绍那边已开始了行动，袁绍还派人去联络刘表和张绣，想给曹操来个两面夹击，孙策所部主力也有北上的意图。在曹操眼里，到处都是敌人，他都得分兵应对，相对来说，阻击袁术的任务次要一些，能挡住最好，挡不住也改变不了大局，在派不出太多人马的情况下，让刘备去，利用他的名气弥补人马的不足，也是一个恰当的安排。

三是刘备虽然不一定可靠，但派朱灵、路招一同前往，可以起到监视作用，刘备如果有异心，也有应变之策。

四是大概曹操也分析过刘备有没有冒险反叛的可能性，在曹操看来，这种可能性似乎并不大，在刘备的亲眼见证下，自己消灭了比刘备势力更大的吕布，吕布的下场刘备应该引以为戒。刘备也不可能与袁术合作，他跟袁术打过仗，在现在这种情况下还与袁术合作是一步险棋。

但是，至少还有两件事曹操可能没有料到。

一是刘备在许县虽然待的时间不长，但并不是只在种菜、喝酒，刘备还参加了一场仍在酝酿中的政变活动，这件事一旦大白于天下，刘备就不得不反。

二是刘备虽然跟袁术关系不怎么样，但跟袁绍的关系却不错，二人素无恩怨，已经有过一些来往，只要找到了共同的利益点，随时有站到一起的可能。

阻击任务不复杂，很快完成了。

按理说刘备应该率部返回许县，但刘备没走。

这时，袁绍已完成兵力集结，准备向南运动，曹操不敢怠慢，也离开了许县，亲率主力北上迎击袁绍。

一天夜里，有几个贴身卫士在徐他的带领下突然闯进曹操的军帐试图行刺，这是一场蓄谋已久的刺杀活动，负责曹操保卫工作的许褚一直不离曹操左右，徐他等人害怕许褚迟迟不敢行动，今天许褚休息，所以他们身上藏着刀来杀曹操。

今天确实轮到许褚休息，他已经回到了住处，但心里总觉得有什么事，于是又返回值班岗位（褚至下舍心动，即还侍）。

徐他等人不知道，进了曹操的营帐，突然看见许褚在那里，大吃一惊，神色慌乱（入帐见褚，大惊愕）。许褚看到徐他等人的异常表现，觉得有事，立刻将他们击杀。

现在最想刺杀曹操的恐怕是袁绍，买通曹操身边的人把他神不知鬼不觉地干掉，这个仗就好打了，甚至可以不打。

但是，曹操认为不是那么简单，所以他下令严格彻查。

不久，董承、王子服、种辑、吴硕等人密谋叛乱的事情败露，所有参与这件事的人全部被诛三族，其中包括董承的女儿董贵人。

消息传到徐州，刘备知道自己没退路了。

曹操一定会继续追查，迟早查出自己也是这场政变的参与者之一。刘备觉得只能跟曹操彻底撕破脸了。

◎张飞的战地姻缘

汉献帝建安四年年底，刘备在下邳杀了曹操任命的徐州刺史车胄，与曹操公开决裂。

朱灵、路招没有阻止，推测起来，刘备可能在行动之前已经把他们打发走了。刘备可以假称任务完成回军，让朱灵、路招先行，待他们离开徐州后就动手。

曹操怒火中烧，终于被刘备算计，让他又恼又愧。

曹操一向识人很准，但在刘备的问题上他看走了眼，手下那么多人劝他不要相信刘备，他都没有听，结果发生了今天这样的大祸。

这件事非同小可，与袁绍决战在即，两翼的安全很重要，左翼关中，右翼徐州、兖州，两边都不能有闪失。

曹操费了好大的劲才消灭了吕布和袁术，保证了右翼的安全，如果徐州轻易被刘备占去，右翼就没了，前面的努力也就白费了。

曹操的脑子里甚至会立即浮现出一幅新的势力版图来，刘备在徐州站稳脚，南联孙策，北联袁绍，近联臧霸、昌豨等泰山帮，呼啦就能联成一大片来，许县南边的张绣、刘表趁火打劫，自己就被围在了正中间。

这个仗，不用打就败了。

曹操迅速做出部署，派出一支人马去征讨刘备。

但他派出去的人很奇怪，一个是刘岱，一个是王忠。

汉末有两个刘岱，一个是关东 11 路联军之一的前兖州刺史刘岱，另一个就是这位。这个刘岱是曹操的老乡，目前的职务是司空府秘书长（长史）。王忠是关中地区的扶风郡人，逃荒到了荆州一带，聚众袭击刘表的部下娄子伯后投奔曹操，目前的职务是师长（中郎将）。

王忠后来还干过一件恐怖的事——吃人。曹丕当皇帝后，王忠有一次随驾出行，曹丕想跟他开开玩笑，就让随行的艺人（俳）找了些坟地里的骷髅挂在王忠的马鞍上，以此取乐。

现在派出去的这两个人，一个是文职出身，一个是杂牌军将领，让他们去打刘备，够呛。

果然，刘备没费多大劲儿就把刘岱、王忠打败了。

之后，刘备还教训他们："像你们这样的，来上几十个、上百个又能把我怎么样？就是曹操亲自来，结果怎么样也说不好（曹公自来，未可知耳）！"

敢临阵起事，除考虑到董承事件外，刘备应该是经过周密思考的，他大概觉得趁着曹操在前线分不开身的时候正好大干一场，胜算是很大的。

刘备可能认为，曹操无论如何都不敢分身来徐州，所以他占据徐州可以坐观袁曹相斗，趁机壮大自己。

如果是这样，刘备确实走出了一步好棋，不仅一举摆脱困境，而且可以迅速翻身，进可攻、退可守。

打败曹操派来的人马，刘备立即做出几项决定，以左将军的身份表奏关羽代理下邳国相，让他守下邳（使羽守下邳城，行太守事），自己率张飞等人驻守小沛，做好与曹军进一步周旋的准备。同时，派孙乾前往袁绍那里联络，再次表明支持袁绍的态度，联络泰山帮以及徐州、兖州、青州一带的反曹力量，结成联盟。

袁绍此时正准备倾尽全力南下，志在必得，孙乾见到袁绍，表明来意，袁绍自然求之不得。联络泰山帮方面也有收获，虽然臧霸仍然支持曹操，不愿和刘备结盟，但泰山帮的二号人物东海郡太守昌豨被争取过来，响应刘备。

有了昌豨的支持，刘备在下邳、小沛一带的势力迅速壮大，手下有了几万人马（东海昌霸反，郡县多叛曹公为先主，众数万人）。

这个数字不说是有水分，也多由乌合之众组成，刘备的实力还没有那么大，不过造声势是足够了。

刘备的宣传发动工作做得很广泛，不仅泰山帮，与徐州相邻的豫州、兖州一带有些地方官员也响应了刘备，其中包括豫州刺史部沛国铚县县长秦宜禄。

杜夫人的前夫秦宜禄奉吕布之命到袁术那里搬救兵，后来跑了回来投降了曹操，被曹操任命为铚县县长。张飞到了铚县，对秦宜禄说："人家夺了你老婆，还让你当这个破县长（人取汝妻，而为之长），哪有这种难堪的事，还是跟我走吧！"

秦宜禄就跟着张飞走了，但只走了几里地就后悔了，想跑回来，张飞把他杀了。

张飞大概是奉刘备之命到豫州刺史部沛国一带发展势力的，这是曹操的老家，说明这段时间刘备扩张的速度真的很快。

张飞在这里还有了个人的收获——他娶妻子了。

张飞在沛国期间，有一天领兵外出，在半路上遇见一位打柴的姑娘，十三四岁，长得特别漂亮，张飞看她是良家女子，就娶她为妻（飞知其良家女，遂以为妻）。

张飞的这个妻子，看起来是抢的，但张飞可能当时不知道，这个女子有着不凡的身世，她是夏侯霸的表妹，而夏侯霸是曹操手下重要将领夏侯渊的儿子。

夏侯渊就是沛国人，这个夏侯妹妹在兵荒马乱之际怎么还跑出来打柴？原因不太清楚，反正张飞就这样把她带走了。

夏侯妹妹是夏侯渊的表侄女，张飞就成了夏侯渊的表侄女婿。夏侯妹妹随张飞南征北战，后来为张飞生下一个女儿，这个女儿又嫁给了刘备的儿子刘禅，刘禅当皇帝后，张飞的女儿成为皇后。按这层关系算，刘禅是夏侯妹妹的女婿，也就是夏侯渊的表外孙女婿。

夏侯渊后来战死在汉中，夏侯妹妹向刘备求情为她表叔安葬。再后来，夏侯霸在曹魏政治斗争中失利，被迫入蜀，刘禅接见了他，刘禅还把儿子叫出来与表舅夏侯霸相见。

刘禅指着儿子对夏侯霸说："这是夏侯氏的外甥啊！"

夏侯氏和曹氏世代联姻，再扯起来，刘备的孙子跟曹操的后代也有亲戚关系。一次邂逅，制造了一起涉及几大豪门的战地姻缘。

现在，已经到了汉献帝建安五年（200 年）正月。

曹操决定亲征徐州，对此大多数智囊和将领都表示反对："和明公您争夺天下的是袁绍，现在袁绍率主力刚到，您如果弃之不顾，去东面征讨刘备，袁绍这时趁机抄我们的后路，到那时该怎么办（绍乘人后，若何）？"

曹操不同意大家的看法："刘备是天下豪杰，现在不打败他，日后必是大患。袁绍虽然有大志，但他优柔寡断，不会立即采取行动。"

曹操的想法得到了郭嘉的支持，郭嘉认为只要此次行动速度快，可以做到两边不耽误。

曹操于是亲率一支人马直扑徐州。

刘备没有料到局势到了这种程度，曹操还有精力照顾他一下。当侦察兵向他报告说曹操亲自来了，刘备大吃一惊，但还是不太相信（备大惊，然犹未信）。

刘备亲自带着几十名骑兵到前面察看情况，看见了曹操的旗帜，于是连打一仗的信心都没有，不战而逃。

刘备手下大部分人马都做了曹军的俘虏，其中包括刘备的两位夫人和关羽。对甘氏、糜氏来说，做俘虏快成家常便饭了，而关羽的被俘让刘备损失巨大。曹操很喜欢关羽，升他为副军长（偏将），待他很优厚。

刘备率张飞等残部向北逃走，幸好之前联络过袁绍，现在只有去那里了。

刘备在下邳起事，作为盟军的袁绍却在此次曹操征讨徐州之战中毫无作为，放任刘备被轻易消灭，似乎也不好理解，后世史学家对此做过两点大胆假设。

一个假设是，此次曹操亲征徐州是刘备主动挑起的，因为当时官渡前线战场的形势是袁强曹弱，在刘备看来曹操迟早要被袁绍擒获（曹其必为绍禽），一旦

那样，自己即使掌握了天子，袁绍的势力也会强大到不可控制，自己顶多做第二个王允，与其那样，不如先袁绍一步挑起事端

另一个假设是，袁绍接到刘备的求援，没有去救援刘备，也没有从曹操背后下手，担心的是刘备把曹操打败，再一举把曹操杀了，势必先于自己进入许县控制天子（先主诛操入许而拥帝）。

正是刘备和袁绍各有打算，结果两者互相牵制，最后让曹操得利（两相制，两相持，而曹操之计和矣）。

不过，以刘备当时的实力和处境来说，他还想不到那么远。袁绍如果能打败曹操，刘备是不会搞破坏的，因为那样对自己并无好处。至于杀了曹操进而挟天子以令诸侯，刘备之前大概不曾想过，之后也不可能那么去畅想。

刘备受攻，袁军没有来原因也简单——时间太紧，根本来不及。曹操率领的是快速机动部队，打的是时间差。

◎袁绍的儿子病了

解决完东边的事，已经到了汉献帝建安五年（200 年）年初，曹操重新回到了前线官渡。

官渡是位于鸿沟之上的一个渡口，鸿沟是沟通黄河水系与淮河水系的诸多人工运河之一。中国北方自古以来有两大水系，即黄河水系和淮河水系，为方便交通，自战国起人们就在两河之间挖了很多人工运河，最后形成以鸿沟、汴渠、狼荡渠等组成的运河体系，将南北水域连接在一起，成为沟通南北经济和人员往来的水路交通要道。

汉末，这条水路两岸依然很繁华，经济、文化及军事方面的重要性远远超过现在，鸿沟是其中最重要的一段。鸿沟大约呈西北至东南走向，当年楚汉相争时曾以这条河为界，东西两边分别为项羽和刘邦占有，留下了楚河汉界的典故。

袁绍的大本营是冀州刺史部魏郡的邺县，由此南下赴许县有一条陆路交通大

通道，它与鸿沟的交汇处就是官渡，具体位置在今河南省中牟县境内。

汉献帝建安五年（200 年）年初，曹操亲自率兵东征刘备，很快得手，之后曹操不敢怠慢，立即回师，以防备袁绍即将发起的进攻。

刘备被打败后无路可去，只得投奔袁绍。

离刘备最近的袁绍控制区是青州刺史部，刘备北上必须穿过曹操控制下的兖州刺史部，刘备所部被打散后，关羽被曹操俘虏，身边只有张飞、糜竺、孙乾、简雍、刘琰、陈到等人，不断收拢一些残卒，人马只有数百。

这是一场生死考验，只有越过兖州才能求得生存。

好在曹操这时已经把几乎能调动的所有主力部队都调到了官渡前线，兖州兵力薄弱。

曹军在兖州的实际负责人是程昱，他以济阴郡太守的身份为曹操把守东部防线。程昱还是一名军长（振威将军），但曹操此时能给他的只有 700 人，连个团长都不如。

曹操也觉得这 700 人实在太少，想从其他战场挤一挤，再给程昱增加 2000 人，但程昱反对，曹操于是放弃了这个打算。

所以，当程昱发现刘备率一支人马从他的防区北上时，并没有轻易前去拦截。就这样，刘备在建安五年（200 年）二月到达了青州刺史部的辖区，青州刺史袁谭得到消息后率领一支人马前来接应。

袁谭不仅是袁绍的儿子，和刘备之间还有一层特殊关系。

刘备担任豫州刺史时曾推举袁谭为茂才，按照当时的习惯看法，这种关系类似于师生之谊（青州刺史袁谭，先主故茂才也）。

刘备为什么推举袁绍的儿子为茂才？这是因为茂才、孝廉必须由祖籍所在地行政长官推举，袁氏祖籍汝南郡属豫州刺史部。

袁谭把刘备接到了青州刺史部的平原国，这里是刘备曾经战斗过四年之久的地方。

随后，袁谭立即派人到邺县向袁绍报告。

在曹操闪击徐州时，袁绍有一次绝佳的进攻机会。

曹操嘴上说不怕袁绍趁机进攻，但心里还是发虚的，所以顾不上追击刘备赶紧回来了。袁绍手下自然也有人看出了其中的机会，田丰就力劝袁绍立即出击许县，打曹操一个措手不及。

奇怪的是，袁绍对田丰的建议不说行，也没说不行，就是没行动。

田丰多次催促，袁绍仍然不动，他还给出了一个奇怪的理由，说儿子有病，再等等看（绍辞以子疾）。

袁绍有三个儿子，袁谭是长子，次子叫袁熙，三子叫袁尚。袁绍消灭公孙瓒后任命三个儿子以及外甥高干各负责一个州，袁谭为青州刺史，袁熙为幽州刺史，袁尚为兖州刺史，高干为并州刺史。

按照嫡长子继承制，袁谭应该是袁绍的接班人，但袁绍和他的妻子刘氏更喜欢最小的儿子袁尚，所以接班人问题一直没有明确下来。袁绍的说法是，给这几个孩子提供一个平等竞争的机会，看看他们谁的才能更强。

对此大部分人表示反对，沮授对袁绍说："一个兔子跑到街上就会有许多人追它，有一个人把它捕住了想逮它的人就会住手，因为这只兔子已经有主人了。希望您能看一看前人失败的教训，想一想逐兔分定的含义。"

但是袁绍不听，沮授大失所望，对人说："大祸就要从这里开始了（祸其始此乎）！"

沮授的话并非危言耸听，因为在一般人的心里，嫡长子继位是乱不得的，不管老大多笨多傻，都轻易不能另立他人，否则就会引起混乱。这种混乱，放在普通百姓家里顶多是摔几个碗、砸几口锅，但在君王家里，就足以引起时局的动荡。

袁绍已经是一方诸侯，他的家事已不再是普通人的家事，而与这几个州的数百万人的前途命运息息相关，所以沮授才那么着急。可惜的是，袁绍看不到这一点，以为家事就是自己家里的事，与外人无关。

袁绍打破常规的举动果然在部下中造成了混乱，审配、逢纪等人看到袁绍偏爱袁尚，就开始聚拢到袁尚周围；而辛评、郭图支持袁谭。派系就此形成，并愈演愈烈。

一个集团里一旦有派系，派系的利益就会凌驾于集团整体利益之上，就会不惜牺牲集团的利益以换取少数人的利益，历史上很多有前途的集团都是这样走向覆灭的。

田丰建议袁绍抓住机会南下，虽然是一个高明的谋略，但没有得到其他人的支持。袁绍以儿子有病为借口把田丰的建议搁置了，田丰很生气，用手杖敲着地说："这么好的机会，却因为小儿子生病而失去了，真可惜呀！"

其实袁绍并不愚蠢，否则他早就被公孙瓒消灭了，他之所以没有采纳田丰的建议，儿子生没生病恐怕并不是主要原因，有没有胜算才是关键。

大概在袁绍看来，这一仗是实力的较量，作为明显占优的一方，没有必要通过突袭这种冒险的方式打乱整个战役部署。

◎龙蛇之年元城会

就在这时，袁绍接到了袁谭的报告，说刘备到了平原国。

袁绍大喜，命令袁谭护送刘备速来与他会合。袁绍对刘备很重视，派人一路相迎（绍遣将道路奉迎）。

这时袁军终于完成了集结，已经开始向南进发。为了节约时间，也为了表示对刘备到来的隆重欢迎，袁绍让大军一边南下，自己则由邺县向东去迎刘备，一口气走出了200里（身去邺二百里，与先主相见）。

这个礼仪够隆重的，一方面是刘备的面子大，另一方面袁绍还有别的打算。

之前，袁绍曾派袁谭去接大学者郑玄，想让郑玄随自己一同出征。袁谭接到郑玄，走到元城这个地方，也就是今河北省大名县，郑玄病了。

汉代200里约合今70千米，邺县以西70千米正是元城，袁绍在元城迎接刘备，同时也为了看望病中的郑玄。

作为当代最知名的学者，郑玄是天下读书人心中的一个标杆。

郑玄曾应何进的征辟到过洛阳，何进失败后郑玄回到了家乡青州刺史部的北海国居住，聚众讲学，研究经术，著书立说。他的名气实在太大，从四面八方投到门下的有1000多人，日后有名气的学生有赵商、崔琰、公孙方、孙乾、王基、国渊、郗虑等人。

北海国是袁绍控制的地盘，袁绍经常把郑玄拉来参加聚会，出席各种活动，为自己撑门面。郑玄在洛阳就认识袁绍，对于这个比他小得多的政坛名人他并没有太多好感，但出于无奈，也不敢驳袁绍的面子。

一次，在袁绍主持的聚会上，大家听说郑大师要出席，一些自认为肚子里有点儿学问的人不禁跃跃欲试，精心准备了一些问题想为难郑玄一下，顺便让自己出名。

没想到，郑玄对所有问题都对答如流，知识之渊博、思路之敏捷让人叹为观止，大家无不折服。

整天迎来送往、钩心斗角，只是抽空看两眼书，也敢叫板每天都钻在书堆里只是偶尔出来喝回酒的郑大师？

郑玄给大家上了一课。

袁绍还以冀州牧的名义推荐郑玄为茂才，并表奏他担任师长（左中郎将）的职务。袁绍的想法有点幼稚，如果郑玄接受，袁绍就成了郑玄政治上的恩主，这虽然是别人巴不得的好事，但对郑玄不好使，在此之前，被郑玄拒绝过的类似荐举已多达13次。

后来，汉献帝在许县征召天下名士，诏书也到达北海国，汉献帝还派来一辆专车，接郑玄到许县就任农业部部长（大司农）。郑玄这次答应了，不为别的，能摆脱袁绍的骚扰也值得一去。

但动身不久郑玄就感到身体不舒服，病了。

这一年是农历的庚辰年，也是龙年，次年是辛巳年，也是蛇年。按照五行学的说法，每遇龙蛇之年会对圣人不利。

郑玄于是请求告老还乡，他虽然没有正式就任大司农，但后世一般称他为郑司农。

这时郑玄已经74岁了，在当时这已是绝对的高龄，他感觉身体越来越不适。这年春天，郑玄梦见了孔子，在梦里还跟他说了话。对五行学、易学也深有研究的郑玄把这个梦与龙蛇之年联系在一起，总觉得预示自己将不久于人世，于是心里闷闷不乐。

这时，青州刺史袁谭亲自来到高密县，要接他到邺县去，郑玄以为袁绍又让他陪酒吃饭，有点不想去，但小袁的态度很坚决，不去不行。

郑玄只得收拾行李，随袁谭出发。

但郑玄病倒在了元城，只得停在那里。

郑玄跟刘备也有一些渊源，刘备的老师卢植和郑玄是同学，论起来郑玄是刘备的师叔。刘备手下的孙乾还是郑玄的学生，说起来大家都是熟人。

袁绍与刘备相见的地方应该就是元城，此前他们二人并不相识，但早已互闻大名，所以格外亲热，袁绍、袁谭对刘备也十分敬重（绍父子倾心敬重）。

此时，身在官渡前线的曹操经常发作头疼病，内心充满紧张苦闷，而这边袁绍、刘备等人陪着郑大师相会于元城，少不了谈经论儒，互道寒暄，气氛热烈而轻松。

之后，袁绍携刘备等一行由元城返回邺县，未做太多停留，立即南下。

四个月后，郑玄病逝于元城，临终前还在注释《周易》。

在军情相当紧急的当口，袁绍为什么还要关照一下郑玄呢？

袁绍这么做是有深意的，他让郑玄陪他南下有重要安排。

这一仗袁绍志在必得，此行不仅带上了全部主力，还带着大量图书典籍，其中不乏关于典章制度方面的资料，显示出袁绍不仅着眼于这一仗能否打赢，而且已经开始考虑打赢之后的事。

袁绍已经在规划打败曹操之后，他就立即接管朝廷，如果汉献帝肯合作，就还让他当这个傀儡皇帝，如果不愿意合作，就另立其他人。

让郑玄同去，着眼的是未来新政权的舆论工作和典章制度建设。

◎曹操的高血压

袁绍看得比较远，为做好此次南征，他还让大笔杆子陈琳撰写了一份檄文，向各郡县发布。

这份檄文约1300字，陈琳下了很大功夫，痛揭曹操的黑史，从曹操的爷爷曹腾开始写起，罗列了曹操的数条罪状：

一是曹操的祖父故中常侍曹腾与左悺、徐璜等宦官均属妖孽，祸害百姓。曹操的父亲曹嵩是乞丐家的养子，大权在握后经常干贪赃枉法的事。至于曹操本人，是典型的“赘阉遗丑”，无才无德，而且好兴兵作乱。

二是曹操几次陷入危机，都是袁绍出手相助，但曹操不思报答，反而趁机发展势力，攻击袁绍。

三是曹操喜欢乱杀人，原九江郡太守边让是天下名士，因为不阿附曹操，被他杀害，士林无不愤怒。

四是汉献帝东归时，袁绍自己受制于公孙瓒无法脱身，派从事中郎徐勋前往曹操处传达命令，让他保护銮驾，修缮郊庙，但曹操却趁机专制朝政，令百僚钳口，公卿以下都成了摆设。

五是故太尉杨彪享有极高威望，曹操因为个人恩怨，随意治罪，根本不顾宪章。议郎赵彦忠谏直言，引起曹操反感，擅自杀害，也不向天子报告。

六是曹操设置发丘中郎将、摸金校尉等官职，专门干盗墓的勾当。

七是曹操统治残暴，兖州、豫州百姓无不怨声载道，历观古今书籍所载贪残虐烈无道之臣，没有超过曹操的。

八是袁绍与公孙瓒交战，公孙瓒被围一年多，曹操趁其未破，偷偷地写信给公孙瓒，想与他勾结，共同谋害袁绍。

檄文是专门为征战讨伐造势用的，能把敌人说得多坏就多坏。袁绍曾经被公孙瓒的檄文骂过，但对照一下，这篇檄文写得更有气势，杀伤力也更强。

这篇檄文没有空洞的口号，而是将论点与论据结合起来，说得有理有据，同时大肆爆料，专抖曹操的黑史。

文中所说曹操杀边让、徐勋传达袁绍命令、曹操设盗墓机构、秘密联络公孙瓒等事，是别的史料中未见或少见的。一种可能是，袁绍在造谣，无中生有、颠倒黑白；另一种可能是，确有其事。

无论真假，这些材料经过陈琳这个大笔杆子的加工，曹操的黑史立即传布四方，在当时就已造成了极为广泛、极为深远的影响，曹操在后代常被人诟病，很多素材也出自这里。

文中把曹操称为“赘阉遗丑”，虽属人身攻击，不值得提倡，但也成了一句很著名的话。这种把曹操一家三代人合在一起攻击的骂街作风，经过陈琳的文字包装，倒也显得文采飞扬，很有气势。

曹操当时正为眼前的战事伤神，偏头疼的毛病又犯了，看了老朋友陈琳写的痛骂自己的文章，脊背上开始冒冷汗，脑袋居然一下子不疼了。

关于曹操的头痛病，史书专门有记载，称为头风。

站在中医的角度看，头是诸阳交汇之处，五脏精华之血、六腑清阳之气都注于头，头痛如果经久不愈就是病症，病因可以分为外感、内伤以及经络瘀阻等方面。这是中医的说法，如果按照现代医学来看，引起头痛的疾病可能是青光眼、脑肿瘤、脑血栓、脑供血不足以及高血压等。

曹操此时 45 岁，正值壮年，他头痛的毛病就是在这时开始发作的，并从此落下了病根，一直伴随了他 20 多年，中间时断时续。根据这个状况来判断，曹操可能得了高血压，不过也有人认为他得的是脑肿瘤。

曹操的压力确实太大了，为了排解压力，转移头疼带来的痛苦，在官渡前线紧张的日子里，在夜深人静没有军情的时候，他就用阅读《孙子兵法》来纾解心绪。

在阅读的过程中他还开始了对《孙子兵法》进行注解的工作，在曹操之前这项工作还很少有人做过。在注解中，他就一些问题发表了自己的见解，或者对不易理解的地方进行阐释。

现在能看到的曹操注解的《孙子兵法》约有300条，这项工作完成于何时，主要判断依据是注释中所列举的战例，曹操在注解中列举了擒吕布、平徐州等战例，再往后就没有了。

曹操的后半生每年都在打仗，他亲身经历的很多战事都可以成为经典战役教材，比如马上要发生的乌巢之战，就可以作为《孙子兵法》火攻篇的最好注解。但在这300多条注解中却没有提及乌巢之战及其以后的所有战役。根据这些情况判断，曹操对《孙子兵法》的注解工作应该完成于擒吕布之后、火烧乌巢之前，也就是官渡之战期间。

在《孙子兵法》的各篇中，曹操对前面几篇注解得都很详细，越往后面越少，最后几篇可以说草草结束了，说明他开始想认真注解一下，但随着自己越来越忙，这件工作也受到了影响。

以后曹操应该还有时间重新做这项工作，把自己一生亲身经历过的战事写进对《孙子兵法》的注解里，但他没有这么做，这成了一个遗憾。

但是即使如此，曹操对《孙子兵法》的注解工作也受到了后世的推崇，在历代难以计数的《孙子兵法》注家中，有11位大家被公认为最权威，曹操排第一。

◎张绣的意外举动

袁军虽然大举南下了，但对这次南征内部仍然有争论。

袁绍的主要谋士旗帜鲜明地分成了鹰派与鸽派两个阵营，鸽派反对袁绍出兵，他们认为连年征战，百姓已经苦不堪言，现在应该发展生产，积蓄力量，可以用三年时间而不是毕其功于一役来打垮敌人（三年之中，事可坐定也）。

这个看法遭到鹰派的反对，鹰派认为现在正是最佳的战略机遇，机会稍纵即逝，不能慢慢拖着，应该一举击败曹操，否则等曹操势力更加壮大收拾他就难了。

鸽派的代表人物是沮授、田丰，鹰派的代表人物是审配、郭图。

对于鹰派的言论，沮授反驳道："救乱诛暴是义兵，恃众凭强是骄兵，骄傲的军队最先失败。曹操迎奉天子，定都许县，现在率兵攻打他是不义。曹操推行法令，训练军队，情况跟公孙瓒完全不一样。现在发动没有理由的战争，而放弃最安全可靠的策略，我真感到担心。"

沮授搬出了战争的正义与非正义论题，扯得有点远，听起来冠冕堂皇，但在现实局面下却显得苍白空洞。沮授和田丰之所以不愿意打是因为他们有自己的想法，他们代表的是冀州本土人士普遍的观点，本土派都不希望打，就像当年兖州人士不支持曹操打徐州一样。而审配、郭图这些外来户普遍赞成打，他们心里默念的就是打回老家去。

袁绍也是一个外来户，所以他最终采纳了鹰派的观点。公孙瓒灭亡后，袁绍心里统一天下的想法越来越强烈，甚至有点等不及了。

袁绍不仅组成了南下兵团向黄河一带开进，还做了很多战争准备，其中最重要的就是连续派出多路使者，拉拢同盟军，从而建立起一条统一战线，给曹操搞出一个包围圈。

袁绍拉拢的人主要是南阳郡的张绣、荆州的刘表和江东的孙策。

派往南阳郡的使者最先到达，见到了张绣，陈述了袁绍的主张。袁绍深知贾诩在张绣面前的分量，所以专门给贾诩写了信，派使者暗中去做贾诩的工作（袁绍遣人招绣，并与贾诩书结援）。

张绣看到袁曹大战一触即发的形势，在他看来，也许想都不用想应该站在袁绍这一边，不仅因为袁绍的势头更猛，而且因为他与曹操之间是敌人，曹操已视自己不共戴天。

所以，袁绍的使者说明来意，张绣当场就准备答应，但就在这时，贾诩说话了。

贾诩当着张绣的面对袁绍的使者说："请回去转告袁本初，兄弟尚不能相容，又怎么能容天下人呢？"

张绣闻言大吃一惊，不由得脱口而出："这话怎么说的呀！"

但张绣一向听贾诩的，知道凡是听了贾先生的话准没错，不听准吃亏，所以这一次仍然按贾诩的意见办了。

打发走袁绍的使者，张绣心中的疑问仍没有消失，问贾诩："既然这样了，下一步该怎么办？"

贾诩的回答让张绣十分吃惊："投降曹操！"

张绣以为是自己听错了，问贾诩："袁绍强大曹操弱小，我们又与曹操互为敌人，怎么能归顺他呢？"

贾诩说出了其中的理由："曹操奉天子以令天下，这是第一条理由；袁绍强大，我们弱小，在这种情况下归顺他，必然不会重视我们，曹操弱小，得到我们必然欣喜，这是第二条理由；有霸王之志的人，肯定会把个人恩怨放在一边，而让普天之下都知道他的宽容，这是第三条理由。希望将军不要再迟疑！"

经过贾诩一分析，张绣认为也有道理，于是决定投降曹操。

这是一个非常大胆的决定，曹操只有如贾诩分析的那样，是一个胸怀远大志向、把个人恩怨抛于脑后的人，这项决定才不会后悔。张绣投降袁绍，基本上不用担什么风险，而投降曹操，则面临着生死考验。

所幸的是，一向料事如神的贾诩在这个重大问题上依旧保持了他一贯的正确，曹操在官渡前线听说张绣投降自己，惊讶之余，顿时感到欣喜若狂。

为了表达诚意，张绣亲自携贾诩到前线面见曹操。

曹操拉着张绣的手不放，这个人曾经差点要了他的命，而且欠他一个儿子、一个侄子加一员爱将的命，是一个他做梦都想诛灭的敌人。张绣现在就站在他的面前，只要他愿意，可以轻而易举地完成复仇的想法。

但是，现在曹操已经不那么想了，所有的仇恨顷刻间瓦解，因为他真的很高兴。

曹操设宴款待张绣和贾诩，任命张绣为军长（扬武将军），封列侯，将张绣带来的人马就地编入官渡前线兵团。为了打消张绣的顾虑，曹操主动提出两家结为儿女亲家，让自己的儿子曹均娶张绣的女儿为妻。

曹均是曹操的夫人周姬所生，后来过继给曹操之弟曹彬，曹丕当皇帝后封这个弟弟为樊安公。

对于贾诩，曹操更喜欢。

虽然这是一个可怕的对手，让自己连吃了三次苦头，但今天终于得到了他，曹操有如获至宝的感觉。曹操拉着贾诩的手说："是先生您让我在天下人面前增添了信誉呀！"

曹操以汉献帝的名义封贾诩为都亭侯，给他安排的职务更高，委任他为执金吾，这是部长级的高官，负责宫外的安全保卫工作。

但这只是个虚职，曹操不会让贾诩在许县给汉献帝站岗，委任贾诩一个很高的荣誉性职务，目的是先把他从张绣身边挖过来，他要把贾诩留在自己身边。

董昭改任徐州牧后冀州牧一职空缺，曹操于是任命贾诩为冀州牧。

◎刘表另有打算

张绣主动来降，曹操不费一兵一卒居然解决了悬在心头很久的一道难题。

但是，对南边的形势曹操仍然不敢松气。

因为南边还有一个刘表。

如果袁绍现在是老大，曹操勉强算个老二，那刘表就是当之无愧的老三。

老大跟老二斗，理论上坐收渔利的是老三，但很多历史经验都表明，老三也最容易受伤。所以，对即将发生的袁曹决战，刘表这个"老三"内心也是相当紧张的。

二虎相争必有一伤，但也必有一胜，谁打赢了这一仗，谁就是北方的霸主，也是天下实力最强的人，到那时不管愿意不愿意，自己都得跟他打交道。尽管现在与谁联合决定权在他，但这是一个赌博，一旦押错了宝，今后就被动了。

然而，刘表对于究竟支持谁一直犹豫不决。

袁绍派人也来到了襄阳，向刘表表达了希望结成同盟共同对付曹操的想法（绍遣人求助），刘表没有拒绝，口头上答应了，但并不做任何实际行动。他虽然更看好袁绍一些，但也不敢十分确定，万一最后赢的是曹操呢？现在，他只准备坐山观虎斗，保存实力要紧。

这反映出刘表在战略上的游移，更反映出刘表的私心。

刘表如果真心支持其中的一方，无论是袁绍还是曹操，那另一方基本就完了。如果支持曹操，袁绍在人马、地盘上的优势将被逆转；如果支持袁绍，就给曹操来个前后夹击，曹操将被包围。

如果刘表拿出真诚与人合作，大局基本就定了。

但在刘表内心深处更关心这场决战后的事，无论谁打赢，对他都不是好消息，最符合他的战略利益的局面是，败的惨败、胜的惨胜，他好坐收渔利。

但是，这个策略受到一些部下的反对，刘表的副州长（别驾）刘先以及原来在朝廷里担任过天子高级侍卫（从事中郎）的韩嵩都劝刘表说："豪杰并争，两雄相持，天下之重在于将军。将军如果想有所作为，可以乘此机崛起；如果不然，也应该选择其中的一方给予支持（固将择所从）。将军拥有10万之众，怎么能坐而观望呢？"

在他们看来，刘表应该选择曹操：

"看见贤能的一方却不出面相助，袁本初和曹公必然都会埋怨将军，中立的想法只是一厢情愿（此两怨必集于将军，将军不得中立矣）。

"曹公是个明是非、有远见的人，天下贤俊纷纷归附，他必然会打败袁绍，之后就会举兵来取江汉，到那时恐怕将军您无法战胜他。替将军考虑，不如率荆州人马归附曹公（不若举州以附曹公），曹公必然尊崇、敬重将军，长享福祚，垂之后嗣，这才是万全之策！"

榜样的力量是无穷的，曹操善待了一个张绣，马上引起了后续效应，就连刘表的手下都认为应该走张绣的路。

刘表事业上的重要支持者、老朋友蒯越也持这种观点，他也建议刘表率部投降曹操，这让刘表很犹豫（表狐疑）。

蒯越、刘先、韩嵩等人看好曹操，与其说曹操更有魅力，不如说天子更有号召力。

刘先的履历不详，但他对汉室的典籍制度非常熟悉（明习汉家典故），韩嵩、蒯越曾在朝廷任职，对汉室怀有深厚感情。他们这些人未必多么喜欢曹操，但对汉献帝是拥戴的。袁绍兴兵讨伐曹操，在他们看来讨伐的是汉室，当然反对。

在这种情况下，刘表决定派人到曹操那里走一趟，观察一下那里的情况，之后再做决定。

派谁去合适？刘表想了想，决定就派韩嵩去。

刘表把韩嵩找来，对他说："现在天下未定，曹操拥天子于都许，先生替我去看看那里的虚实（君为我观其衅）。"

韩嵩却不愿意走这一趟：

"圣人达节，其次守节。我韩嵩是守节之人，事君为君，君臣名分早已确定，我愿以死相守。现在派我出使北方，只要是将军您的命令，即使赴汤蹈火也万死不辞。

"不过，在我看来曹公是个很英明的人，必然得天下。将军如果能上顺天子、下归曹公，必能享百世之利，而我荆州也会因此得福，如果是这样，派我去没问题。

"但是，如果主意还没有拿定，我去京师，天子一高兴给我一官半职的话（天子假嵩一官），我接受了就成为天子之臣、将军之故吏，不能再为将军您尽忠了，请您慎重考虑！"

言外之意，想投降就干脆点儿，没这打算，跑一趟纯粹多余。

刘表还以为韩嵩害怕出使，非让他去不可（表以为惮使，强之）。韩嵩无奈领命，临行恳请刘表记住他说的话，无论发生什么事都不要怀疑自己的一片忠心（勿负嵩)。

汉献帝建安五年(200年)年初,刘表的特使韩嵩一行北上,在官渡见到了曹操。

曹操对韩嵩一行十分热情,给予了盛情接待。

韩嵩对曹操和曹军也有了深刻的印象,之后他又去许县拜见了天子,在曹操的授意下,汉献帝拜韩嵩为部长级的高级顾问(侍中),韩嵩大概不愿意接受,表示想回荆州,汉献帝于是改任他为荆州刺史部零陵郡太守。

韩嵩回到襄阳,向刘表汇报所见所闻,对曹操大加赞扬,并劝说刘表送儿子到许县做人质,以证明自己的诚意(深陈太祖威德,说表遣子入质)。

韩嵩的话刘表特别不爱听,不过没发作。

这天,刘表通知大家开会,来参加这次会议的有数百名部属(大会僚属数百人),会场上还安排了带着兵器的军士,让人感觉这次会议非同一般。会上,刘表突然发难,对韩嵩加以指责,认为韩嵩怀有二心。

刘表越说越激动,拿出天子颁发给自己的符节,意思是要斩杀韩嵩。众人被吓坏了,有好心人赶紧劝韩嵩,让他给刘表主动认个错。

韩嵩不干,对刘表说:“将军有负我,我不负将军!”

韩嵩就把自己临行前跟刘表的对话说了出来,刘表的面子挂不住了。

刘表非杀韩嵩不可,谁都劝不住,最后,有人情急之下搬来了刘表的妻子蔡氏。

刘表未必像吕布一样是个“妻管严”,但妻子蔡氏的话在他面前很好使,因为蔡家是荆州大族,叶大根深,刘表能坐稳荆州,蔡家起了很大作用。

蔡氏也劝刘表说:“韩嵩在荆州深得民望,他所说的也是出于忠心,杀他没有罪名啊!”

刘表只得收起盛怒,为了给自己找个台阶下,下令囚禁韩嵩,同时审问和韩嵩一同出使曹营的有关人员。审问后也没有发现什么不妥行为,韩嵩这才捡回一条命。

这件事也就这么平息了，不过此后劝刘表投降曹操的建议，没人再敢提了，刘表继续他原先制定的策略，对袁绍那边尽量敷衍，答应结成同盟却不做任何实质性的动作，对曹操不和不战，继续保持中立。

刘表突然问罪韩嵩，表面看来是疑心病犯了，看到韩嵩不加掩饰地称赞曹操，加之他接受了汉献帝的任命，心里很不痛快，所以发难。刘表虽外貌儒雅，但内心多疑忌，这样的事发生在刘表身上并非一件两件。

但是，实际上也许还有更深层次的原因。

作为举足轻重的一方诸侯，刘表一开始的想法就是坐山观虎斗，谁都不支持，谁也不反对。投降曹操或袁绍，对于蒯越、韩嵩等人来说是无所谓的事，但对刘表来说差别就大了。

自己当老板挣得再少也是老板，给别人打工挣得再多也是个打工仔，刘表不糊涂。若干年后孙权也面临了同样的问题，孙权手下大多数人也如韩嵩、蒯越一样主张投降，而孙权宁可冒灭亡的危险也不愿意投降，道理相同。

刘表想中立，但韩嵩、刘先等人都劝他投降曹操，也许劝他的人还有不少，尤其是蒯越这样的地方实力派，他的意见刘表不能置之不理，无奈之下，他派韩嵩到曹操那里走一趟，说是考察情况，实际上是做给“亲曹派”看的。

韩嵩是“亲曹派”的一员，他考察的结果早在刘表意料之中，刘表向他发难其实是早就想好的，因为如果他对韩嵩不满意，可以把韩嵩叫到办公室里来谈话，也可以把他交给有关部门审查，完全没有必要当着手下数百人的面进行。

刘表此举，正是明告那些有同样想法的人给我闭嘴。

◎袁绍想打回老家

被袁绍寄予厚望的两路盟军，一路投靠了曹操，一路态度消极，袁绍渴望给曹操来个包围圈，这个计划看来要歇菜了。

不过，袁绍拉拢的对象还有其他人，他的老家汝南郡也是一个重点目标。

摊开地图，可以看到汝南郡紧邻许县所在的颍川郡，位于许县的东南方向，是曹操的后方。袁氏在汝南郡一带很有影响力，如果能把这个地方策反过来，等于在曹操肋骨上顶了一把刀。

曹操在汝南郡的主要负责人是李通，他的职务是副军长（裨将），为了策反他，袁绍给出很高的价码，直接任命李通为南部战区司令（征南将军），刻好了印章，准备了绶带，由使者带给李通。

连升三级都不止，但面对袁绍的厚礼，李通却坚定地站在曹操的一边。

只是李通的亲戚及一些手下主张投靠袁绍，他们看到袁绍势力强大，担心曹操没有多少胜算。争论得相当激烈，李通的亲戚和手下人都很生气，苦口婆心地劝他。

李通手按着剑，厉声说道："曹公是明哲之人，必定会赢得天下。袁绍虽然表面强盛但能力有限，最终一定会成为曹公的俘虏。我意已决，至死都会不改变（吾以死不贰）！"

李通杀了袁绍派来的使者，把使者首级以及袁绍给他的征南将军印绶呈报给曹操。

汝南郡是袁绍的老家，听说袁绍就要杀回来，社会上谣言乱飞，人心浮动。赵俨在汝南郡当朗陵县县长，李通和他关系最要好，遇事常一块商量。

李通找赵俨商量办法，赵俨对李通说："现在形势很严峻，人心惶惶，征户调一事如果照常进行的话，会不会激起叛乱？"

征户调就是征税，曹操的大军在前线打仗，开销很大，虽然搞了一些屯田，但目前主要的财政来源还是税收。

李通也看到了这个问题，但他有顾虑："曹公与袁绍相持甚急，有的郡县正准备叛乱，如果我们不送户调的话，会不会有人说我们也在观望？"

赵俨不同意他的看法，认为："你考虑的也不是没有道理，但事情应该分清轻重。现在还是应该暂时不征，我替你去解释。"

赵俨给荀彧写信，说明了情况。荀彧立即转报了曹操，曹操下令不仅暂停汝南郡的征调，还把前面征收的发还给县民，上下皆大欢喜。

在李通、赵俨等人的努力下，汝南郡的形势慢慢稳定，一定程度上解除了曹操的后顾之忧。

袁绍派人拉拢李通时，刘表也没闲着，也派人去了汝南郡，想把李通拉过来，同样被李通拒绝。

这说明刘表嘴上的中立其实也是不牢靠的，他也在观察着形势，像猎人一样寻找着捕获的机会，一有可能就会扑上去，只是这要在不损伤自身实力的前提下。

刘表还在等机会，但是不久他就遇到了麻烦。刘表任命的长沙郡太守张羡在孙坚旧部桓阶的策动下反叛，周围的零陵郡、桂阳郡、武陵郡纷纷响应，荆州的江南四郡眼看要独立。

桓阶字伯绪，长沙郡本地人，孙坚当长沙郡太守时就很赏识他，举荐他为孝廉。后来孙坚死于襄阳城外，别人都不敢有所表示，只有他冒死为孙坚发丧，刘表感其义气，没有为难他。

桓阶跟张羡关系很好，张羡是南阳郡人，在荆州的江南四郡很得人心，但他性格倔强，刘表不太喜欢，对他也不够尊重（不甚礼也）。

袁曹对决，刘表坐观，桓阶认为现在是个好机会，他劝说张羡不如投降曹操，把江南四郡联合起来，依靠地理优势先自保，之后等待曹操方面的支援（举四郡保三江以待其来）。

对于这个大胆的想法，张羡表示接受。于是联络周围的另外三个郡同时举兵反抗刘表，派出使者北上去见曹操。

曹操简直不能相信天底下还有这样的好事，刘表想给自己背后插把刀，没有成功，刘表自己的脊梁骨上却先被顶上了一把刀。

但是，曹操现在暂时无力分兵支援张羡，那边只能靠他们自己扛一扛了。刘表急攻张羡，本来这一仗得打上一阵，但不巧的是张羡生了病，死了。

江南四郡对抗刘表，一多半建立在张羡个人影响力的基础上，张羡一死，江南四郡也就瓦解了，桓阶逃匿。

南方四郡叛乱虽然没有成功，但此举一定程度上牵制了刘表的行动，让他在袁曹对峙时无暇顾及北方。

曹操从此记住了桓阶的名字，后来南下荆州，他专门让人找到了桓阶，并把他留在自己身边任职。曹操当丞相后桓阶担任过办公室主任（丞相主簿），曹丕称帝后桓阶是首任朝廷秘书局局长（尚书令），深受曹丕信赖的司马懿才是副局长（尚书仆射）。

◎左翼展开争夺

围绕即将打起来的官渡之战，曹操与袁绍展开了激烈的外围争夺。

南边的情况大体明了，曹操争取到张绣，刘表中立，而袁绍几乎一无所获，除此之外，袁绍还向青州的臧霸、关中诸将甚至凉州那边都派了使者，但收效都不大。

臧霸的态度很坚决，全力支持曹操，泰山帮里除了昌豨以外也都站在了曹操一边，他们集中精兵，布防在青州一线，防止袁军从东面包抄徐州和兖州。

关中是此次会战的左翼，那里情况相对复杂一些。

之前曹操派荀彧在尚书台的助手钟繇到关中坐镇，职务是司隶校尉，驻扎在长安，但关中地区一直被各路大小军阀所占据，曹军在那一带的势力相对薄弱。

袁绍任命外甥高干为并州刺史，负责左翼，协助高干的有河东郡太守郭援以及南匈奴人。南匈奴人一向与袁家关系很好，在剿灭公孙瓒的战斗中出了大力，他们一度表示拥戴朝廷，现在却在平阳起兵，公开响应袁绍。

平阳即今山西省临汾市，与关中近在咫尺，钟繇率部渡过黄河，把平阳城围了起来，但兵力有限，未能将其攻克。

正在这时，传来郭援率军南下的消息。

面对敌我实力悬殊的态势，很多人建议从平阳撤军。

钟繇不同意，理由是：“郭援与关中诸将暗中相通，关中诸将之所以还没有反叛，原因是还想观望一下。如果现在撤走，就是示弱于人，此为未战而先自败。”

钟繇认为郭援刚愎好胜，喜欢轻军冒进，一定可以找到战胜的机会，于是曹军继续围住平阳，迎战郭援。钟繇并不是盲目乐观，他有秘密武器对付袁军，这就是马腾和韩遂。

当时关中诸将里势力最大的就是马腾和韩遂这两支队伍，他们各拥强兵坐观天下之变。袁绍也派了使者前来联络他们（发使西与关中诸将合从），但一开始马腾和韩遂对该站在哪一边仍举棋不定。

钟繇坐镇关中后积极争取各派势力的支持，取得了不少成绩，但马腾和韩遂十分强大，得不到他们的真心支持，关中的事情仍然不好办。钟繇分别给马腾、韩遂写了信，陈述利害，要求他们站在朝廷一边。

信写好了，钟繇想找个有胆识、有能力又有口才的人前去，他想到了新丰县令张既。

张既字德容，关中地区的左冯翊郡人。年轻时为郡吏，工作很有能力，得到大家的好评，曹操担任司空后征辟他到司空府工作，他还没去报到钟繇就来到了关中。钟繇发现张既是个人才，向曹操请求把他留下来并举荐为茂才，任命他担任新丰县令。张既颇有实干能力，在年终考核时业绩位居三辅地区各县的第一名。

张既去说服马腾时，马腾等人其实已经暗地里答应了袁绍（阴许之），但是有个人帮了张既的忙，说服马腾放弃了这个打算。

这个人是傅干，也就是为朝廷就义的汉阳郡太守傅燮的儿子，他现在的职务是扶风郡太守，

傅干劝马腾说：“古人说‘顺道者昌，逆德者亡’。曹公奉天子之命诛暴乱，法明国治，上下用命，有义必赏，无义必罚，这就是顺道呀！袁氏背王命，驱使匈奴人进犯中原，他本人宽而多忌，仁而无断，兵马虽强，其实已失天下人心，这

就是逆德呀！如今将军您表面上站在有道者一边，却不尽力，暗地里坐观成败，阴怀两端，恐怕等成败确定后，曹公必然会奉辞责罪，将军您也得落个身败名裂的下场！”

马腾这个伐木工一听就害怕了（腾惧），傅干进一步说：“智者善于转祸为福。今曹公与袁氏相持，而高干、郭援陈兵河东郡，将军引兵讨伐郭援，当有胜算，将军此举如同斩断了袁氏之臂，可以解曹公之急，事后曹公必重谢将军！”

马腾认为这个建议很好，接受了劝说，派遣时年24岁的儿子马超率精兵1万多人支援钟繇，韩遂也派兵参战，统一由马超指挥。

钟繇得到凉州劲旅的支援实力大增，他让人先不要声张，诱使郭援率军轻进。郭援不知道对手的力量已经发生重大变化，仍然不把钟繇放在眼里，快速向平阳推进。

平阳的外围是汾水，郭援抵达后下令渡河，刚渡到一半，钟繇、马超的联军立即发起攻击，袁军大败，马超手下的部将庞德亲自斩杀了郭援。

钟繇乘胜追击，大破南匈奴人。

这是一场关键战役，战前西线的总体形势是袁强曹弱，此战后双方至少处于均势，钟繇虽然还没有能力进攻袁绍控制的并州刺史部，但打掉郭援之后袁军也没有能力进一步攻击长安和洛阳，保证了曹军左翼的安全。

平阳之战也进一步稳定了关中的形势，同时使凉州刺史韦端下决心站在了曹操的一边。

韦端这个凉州刺史是朝廷以前任命的，在政治上韦端一直有些模糊，对于支持袁绍还是支持曹操，韦端也曾经犹豫过，为了慎重他还派手下的从事杨阜前往许县，名义上向汉献帝朝奉，实际也是观察虚实。

杨阜字义山，凉州刺史部天水郡人，很有才干。他到了许县，被天子拜为安定郡政府秘书长（长史）。

杨阜回来后，对韦端说：“袁绍宽而不断，好谋而少决，现在虽强，终不能成大业。

曹公有雄才远略，决机无疑，人虽少但兵却精，手下人各尽其力，必能成大事。”

韦端听后有了站在曹操一边的想法，平阳之战结束后，韦端进一步打定了主意。

朝廷于是征韦端为交通部部长（太仆），凉州刺史一职由韦端的儿子韦康接任，杨阜担任韦康的副州长（别驾）。

南边的危机解除，东有臧霸，西有钟繇，两翼也安全了。

在这场外交博弈中曹操一分不失，而袁绍虽然四处出击，但颗粒无收。

不仅如此，曹操在袁绍的背后还有了意外收获，他拉来了阎柔和鲜于辅。

袁绍虽然占据了北方，但也并不是所有地方都是他的天下，在幽州刺史部的北部，有一支人马掌握在阎柔、鲜于辅等人手中，他们并不听袁绍的。

鲜于辅、阎柔当初联合袁绍共同抗拒公孙瓒，公孙瓒死后，袁绍对阎柔、鲜于辅也竭力拉拢，给予厚遇，但阎柔、鲜于辅经过分析认为袁绍表面强大但实际上问题很多，终将被曹操战败，于是他们选择支持曹操。

阎柔派人晋见曹操，曹操很高兴，以朝廷的名义任命阎柔为乌桓保安司令（护乌桓校尉）。

随后，鲜于辅又亲自来到官渡前线拜见曹操，曹操以朝廷的名义任命鲜于辅为北部边疆右翼边防军司令（右度辽将军）。

曹操让阎柔、鲜于辅仍驻守在幽州刺史部的北部，给袁绍背后顶上了一把刀。

◎一场及时的意外

袁绍发起的策反行动，基本上都以失败告终了。

但这时却传来一个惊人的消息：孙策准备亲自北上，趁着曹操与袁绍打得难解难分之机偷袭许县！

相关情报被获知，大家都感到非常担心（众闻皆惧）。

如果单独面对，曹操倒不怕孙策，但现在曹操主要应对的敌人是袁绍，已经派不出任何兵力去阻挡孙策了，所以大家才感到紧张。

要不要分兵防范孙策呢？这是一个两难的问题，防与不防都不稳妥，曹操手下的谋士们就此提出了两种不同看法。

这时，郭嘉说了一番话："孙策刚刚吞并了江东，诛杀的都是当地的英雄豪杰，他是个能让人为之效死命的人。但孙策为人轻率，平时不善于防备，即使他率百万之众前来，也和他一个人来到中原没什么两样，如果遇到刺客的伏击，那他也就不过是一人之敌罢了。"

郭嘉做出了一个大胆预言：孙策必定会死于刺客之手（以吾观之，必死于匹夫之手）！

之所以说这个预言是大胆的，是因为一个人好端端的怎么会死于刺客之手呢？但结果正如郭嘉所预言的那样，孙策还没有正式北上就遭到了刺客的攻击。

更神奇的是，孙策竟不治身亡。

这段时间，孙策在江东的势力越来越大，不仅占有了江南的丹阳郡、吴郡、会籍郡等地，势力还发展到江北的庐江郡和庐陵郡。曹操不断接到报告，说孙策又打了胜仗，地盘又在不断地扩张。

听得多了，曹操终于忍不住说了一句话："难以与这小子再争锋了啊（猘儿难与争锋也）！"

"猘"的意思是狂犬，曹操说这话其实并无贬义，是对孙策的羡慕嫉妒恨。

当前首要的对手是袁绍，所以曹操对孙策的策略是拉拢，通过和亲、任命官职、封爵等手段先把孙策拉到自己这一边。

曹操还给了孙策一个任务，让他打刘表，孙策执行了，不是孙策愿意给曹操当枪使，而是他要报仇。

孙坚死于刘表之手，具体来说死于黄祖之手，黄祖目前担任着荆州刺史部所属江夏郡的太守，守着荆州的东大门，孙策既要报仇，又要向西扩张，所以内部事务理顺之后，即开始了西征黄祖之战。

孙策一举打败了黄祖，他本想乘胜追击，但考虑到庐江郡新下，江东也不稳固，征讨黄祖的时机还不成熟，于是回师吴郡。

在江东，孙策还有一个对手，就是曹操任命的广陵郡太守陈登，他不断出击，给孙策制造麻烦，这说明曹操和孙策之间表面和好，下面早已动起了刀兵。

西征黄祖归来，孙策命令二弟孙权率一支人马进攻陈登控制下的匡琦，孙权当时手下的人马不少，是匡琦城内守军的10倍，城里的人感到很害怕，想弃城而走。

陈登厉声阻止道："我受国命镇守此土，只有以命报国，哪能逃跑？现在有天道相助，必能克敌！"

陈登下令闭城自守，示弱不战。

陈登很有经验，他悄悄到城上观察形势，找出孙权人马的漏洞，命令将士做好准备，趁夜打开南门，直扑孙权的军营。

孙权毫无防备，人数虽占优，但一下子乱了起来，陈登手执军鼓为将士鼓劲，孙权被打得大败，陈登又乘胜追击，孙权所部损失惨重。

孙权这一年18岁，这是他第一次独立带兵指挥作战，出师即不利。

孙权不甘心，整顿人马再战，陈登不敌，一面派人向曹操求救，一面悄悄在城外10里的地方另立军营，命令大家多准备柴薪，十步一堆，纵横成行，下令夜里同时起火，然后陈登命人在城上称庆，好像援军到了。

孙权的人马望火而惊，陈登指挥曹军杀出来，孙权再次大败。

这时已经到了汉献帝建安五年（200年）年初，袁曹对决已经拉开序幕。

对形势的判断孙策跟刘表不一样，他认为这是一次难得的机会，想趁曹军主力北上对抗袁绍之机对许县发动突然袭击，把天子抢到自己的手中（阴欲袭许，迎汉帝）。

还有的记载更具体，说孙策看到曹操在北面脱不开身，便聚集江东所有兵马，自称大司马，准备偷袭许县（悉起江南之众，自号大司马，将北袭许）。

但是，主力北上之前必须先解决后方的问题，要么把陈登消灭，要么把他赶到远远的地方。

汉献帝建安五年（200 年）春，孙策率军来到丹徒，在这里等待运送军粮，打算军粮运到后就向陈登发起总攻。

孙策喜欢打猎，在等待的几天空闲时间里，他只带着几个随从出去打猎。对于孙策喜欢轻出微行的冒险行为，他手下的名士虞翻曾经规劝过，孙策嘴上表示接受，但总难改老毛病，这一回就出事了。

孙策发现了一只鹿，领人去追。

孙策骑的是好马（所乘马精骏），手下人的马追不上。孙策一个人在前面跑。

正在这时，突然从林中冒出来三个人。

敌方间谍时常在这一带活动，孙策十分警觉，厉声喝道："你们是什么人？"

这几个人回答："我们是韩当将军的士兵，在此射鹿（是韩当兵，在此射鹿耳）。"

孙策看了看，不认识："韩将军手下的人我都认识，从没有见过你们！"

孙策意识到有危险，取弓便射，其中一个人应弦而倒。剩下两个人害怕了，举弓与孙策对射，结果有一箭射中了孙策的面颊。

孙策手下的人随后赶到，把这两个人都杀了。

事后得知，这几个人是前吴郡太守许贡的旧部，等在这里就是为了刺杀孙策。

许贡曾经担任过吴郡太守，一度依附于朝廷任命的扬州刺史刘繇。孙策消灭了刘繇，许贡内心不满，多次向朝廷秘密上报，反映孙策的恶行，建议朝廷征孙策入京，借以削弱孙氏的势力。许贡的上书被孙策截获，孙策下令把许贡处死。

这几个人是许贡的旧部，他们的暗杀行动已策划了多时。

众人将孙策护送回营帐，请随行军医来看，发现伤势很重（创甚），但这个伤原来还是能治好的，医生叮嘱他必须好好养护，100 天之内不能刺激伤口。

孙策忍不住照了镜子，发现自己已经破相。

孙策长得很英俊，走到哪里都有很多粉丝，他不能接受这样的现实。

孙策难过地对左右说：“面容毁成这样，还能建功立业吗（面如此，尚可复建功立事乎）？”

说完捶胸大愤，伤口崩裂。

孙策自知难过这一劫，于是忍住伤痛，把孙权以及随行的张昭、程普等人找来交代后事。

孙策有个儿子叫孙绍，此时年龄不详，但孙策死时只有 26 岁，想必他才几岁，孙吴正在创业的关键时期，不能让一个小孩接班，所以接班人只能在孙策的兄弟中找。

孙策是孙坚的长子，下面有四个弟弟，孙权是他的二弟，除此之外还有孙翊、孙匡、孙朗，孙权这时 18 岁，孙匡、孙朗年龄稍小，但孙翊已经 16 岁了，史书上说他跟孙策的性格相像（性似策），张昭等人认为孙策应当传位给他（当以兵属之）。

但是，受伤后的孙策进行了反思，他杀伐果绝，顺我者昌、逆我者亡，几年间横扫江东没有对手，但由于杀伐过盛，在江东也树敌过多，此次遇刺是当年种下的苦果。

在孙策看来，正是因为孙翊的性格太像自己，才不能把位子传给他，孙策不愿意让自己的悲剧在他身上重演。

相比而言，孙权的战绩虽然不突出，之前带兵还连打败仗，但他的优点是气度更大，更为仁爱，大事面前又有果断的一面（性度弘朗，仁而多断），还能亲贤贵士，会团结人，如果让他接班，更能以相对柔性的姿态协调江东内部，弥补之前的裂痕。

所以孙策决定传位给孙权，他指着孙权对众人说：“现在天下大乱，我们以吴越之众、三江之固，足以成就大业，希望诸位能善待我的弟弟（公等善相吾弟）！”

孙策还对张昭说：“如果仲谋不堪大任，请先生取代他自任。”

这大概是孙吴版的“白帝城托孤”，时间比刘备托孤早了 23 年。

孙策让人取来自己的印绶亲手交给孙权，对他说：“举江东之众，决策于两阵之间，与天下争衡，你不如我；举贤任能，各尽其心，以保江东，我不如你呀（举贤任能，各尽其心，以保江东，我不如卿）！”

汉献帝建安五年（200 年）四月四日孙策死了，年仅 26 岁。

孙策死于许贡门客之手，这一点史书有明确记载，问题是，这是一场由几个仆从为主人报仇的自发行动，还是另有隐情？

从各方面史料综合去分析，前一种可能性更大些，但后一种可能性也不是完全没有，毕竟孙策死得太突然，而时间点又太敏感了。

如果大胆推测一下的话，也许整个事件幕后有一个策划者，那就是曹操，其具体执行人是郭嘉和陈登。

首先，许贡一直与曹操控制的朝廷保持秘密来往，许贡死后曹操不会就此罢休。许贡生前是吴郡太守，他接替的是盛宪，盛宪是朝廷任命的郡太守，推测一下，许贡的郡太守可能也是朝廷任命的，正因为如此一心独占江东的孙策才视之为眼中钉，将其赶下台。

许贡想夺回吴郡，他所依赖的还是曹操控制下的朝廷，许贡向朝廷上表，说放任孙策势力继续坐大无论是对朝廷还是对曹操都是大患，许贡给曹操出主意把孙策征调到许县，如果曹操真要这么做，孙策将面临棘手选择，但这封奏表落入了孙策之手，许贡因此丧命。

曹操虽然没能看到这封奏表，但许贡不可能只上过这一封奏表，吴郡的情况曹操是掌握的，而曹操密切联络许贡也是要派大用场，许贡被杀对曹操来说是损失，曹操不会不管不问。

其次，郭嘉对孙策方面的情况了如指掌，显示他在江东有一套有效的情报系统，官渡之战前夕，袁曹对峙正在紧要关头，曹操忽然“听说”孙策要秘密率军北上偷袭许县，这件事也比较蹊跷。

偷袭这种事是非常机密的，事先就昭告天下那就不叫偷袭了。孙策还没起兵，曹操为何就能侦知如此绝密的情报呢？答案只有一个，那就是曹操在江东有一套情报系统。

之后，为打消众人顾虑郭嘉对孙策有了一段分析，可谓精准万分，孙策是什么性格，有什么弱点都说得清清楚楚。不仅如此，郭嘉还给孙策安排了被刺客杀死的结局。

这不是郭嘉瞎吹，而是相关计划已经在进行中，郭嘉时任军师祭酒，相当于参谋长，情报系统归他管，他就是相关计划的幕后策划者。

还有，孙策被杀前曹操曾指令陈登与江东的山匪进行联络，而这些山匪与许贡关系也很密切。陈登奉曹操指令联络江东的山匪严白虎余党，想在孙策背后搞点儿事（以印绶与严白虎余党，图为后害），而许贡被孙策击败后投奔的正是严白虎。

这说明陈登与许贡之间也极有可能有交集，曹操的策划要想成功还得有人去执行，前线的陈登最了解情况，他可以通过严白虎及其余部与许贡及其门客建立长期联系，条件成熟后随时实施相关计划。

而且，从效果看曹操借许贡门客之手除掉孙策比自己直接动手更有利。对曹操来说，必欲除孙策而后快，因为这样可以用最小的代价解除东南之忧，让他放心地与袁绍决战官渡。

这个目的如果能达到，而且曹操又不亲自出面，那效果就更好了，因为这样曹操可不必与江东孙氏马上撕破脸。试想一下，如果是曹操派人找机会把孙策刺死的，江东无论谁接班，都要兴兵找曹操报仇，那样江东问题依然没解决。

最后的结果对曹操来说简直就是最好的：孙策死了，危机解除，曹操一脸无辜的样子，江东可以消停好几年了。

当然，上面这些只是推测。

从孙坚到孙策，他们身上有着共同的基因，结局也很相似。史学家评论孙坚勇挚刚毅，评论孙策英气杰济，都不是一般人物。但同时也指出，他们父子二人做事不够谨慎（轻佻果躁），这是他们殒身致败的原因。

这或许与他们的出身有关。说到底，孙氏出于社会的底层，也可以说是草根和寒门，与儒学世族崇尚礼法、家教严正不同，寒门较少受拘束，所以他们好驰猎，喜欢滑稽与酗酒。有时候这些是他们的魅力和凝聚部下的特长，有时候又成了致命的缺点。

曹操得知孙策死了，兴奋之情难以言表。相对于眼前的刘表，孙策才是只猛虎，现在孙策死了，短时间内江东难以对他构成威胁。

曹操以汉献帝的名义任命孙权为讨虏将军，兼任会稽郡太守，指定他屯驻于吴县，即今江苏省苏州市。

最近真是多事之秋，在短短一两年时间里，相继发生了公孙瓒自杀、吕布被绞死、袁术忧愤而死、刘备投降曹操又叛乱、张绣投降曹操、孙策遇袭身亡等一系列重大事件。

当这些尘埃落定之时，配角退场了，天下的目光完全聚焦到了袁绍和曹操这两大主角的身上。

接下来，一场双雄对决，即将上演……